JN107240

フレッシャーズのための
民事法入門
［第2版］

編著者

今尾 真
大木 満
黒田 美亜紀
伊室 亜希子

成文堂

第 2 版はしがき

　本書初版の刊行（2014 年 4 月）から 6 年が経過した。幸いにも，多くの読者に支えられ，第 5 刷まで重刷の機会に恵まれた。この間，債権法を中心とした民法の大改正が行われ，「民法の一部を改正する法律」が 2017 年 5 月に成立し（平成 29 年法律第 44 号），2020 年 4 月 1 日から施行されることとなった。また，相続法においても大改正が行われ，「民法及び家事事件手続法の一部を改正する法律」（平成 30 年法律第 72 号），「法務局における遺言書の保管等に関する法律」（平成 30 年法律第 73 号）が 2018 年 7 月に成立し，一部の規定を除き 2019 年 7 月 1 日から施行されている。さらに，2018 年の成年年齢の引き下げに関する民法等の改正（平成 30 年法律第 59 号。施行は 2022 年 4 月 1 日から），2019 年の特別養子に関する民法等の改正（令和元年法律第 34 号），子の引渡しに関する民事執行法等の改正（令和元年法律第 2 号）なども行われている。特に，今般の債権法の改正は，1898 年の民法典施行後 120 年ぶりであり，相続法の改正についても 1980 年の相続分の改正以来 40 年ぶりと，大改正が立て続けに行われたので，財産法はもとより家族法の部分についても大幅な改訂が必要となった。そこで，本書第 2 版を刊行することとした。

　本書の特徴およびコンセプトは，初版から変わらない（後掲初版の「はしがき」を参照されたい）が，今回の改訂作業の方針をここで述べておこう。

　まず，本書の名が示すとおり，「フレッシャーズ」すなわち初学者を対象とする概説書という性質から，上述の大改正を踏まえて，改正法に則した記述の全面的見直しと章立ての手直しをするとともに，改正前の条文や制度が改正後にどのように変わったのか，またそれは何故なのかといった事柄を読者に分かりやすく伝えるために，表現や記述内容に工夫を加え，本書第 2 版がよりいっそう丁寧な解説と分かりやすい叙述になるよう心掛けた。

　また，6 年の間に進展した判例・学説の中で重要で基本的なものを追加補充した。

　さらに，各講末尾の〈コラム〉についても，法は社会の変化に対応して進

展するとの観点から，現在生じている法律問題を取り上げたり，改正法における改正の経緯・理由などを補足して，全面的に入れ替えを行った。

　本書第 2 版では，編者として明治学院大学の同僚である伊室亜希子教授が加わったことも申し添えておく。

　末尾となったが，本書第 2 版の刊行にあたっては，執筆者各位はもとより，第 2 版刊行を辛抱強く待ち，ときに激励してくださった成文堂社長阿部成一氏，初版から編集に多大なご尽力をいただいた篠崎雄彦氏のお二人にも，大変お世話になった。心から感謝したい。

　2020 年 10 月

編　　者

はしがき

　民法は，ローマ法以来の古い伝統を背景に，理論的に精緻に構築され，量的にも膨大な法体系である。多くの学生が「民法は難しい」と呟くゆえんである。法学部に入学して初めて法律を学ぶ学生に，民法をいかに教授し，理解してもらうか，これが民法教員の悩みの種である。本書は，明治学院大学法学部における 1 年次配当科目の「民事法入門」および「契約法の基礎」の講義を担当する民事法スタッフ 9 名（民法・民事訴訟法・倒産法）が，日々の講義を通じて，こうした悩みを克服すべく工夫に工夫を重ねた講義案を土台に執筆されたものである。

　本書の特徴としては，まず，具体的な事例を通して初学者がこれから何を学ぶのか，その指針をしっかりと認識して学習するために，各講の冒頭に【本講のねらい】を置いたことである。初学者が学習対象をあらかじめ把握することにより，抽象的な原理・原則または法律用語に惑わされず，学習を効率的に進めることができよう。

　次に，初学者にも理解できるように，身近な例を豊富に引用するとともに，難解な制度や仕組みを説明するに際して，図表を多用したことである。具体的イメージを思い描くことによって，民法理解を容易にすることに役立つであろう。

　また，法律の条文・制度や解釈に関する細かい知識を伝達するのではなく，重要で基本的な事柄を厳選して解説したことである。これは，以降の専門的・本格的な民法・商法・民事訴訟法などを学習するための事前準備としての位置付けが与えられるだけでなく，基本的な事柄を徹底的に理解することにより，それが応用的理解にも繋がることになろう。

　さらに，各講の末尾に〈コラム〉を置き，当該講で学習した事柄の歴史や背景および関連事項の理解ならびに発展的な問題を紹介したことである。これによって，民法理解がより深まるであろう（なお，巻末に掲げた〔文献案内〕により，一層の発展学習も期待する）。

　以上のような本書の試みが成功しているか否かは読者の評価に委ねざるを
えないが，本書をきっかけとして，民法ひいては民事法に少しでも魅力を感
じていただければ幸いである。

　なお，本書を刊行するにあたっては，成文堂の本郷三好氏および篠崎雄彦
氏に大変お世話になった。とりわけ，本郷氏には，企画段階からいろいろな
アドバイスを受けるとともに，執筆者の校務その他の事情で大幅に遅れた作
業を温かく見守り，ときには励ましてくださったにもかかわらず，氏の退職
前に本書を刊行できなかったことに悔いが残る。本書が刊行されたことにつ
き，お二人に心から感謝申しあげる。

　　2014 年 4 月

　　　　　　　　　　　　　　　　　　　　　　　　編　　　者

目　次

第1講 ガイダンス──民法とはどのような法律か

本講のねらい

　本書の扉を開いた読者は，おそらく初めて「民法」という法律にふれることになると思うが，民法とはいかなる法律なのであろうか。「民法」は，読んで字のごとく，「民」(人や市民)の「法」，つまり市民社会の基本となる法律を意味し，「市民」(人)と「市民」(人)との関係を規律するルール (規範) である。例えば，われわれは，生まれると同時に，権利を取得し，義務を負うことのできる地位 (これを権利能力という) を与えられ，これに基づき，財産の取得や売却，お金や物の貸し借り，交通事故や医療ミスの加害者に対する賠償請求，結婚・離婚や親子の関係，人の死亡によって起こる相続や遺言による財産取得・承継など，財産・取引・責任・家族に関するさまざまな関係やトラブルに接しながら生活することになる。このように，人が生まれてから死ぬまでの日常生活全般にわたって生ずる人と人との生活関係やそこから生ずる紛争を解決するためのルールを定めているのが民法である。したがって，民法は，適用される範囲が非常に広いため，ほかの法律に比べて条文の数もきわめて多く (民法典の条文だけでも1条から1050条まである)，しかも，歴史的にも非常に古い法律である (民法の基本的原理は，古代ローマ時代にまで遡ることができる)。本講では，こうした広範な適用領域と膨大な条文を有する民法とは，どのような法律なのか，社会の多数の法律の中でどんな位置づけが与えられ，どのような役割を果たしているのか，そして，このような民法の意義・位置づけやその役割を支えるための基本原理はいかなるものか，について学習する。

Ⅰ 民法の意義

1◆民法と民法典

　「民法」という言葉は，六法全書 (六法とは，憲法，民法，刑法，商法，民事訴訟法，刑事訴訟法の6つの基本的な法律を指し，六法全書は，これら六法に加えて，膨大な法

律群の中から，さまざまな重要法律をピックアップして掲載した法令集）に登載されている「民法典」（1条〜1050条）を連想させる。この意味で用いられる「民法」を**形式的意味での民法**という。しかし，【本講のねらい】でも述べたように，「民法」は，人と人との生活関係やそこから生ずる紛争を解決するためのルールであるので，これらの事柄を民法典だけで規律することには無理がある。そこで，民法典を補充する働きをもつ，不動産登記法，利息制限法，借地借家法，製造物責任法などの法律が民法典とは別に規定されている。そして，これらの法律と民法典とをあわせて「民法」ということもある。こうした意味で用いられる「民法」を**実質的意味での民法**という。

　ところで，社会に存在する法は，従来から，国と公共団体およびそれらと人（国・公共団体すなわち公人と対比して私人という）との関係を規律する法領域と，私人と私人との関係を規律する法領域とに分類されてきた。前者を**公法**といい，憲法，刑法，行政法，民事訴訟法，刑事訴訟法などがこれに属する。他方，後者を**私法**といい，民法，商法，会社法などがこれに属する。もっとも，現在では，この区別の境は曖昧になっており，両者の中間に**社会法**といわれる法領域（労働法や社会福祉法）も登場してきている。

2◆私法における一般法と特別法

　民法は，人の職業・年齢・性別および適用される事項などの区別なく適用されることから，「私法における一般法」といわれる。他方，同じく私法に属する商法は，商人間での取引関係を規律する法律とされ，その適用領域は，民法と比べて限定されている（商人が介在する取引にのみ適用される）ので，「私法における特別法」といわれる。特別法には，このほか，会社法，借地借家法，製造物責任法などがある。

　広い見地からみると，一般法と特別法との区別は，2つの法を対比して，その適用対象である人・物・行為・場所などの限定がなく一般的に適用される法を**一般法**といい，一般法の適用領域に含まれる，ある特定範囲の対象に限定されて適用される法を**特別法**という。区別の実益は，同じ事実関係について一般法と特別法の双方の適用可能性がある場合に，「**特別法は一般法に優先する**」との原則によって，両者の適用における優先関係が決定されること

にある。売買契約の成立の例をあげてみよう。民法では，売主の申込みと買主の承諾の意思表示の合致により契約が成立するとされている（民522条1項・555条）。他方，商法では，商人が平常取引をしている者から営業の部類に属する契約の申込みを受けたとき，それに対する承諾の意思表示を怠っても，その申込みを承諾したものとみなすとされている（商509条2項）。これは，商人がいつも取引をしている相手方商人からの申込に対して承諾をしなくても，両者の間には暗黙の了解があるので，契約を成立させても差し支えない（迅速に契約を成立させる）との考慮があるといえよう。そこで，同じ売買契約にあっても，当事者が商人かそうでないかにより，契約成立の態様が異なる，つまり商人の場合には承諾の意思表示がなくても売買契約は成立する（この場合，商法が民法に優先して適用される），というわけである（契約の成立については，後記第2講参照）。

3◆民法と民事法

　私法に属する民法やその特別法である商法などは，権利や義務の発生・消滅・移転・変更に関するルールを定めたもので，これを**実体法**（民事実体法）という。これに対して，実体法に定められている権利を確定・実現するための手続に関するルールを定めたものを**手続法**（民事手続法）といい，これは公法に属する。民法上の権利の確定・実現のための手続を定めた法として，民事訴訟法，民事執行法などがある。そして，民事紛争の処理という観点から，民法などの実体法と民事訴訟法などの手続法を一括して，**民事法**と呼ぶ（民事裁判における手続の流れ等については，後記第14講参照）。なお，民事法に対しては，刑事関係の法律として，刑法などの実体法（刑事実体法）と刑事訴訟法などの手続法（刑事手続法）を一括して，**刑事法**という。

Ⅱ　民法の基本原理

　わが国の民法は，近代ヨーロッパの民法（フランス民法典やドイツ民法典など）の影響を強く受けている。ヨーロッパにおける民法の基本原理は，特に，フランス革命（1789年）などの近代市民革命を経て形成された市民社会の基本

理念，すなわち個人の尊厳・自由・平等の尊重および所有権の絶対不可侵な
どの理念を反映したものである。こうした近代市民社会の基本理念を踏襲し
て19世紀末に編纂されたわが国の民法は，権利能力平等の原則，所有権絶対
の原則，私的自治の原則，過失責任の原則をその基本原理としている。

1 ◆権利能力平等の原則

　権利能力平等の原則とは，国籍・職業・年齢・性別によって差別されず，
人は生まれると同時に権利を取得し，義務を負うことのできる地位（権利能力）
を平等に与えられるという原則である。民法3条1項が「私権の享有は，出
生に始まる。」と規定するのは，この原則を宣言したものである。この規定は，
現在では当然のことのようにみえるが，古代ローマ時代には家長のみが権利
能力を有するとされていたり，封建時代では身分的束縛があったりしたこと
などの歴史に照らしてみると，まさに近代市民革命の所産といえる。

2 ◆所有権絶対の原則

　所有権絶対の原則とは，所有者は所有物を自由に使用・収益（所有物の使用
料の取得）・処分することができる権利を有する（自由な所有権）という原則と，
所有者は所有物の侵害者に対しその侵害を排除できる権利を有する（所有権
の不可侵）という原則の2つから成り立っている。民法206条が「所有者は，
法令の制限内において，自由にその所有物の使用，収益及び処分をする権利
を有する。」と規定するのは，この原則の現れである。また，他人はもとより
国も所有権をみだりに侵害することはできない（憲29条参照）。

　この原則は，単一の自由な所有権の創設により，近代市民社会成立以前の
特に土地に課されていたさまざまな封建的拘束（同一土地に重なる，王の所有権，
貴族の所有権，農民の所有権といった重層所有など）を撤廃し，自由な取引活動を促
進するための原理として機能したものである。したがって，この原則により
資本主義社会が発展してきたといえる。

　もっとも，この原則には，一定の制約が課されるのもまた事実である（民
206条参照）。すなわち，社会の進展とともに，所有権は必ずしも絶対ではない
ことが意識され，現在ではこの原則は修正を受けている。例えば，戦前の判

例によって，所有権の不当な行使が権利濫用の法理によって制限されるに至り（大判大8・3・3民録25・356〔信玄公旗掛松事件〕，大判昭10・10・5民集14・1965〔**宇奈月温泉事件**〕），これを受けて，戦後の民法改正により，民法1条1項が「私権は，公共の福祉に適合しなければならない。」と規定し，その3項が「権利の濫用は，これを許さない。」と規定することとなった。

3◆私的自治の原則

　私的自治の原則とは，人は自らの自由な意思決定によって社会生活関係を形成することができ，その決定に国は例外的な場合にしか介入できないという原則（**自己決定の原則**）と，人はその自由な意思決定による結果に拘束され，かつその責任を負わなければならないという原則（**自己責任の原則**）の2つからなる。この原則を正面から定めた規定は存在しない（憲法29条や憲法13条に根拠を求める見解もある）が，この原則は当然のこととして認められている。そして，この原則は，われわれの社会生活関係が自由な契約によって形成されるので，契約自由という形で具体化されることが多い。すなわち，契約の当事者は，契約を締結するか否か（**契約締結の自由**），どのような相手方と契約するか（**相手方選択の自由**），どのような内容を契約にするか（**内容決定の自由**），どのような方式（口頭か書面か）で契約するか（**方式の自由**）を自由に決めることができる。これらを一括して**契約自由の原則**という（第2講Ⅰ2参照）。民法は，契約締結の自由と内容決定の自由（民521条。なお，相手方選択の自由も締結の自由に内包）および方式の自由（民522条2項）について，明文化している。

　ただし，いくら契約の自由といっても，所有権絶対の原則と同様，そこには一定の限界がある。すなわち，契約の内容が公の秩序に関する規定（**強行規定**）に反する場合にはその契約は無効とされる（民90条・91条参照）。例えば，利息制限法に定める制限利率を超える利息支払いの合意は，超過部分について無効とされる（利息1条）。また，契約の内容が法律に違反していなくとも，それが社会的妥当性を欠く場合，例えば，人身の自由に反する契約（父親の前借金契約〔消費貸借契約〕と娘の酌婦稼働によるその借金の弁済をする契約が一体となっている，いわゆる**芸娼妓契約**）や不公正な取引（訪問販売などで熟慮の機会を与えず二束三文の原野を将来価値が上がるといって売りつける，いわゆる原野商法），などは，公

の秩序または善良の風俗に違反するものとして（法律違反ではないが），無効とされる（民90条）。

4◆過失責任の原則

　過失責任の原則とは，ある人の行為によって他人に損害が生じたとき，その行為者に故意（一定の結果の発生を意図してそれに向けた行為をすること，あるいはそうした意思）または過失（一定の結果が発生することを認識あるいは予見できたのにその結果発生を回避するために必要な措置を講じなかったこと）がなければ，損害賠償の責任を負わないという原則である。これは，「**過失なければ責任なし**」の法格言として古くから存在していた原則である。民法では，不法行為責任（民709条）の領域において，この原則が採用されている。

　しかし，この原則は，被害者救済の観点から，とりわけ不法行為責任の領域で修正を受けている。例えば，民法自体にも，故意・過失の有無を問わずに責任を負うことが定められている（民717条参照）ほか，公害，消費者保護，自動車事故などの領域では，**無過失責任**（鉱業103条，独禁25条，原子力損害賠償3条，大気汚染25条，水質汚濁19条，製造物3条）や過失の証明責任の転換による実質的無過失責任（自賠3条）の考え方が採用されている。

5◆家族法の基本原理

　戦前の家族法は，日本古来の「**家制度**」（家の戸主とその戸主権による家族の強力な統率のもと，家の財産を原則として戸主から長男へと単独相続させる「家督相続」により，家の維持存続を図る制度）を反映して，個人の自由・利益の尊重や男女の平等よりも，「家」の承継という面に重きが置かれていた。

　しかし，戦後の憲法理念（憲13条，同14条など）に基づいて家族法が大改正された結果，家族法に関する民法典第4編，第5編は，家制度を廃止し，個人主義の原則と男女平等の原則をその基本原理（民2条参照）とする法制度に全面的にあらためられた。そして，家族法は，その後も幾つかの重要な改正（特別養子制度・成年後見制度の導入，親権関係・配偶者や非嫡出子の法定相続分・再婚禁止期間の改正など）を経て，2018年に，相続法全体を見直す民法改正がなされた。これは，高齢社会の進展や家族の在り方に関する国民意識の変化等の社

会情勢に鑑み，特に家族における遺産の承継に関する相続法制を中心に見直されたものである（詳細は，後記第12講，第13講参照）。

Ⅲ　民法の役割とその法源

1◆民法の役割

　民法とは，冒頭でも述べたとおり，人が生まれてから死ぬまでの日常生活全般にわたって生ずる私人と私人との生活関係やそこから生ずる紛争を解決するためのルールである。これを具体化すると，事実上の紛争から実際の裁判にまで発展した場合，裁判官がその紛争を解決するために判決を下すときの基準となるのが民法である（**裁判規範としての民法**）。また，人は，紛争が裁判になることを避けるため，あらかじめ一定の基準に則して行動する場合もあるが，その際に基準となるのも民法である（**行為規範としての民法**）。

　なお，契約などで当事者が取り決めをしなかった事柄や当事者の意思が不明確な場合，その意思を補充するために民法の規定が用いられることもある（民法の意思補充としての役割）。そうした役割を果たす規定を**任意規定**といい，当事者がこの任意規定に反する事柄を取り決めても，その契約の効力は奪われない（これに対して，当事者の意思で規定内容を変えることのできない規定を**強行規定**といい，これに反する契約は無効とされる）。

2◆民法の法源

　法源とは，広義では法の存在形態（法の流れ出てくる源）をいい，狭義では裁判官が判決を下すときに基準として用いる裁判規範をいう。後者は，成文法と不文法に大別される。

（1）成文法

　成文法とは，文書の形式で定められた法規範を意味し，国会で制定される制定法が代表例である。民法の法源という場合には，民法典およびその他の特別法を指すが，内閣・各省庁が制定する政令・省令や地方自治体の制定する条例などもこれに含まれ，多様な形態をとる。なお，わが国は，フランスやドイツにならって，成文法としての民法を主たる法源としており，こうし

た方式を成文法主義という。これに対して，イギリスやアメリカは，裁判の累積から導き出されるルールとしての判例を法の中心にすえて，これを個々の制定法で補う方式を採用しており，これを判例法主義という。

（2）不文法

不文法とは，文書の形式をとらない法規範の存在形態を意味し，慣習法と判例法が代表例である。なお，わが国では，判例，条理，学説が民法の法源となり得るかについて議論がある。

（a）慣習法　　社会の一定範囲（業種や地域など）において，広く承認され，継続・反復して行われている慣習を支える規範が，法的確信にまで高められたものが**慣習法**である。慣習法も民法の法源となる。そこで，いかなる慣習が法規範として認められるかが問題となる。法の適用に関する通則法3条によれば，「公の秩序又は善良の風俗に反しない慣習」は，「法令の規定により認められたもの」（例えば，一定地域の住民が山林原野等に入り会って，まぐさや薪炭用雑木を採取する慣習上の権利である**入会権**〔民263条・294条〕など），または「法令に規定されていない事項に関するもの」（例えば，お金の借主が自己の所有物等を貸主に移転してその借金を担保する方法として取引社会で生成してきた譲渡担保など）に限って，「法律と同一の効力を有する」とされている。

また，慣習法と制定法との関係について，民法92条は，契約などに関して公の秩序に関する規定に反しない慣習があり，当事者がそれに従う意思を表示した場合には，当事者はその慣習に従うとしている。さらに，商法1条2項は，商事に関して商法に規定のない場合には，商慣習法に従い，商慣習法がないときに民法が適用されるとしている。したがって，商慣習法は商法に劣後するが，民法には優先することになる。

（b）判　例　　裁判所の下す判決は，本来，紛争を解決するために，事実を認定し，それに法を解釈適用した判断であり，その具体的事件に限ってのものである。しかし，同種・類似の事件について，同様の解決がもたらされるであろうことが予測されるとともに，実際にも同じ判断で判決が下されることが多い。そこには，判決の累積による一般的な法規範が形成されることになる。このように，裁判所の下す個々の判決によって形成される規範が後の事件の判断を拘束するものを**判例**という。

　しかし，裁判所法4条は，「上級審の裁判所の裁判における判断は，その事件について下級審の裁判所を拘束する。」と規定するにとどまり，裁判所が判決をするに際し，判例に必ず従わなければならないわけではなく（当事者・訴訟物の異なる他の事件には拘束力がない），厳密には，判例は制度上の法源ではないと理解されている。

　もっとも，実際の裁判では，同種事件について同じ判断が下されることが多く，また，法的安定性の見地からも，最高裁の判例変更は大法廷で行われなければならず（裁10条3号），下級審裁判所が最高裁の判例と相反する判決を下した場合には上告受理の申立てをすることができ（民訴318条1項），強力な拘束力も否定できない。その意味で，判例は事実上の法源といわれる。

　（c）条理・学説　　**条理**とは，物事の道理をいい，人が理性に基づき判断をする際の最終的な拠りどころとなるものである。確かに，成文法や慣習法・判例などがない場合に，裁判官が条理を拠りどころにすることは否定できず，条理も裁判の基準ということができるが，条理そのものを裁判規範（紛争解決に適用される法規範）すなわち法源とすべきかについては争いがある。現在では，これをあえて法源とする必要はないとする傾向が強い。

　次に，学説も，裁判官が法の解釈適用をするに際して，その判断に影響をあたえることは疑いないが，裁判官がこれを直接の基準とするわけではなく，法源とされていない。

Ⅳ 民法典の沿革と構成

1◆民法典の沿革

（1）法典編纂の必要性

　明治維新直後から，明治政府は，近代市民社会を支える民法典の編纂に力を注いだ。その理由として，国内法統一の必要性，封建社会から脱却し近代的資本主義国家形成の必要性，そして江戸幕府が安政年間に締結した諸外国との不平等条約撤廃の必要性の3つがあげられる。特に，最後の必要性（この不平等条約は，相手国に最恵国待遇を与える条項，領事裁判権を認める条項，関税率を相互で定める〔日本に関税自主権がない〕条項などを含む内容であった）が法典編纂の主

たる理由といわれている。いずれにしても，明治政府は，欧米先進国に追いつくことを最大の目標としたため，近代的な法典の整備を急がねばならなかった。

　当初，明治政府の法典編纂は，司法卿の江藤新平が中心となり着手された。江藤は，法典の早期完成を第一義として，箕作麟祥にフランスの五法典（民法・商法・民事訴訟法・刑法・刑事訴訟法などのナポレオン法典）の翻訳を命じ，それに「日本」の名を付ければよいと（「フランス民法をもって日本民法となさんとす」と）考えていた（江藤は箕作に「誤訳も亦妨げず，只速訳せよ」といったそうである）。江藤が佐賀の乱により刑死後，後継の大木喬任に事業は引き継がれ，一応この翻訳的民法は完成したが，結局施行されなかった。そこで，法典編纂はいわゆる「お雇い法律顧問」の手に委ねられることとなった。

（2）旧民法の公布と挫折

　大木は，1879年に，フランス人のボアソナード（パリ大学法学部のアグレジェ〔正教授の病気等による休講の代講を行いながら正教授の任命を待ついわば待命教授〕）に民法典草案の起草を委嘱した。ボアソナードは，財産法の部分に関して，フランス民法を基礎としてイタリアやベルギーの民法などを参照しながら，これにローマ法の考え方やボアソナード自身の見解を交えて民法典の起草を行った。なお，家族法（親族・相続）の部分に関しては，日本の風俗習慣に照らして慎重に起草すべきことなどの理由から，日本人が起草にあたった。この作業は，足かけ10年の年月を経て完成し，1890年に，わが国で初めての近代的法典として公布された（1893年から施行を予定）。

　ところが，この民法の公布に先立ち，フランス民法の強い影響を受けた民法典は，わが国の実情に合わないとの反対意見が出され，これを契機に，この民法の施行につき延期派と断行派の大論争が巻き起こった（いわゆる「民法典論争」）。そこで，この民法は，修正のため1896年まで施行が延期されることになったが，結局，公布されたまま施行されなかったので，後述の現行民法典との関係で，「旧民法」または「ボアソナード民法」と呼ばれている。

（3）現行民法典の編纂

　1893年，明治政府は，内閣に法典調査会を設置し，新たに，穂積陳重，梅謙次郎，富井政章の3人の起草委員を任命した。彼らは原案を分担作成し，

これを法典調査会で集中審議する方式で草案を起草した結果，旧民法延期決定からわずか 4 年で財産法の部分を 1896 年に公布，また家族法の部分を 1898 年の公布にまでこぎ着けた。そして，1898 年に双方を合わせて民法典全体が施行されるに至った。これが現行民法典である。

　この民法典は，ドイツ民法典の構成にならって総則・物権・債権・親族・相続の 5 編からなる**パンデクテン方式**（後記 2 参照）を採用したが，フランス民法の影響も強く受けつつ，さらにオーストリア法，スイス法，イギリス法なども参照して起草されたもので，まさに「比較法の所産」といわれている。

　その後，民法典は，戦後の憲法理念（憲 13 条・14 条など）に基づく 1947 年の家族法の全面改正，2004 年の民法の現代語化（ひらがな・口語体にあらためられた）などの大改正が行われた（それ以外の個別的改正も多数行われた）が，基本的には，財産法部分は制定当初の枠組みを維持していた。

　しかし，民法典も施行から 100 年以上を経て，社会・経済の著しい変化に対応できなくなってきたのも事実であった。また，市場のグローバル化は，わが国の取引法の国際調和への対応を必然的に要請するに至った。そこで，民法の現代化（社会・経済の変化への対応）と民法の透明化（国民一般に分かりやすいものとする）を目的として，民法のうち契約を中心とする債権関係の規定の見直しが行われ，2017 年に，民法（債権関係）の改正法案が衆参両院において可決・成立し（平 29 法 44 として公布），2020 年 4 月 1 日から施行されることとなった（以下，この改正を「2017 年の民法改正」とする）。また，家族法についても，すでに述べたように，高齢社会の進展や家族の在り方に関する国民意識の変化等の社会情勢に対応すべく，2018 年に，民法（相続関係）等の複数の改正法案が衆参両院において可決・成立し（平 30 法 72・73 として公布），2019 年から 2020 年にかけて施行されることとなった。

2 ◆民法典の構成

　わが国の民法典は，ドイツ民法典のパンデクテン方式（パンデクテンとは，東ローマ帝国のユスティニアヌス帝が編纂させた『ローマ法大全』中の「学説彙纂」のギリシャ語名 pandectæ のドイツ語表記 Pandekten に由来する）にならい，第 1 編「総則」，第 2 編「物権」，第 3 編「債権」（ここまでを「財産法」という），第 4 編「親族」，

【図表1-1】　民法典の構成

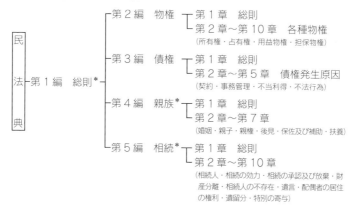

＊第1編の総則は，主として財産法の総則としての位置づけが与えられているが，第4編および第5編にも適用されるか（総則たり得るか）については争いがある。この点に関して，第1編の総則を修正しつつ，適用を認めるべきというのが多数説である。

第5編「相続」（後2編を「家族法」または「身分法」という）の5編に分ける構成をとっている（ちなみに，ドイツ民法典は，総則・債務法・物権法・家族法・相続法の順に5編構成をとっている）。

　第1編「総則」は，法典全体の共通のルール（通則）を抽出して，これをひとまとめにして前置している点に特徴がある。また，第1編の総則だけでなく，各編に必ず総則が置かれている（【図表1-1】参照）。これにより，同種の規定の重複を避け，抽象的な観念に基づく緻密な体系の構築と条文数の節約というメリットがもたらされている。反面，総則規定の抽象度が高いため，民法が日常生活においていちばん身近な法律であるはずなのに，一般の人びとにとって，民法が難解で近寄りがたいとのデメリットも指摘されている。

　第2編「物権」は，物の全面的支配権である所有権，物の使用・収益を目的とする用益物権，物の価値を把握する担保物権など，人が物に対して有する権利の種類・内容，その取得・変更・喪失などの物権変動の仕組みを規定する。

　第3編「債権」は，人が他人に一定の行為（給付）を請求できる権利に関す

る通則や債権の発生原因（契約・契約外による債権発生原因）などについて規定する。

　第4編「親族」は，夫婦・親子・婚姻・離婚などの家族の法律問題につき規定する。

　最後に，第5編「相続」は，死亡にともなう財産承継に関する相続や遺言につき規定する。

コラム　民法の改正

　現行民法は，1896（明治29）年に成立し，1898（明治31）年に施行されて以来，数度にわたり改正され，現在まで存続してきた。主な改正としては，1947（昭和22）年の家族法の改正（家督相続制度の廃止や妻の行為能力制限の廃止など），1971（昭和46）年の根抵当権に関する規定の創設，1999（平成11）年の成年後見制度の導入，2003（平成15）年の担保・執行制度の改正，2004（平成16）年の民法の現代語化・保証に関する規定の見直し，2006（平成18）年の法人に関する規定の見直しなどがあげられる。ただし，これらの改正にあっては，家族法（民法第4編・第5編）の全面的な見直しを除き，根本的な改正はなされず，制定当時の民法が特別法（不動産登記法，商法，借地借家法，動産・債権譲渡特例法，任意後見法，消費者契約法，会社法，一般社団法人及び一般財団法人法などの制定）や判例法（条文の明確化・新たなルールの創設・導入など）によって補充されてきたのである。

　しかし，民法の成立から約120年も経過すると，現行民法では，社会・経済の変化に対応できなくなった部分が出てきたり，条文の解釈が蓄積することにより，かえって裁判において適用される法規範が不明確

になるという事態が生じてきた。そこで，2009年に，法務大臣は，民法「制定以来の社会・経済の変化への対応を図り，国民一般に分かりやすいものとする等の観点から，国民の日常生活や経済活動にかかわりの深い契約に関する規定を中心に見直しを行う理由がある」として，法制審議会に対して諮問をした。法制審議会は，この諮問を受けて，5年あまりかけて集中的に検討・審議を行い，2015年に要綱案を決定し，これをもとに民法の一部を改正する法律案が作成され，2017年に衆参両院において可決・成立し，平成29年法律第44号として公布（施行は2020年4月1日から）されたのが，今般の債権関係の改正法である。

　また，高齢社会の進展や家族の在り方に関する国民意識の変化等の社会情勢に対応するために，2018年には，相続法制の改正や成年年齢の引き下げの改正なども行われた（改正相続法は2019年から2020年にかけて，また成年年齢の改正法は2022年に施行される）。

　もっとも，こうした民法の大改正，特に債権法改正に対しては，改正の目的・改正点が示されないとして「目的なき改正」または「理念なき改正」などの批判も一部で

はなされていた。確かに，今回の民法改正の初期の段階では，学者を中心に複数の立法提案がなされ，世界に誇れる民法改正を企図して，学理的な知見に依拠した意欲的な立法提案もなされていた。しかし，改正された債権法は，規定の明確化・基本原則の明文化・判例上確立したルールの明文化および取引活動の合理化・契約尊重・格差の是正等の手当（つまり法技術的整備）がなされたにすぎず，新たな考え方として判例・学説に現れているものの多く（暴利行為・不実表示・情報提供義務・契約の解釈準則・消費者概念の導入等）が，明文化されなかったとの批判もなされている。いずれにしても，今般の改正が民法の透明化・民法の現代化への対応を実現しているか否かは，今後の改正法の適用・解釈運用に委ねられることになろう。

第2講　契約の成立

本講のねらい

　私たちは，社会生活を送る中で様々な「契約」を締結している。ネット通販で洋服を購入すること，DVD をレンタルすること，携帯電話を利用すること，電車やバスを利用すること，英会話教室に通うこと，アパートを借りること，アルバイトをすること，自動車を買うこと，銀行からお金を借りること，これらはすべて相手方との「契約」によって生ずる社会関係である。

　このように，私たちの暮らしは「契約」を介することによって成り立っているが，この契約は，私たちの日常生活に直接かかわるものにとどまらず，それをはるかに超える広がりを持つものでもある。例えば，私たちが自動車販売店から新車を購入するとき，販売店との間で新車の「売買契約」を締結するが，その自動車は，私たちに販売されるに至るまで，どのようなプロセスを経てきたのかということをみてみよう。まず，販売店は自動車メーカーから自動車の仕入れを行う（特約店契約）。自動車メーカーはその自動車を生産するために部品メーカーから部品を調達する（売買契約）。部品メーカーもまたその部品を生産するために材料メーカーから材料を調達する（売買契約）。他方で，これらの各メーカーは，商品を生産するための工場を建設する必要があるし（建築請負契約），従業員を雇い入れる必要もある（雇用契約）。また，そのための費用を調達するために銀行から借入れをすることもある（金銭消費貸借契約）。このように，自動車という商品は，多数の「契約」のつながりを経て，私たちに販売されているのである。この意味において，「契約」は，私たちの日常生活にとってだけでなく，社会や経済そのものを成り立たせる上で重要な役割を担うものなのである。

　本講では，以上のように，私たちにとって重要な意味を持つ「契約」の基礎について，売買契約を念頭に置きながら考察する。具体的には，①契約の意義，②契約の成立要件，③契約の有効要件，④法律行為と意思表示について学習する。

Ⅰ 　契約の意義

1◆契約とは何か

　契約とは，2人以上の当事者によるお互いの**意思表示の合致**（合意）によっ
て，一定の法律関係を発生させる行為（法律行為）である。例えば，時計店 A
と買主 B の売買契約において，売主 A が買主 B に当該時計の財産権を移転
することを約し，買主 B がこれに対してその代金を支払うことを約すると，
当該時計についての売買契約の効力が生ずる（民 555 条）。すなわち，売買契約
が成立すると，A は B に対して財産権移転義務として当該時計を引き渡す義
務（時計の引渡債務）を負い，B は A に対してその代金を支払う義務（代金債務）
を負うこととなる。逆にいえば，A は B に対して代金を請求する権利（代金債
権）を，B は A に対して当該時計の引渡しを請求する権利（時計の引渡債権）を
有することとなる。このような債権・債務を一般的に定義するならば，**債権**
とは，ある者（債権者）が他の者（債務者）に対して特定の行為や給付を請求で
きる権利であり，反対に，**債務**とは，ある者が他の者に対して特定の行為や
給付をしなければならない義務であるということができる。

　以上のように，売買契約からは債権・債務が発生する。このことは，有効
に成立した債権は法的に認められた権利であり，法的に保護（救済）され得る
ということを意味している（法的責任の発生）。例えば，仮に A が B に時計を約
束の期日に引き渡さないなどの**債務不履行**があった場合，B は，A に対して，
裁判所などの国家機関に訴えて，法的に債権の内容を実現することや，生じ
た損害の賠償を求めることができる（民 415 条など。詳細は，第 6 講参照）。

　なお，当事者間の合意という点では，「約束」も「契約」も違いはないよう
にみえる。しかし，単なる約束（例えば，友人同士の待ち合わせの約束）は，一方
当事者がそれを破ったとしても，他方当事者が約束内容の履行を法的に強制
することはできない（待ち合わせをすっぽかしたとして，道義的責任を負うが，相手に
損害賠償を請求したり，裁判所に訴え出て判決を求めたりすることはできない）。つまり，
単なる約束か契約かは，その内容が法的保護に値するものか否かによって区
別されるというわけである。

2◆契約の基本原則

(1) 私的自治の原則 ─────────

歴史的に「合意は守られなければならない (pacta sunt servanda)」という法規範が形成されてきたが，そのような法規範は現代の民法においても受け継がれ，**私的自治の原則**によって根拠づけられている。私的自治の原則とは，人間は自由で平等な存在であり，それゆえに各人は自己の自由な意思によって法律関係を形成することができるという原則である。そのような原則の下では，当事者は自由な意思で契約（合意）をすることが可能であり，そうであるからこそ当事者はそれに拘束されるべきであると説明される（契約の法的拘束力）。

(2) 契約自由の原則 ─────────

私的自治の原則から，当事者の自由な意思によって自由に契約を締結することができるという**契約自由の原則**が導かれる。この原則には，一般に，①契約締結の自由，②相手方選択の自由，③内容決定の自由，④方式の自由が含まれている。

①契約締結の自由 契約を締結するかどうかは当事者の自由な意思に委ねられ，契約の締結を強制されることはないという原則である。この原則について，民法は，「何人も，法令に特別の定めがある場合を除き，契約をするかどうかを自由に決定することができる。」と定めている（民521条1項）。この自由に対する例外として，法令で特別の定めが置かれることがあるが，これは，主として公共政策上の観点から契約締結の強制が要請される場合があるからである。例えば，電気・ガス・水道のような公衆への公共サービスを行っている事業者は，「正当な理由」がなければ，その供給ないし申込みを拒んではならないこと（電気事業法17条1項, ガス事業法47条1項, 水道法15条1項），診療に従事する医師は，「正当な事由」がなければ，診察治療の求めを拒んではならないこと（医師法19条1項）などが法律で定められている。

②相手方選択の自由 誰と契約を締結するかも当事者の自由な意思に委ねられるという原則である。ただし，この自由を強調しすぎると，契約関係において有利な交渉力を有する一方当事者（例えば, 雇用者や賃貸人など）が，契約の相手方を選択するにあたり，国籍，性別，職業などを理由に差別的な取

扱いをする自由まで認められるとの誤解を生じさせかねない。そのため，2017年の民法改正においては，相手方選択の自由については特に規定を設けなかったと説明されている。もっとも，民法に規定がないからといって，この自由が否定されたわけではなく，契約締結の自由の中に副次的に含まれていると解されている。

　③**内容決定の自由**　どのような内容の契約を締結するかも当事者の自由な意思に委ねられるという原則である。この原則について，民法は，「契約の当事者は，法令の制限内において，契約の内容を自由に決定することができる。」と定めている（民521条2項）。なお，当事者で合意した契約内容が社会的妥当性・合理性を欠いているために契約内容が無効とされる場合もある。例えば，公序良俗に反する内容の契約や強行規定（強行法規）に反する内容の契約は無効となる。

　④**方式の自由**　契約の締結を口頭のみで行うか，それとも書面をもって行うかなど，どのような方式を用いるかも当事者の自由な意思に委ねられるという原則である。この原則について，民法は，「契約の内容を示してその締結を申し入れる意思表示」（申込み）に対して相手方が「承諾」したときに契約は成立すると定め（民522条1項），そして「契約の成立は，法令に特別の定めがある場合を除き，書面の作成その他の方式を具備することを要しない。」と定めて（同条2項），**諾成主義の原則**と**方式の原則的自由**を採用している。これに対して，一定の理由から，法令の特別の定めによって，書面の作成などの**要式行為**がないと契約の効力を認めない**要式主義**が採用される場合がある。例えば，保証契約は，保証人になろうとする者に慎重かつ確実に意思表示させる必要があることから，書面でしなければその効力を生じないと規定されている（民446条2項）。

Ⅱ　契約の成立要件

1◆申込みと承諾の一致

　契約は，当事者の合意によって成立する。そして，民法は，この合意を，お互いの意思表示の合致ととらえ，当事者の一方が「契約の内容を示してそ

の締結を申し入れる意思表示」(**申込み**)をし，これに対して相手方がそれを「**承諾**」する意思表示をしたときに，契約は成立すると規定する(民522条1項)。

　例えば，フリーマーケットで中古バッグを購入しようとする場合，買主Aと売主Bとの間で，売買代金その他の契約条件(バッグの状態なども含めて)について交渉がなされるのが一般的であるが，交渉の結果すべての契約条件が整った段階で，AがBに契約の内容を示して「このバッグを買う」との意思表示(**申込み**)をし，これに対して，BがAにその契約の内容をすべて受け入れて「このバッグを売る」との意思表示(**承諾**)をしたときに契約は成立する。したがって，バッグの売買代金が未確定なままでは，契約内容が示されていないので，申込みとはいえず，たとえ相手方からの了承があったとしても，売買契約はまだ成立していない(未だ契約交渉段階にとどまっている)。

　このように，契約は申込みの意思表示と承諾の意思表示の合致(合意)のみで成立するという**諾成主義の原則**が採用されていることから，契約書の作成は，法令に特別の定めがある場合を除き，契約の成立にとって必須の要件ではない。もっとも，実際の契約では，とりわけ慎重な取引が求められるような場面では，契約内容を明確化しておくために，当事者間の合意に基づいて契約書が作成されているのが実情である。

2◆申込みと承諾の効力発生時期

　契約は，申込みと承諾という2つの意思表示の合致によって成立する。それでは，それらの意思表示の効力はどの時点で発生するのであろうか。すなわち，意思表示は，表白(通知の作成など，内心の意思を外部に客観化すること)，発信，到達，了知という経過をたどって相手方に伝達されるが，どの時点で意思表示の効力の発生を認めるのが妥当であるだろうか。これは，直接に対話をしている者同士で行われる**対話者間取引**ではあまり意識されることはないが，意思表示が伝達されるまでに時間のかかる場所，状態にある者同士で行われる**隔地者間取引**ではとりわけ問題とされる。

　この点について，民法は，「意思表示は，その通知が相手方に到達した時からその効力を生ずる。」として，**到達主義**の立場を採用している(民97条1項)。したがって，申込みの通知が相手方に到達し，そして承諾の通知が申込者に

到達した時点で，契約の効力が発生することになる。通知の到達をもって意思表示の効力が発生するとした理由は，到達を基準とすれば，相手方は意思表示の内容を了知することが可能となるからである（なお，2017年の民法改正前は，隔地者間取引においては，契約の申込みに対して承諾の通知を発信した時点で契約が成立するとする発信主義の立場がとられていた〔改正前民526条1項〕）。

　それでは，相手方に通知は到達したものの，相手方が意思表示の内容を了知することができなかったとき，意思表示の効力は生じるであろうか。これに関し，通知の到達の意味について，会社の代表取締役に対する通知をたまたま会社に遊びにきていたその代表取締役の娘が受領したが，これを父の机の引き出しに入れ，そのままになっていたという事例において，通知の到達とは，相手方にとって「了知可能の状態におかれたこと」を意味し，「意思表示の書面がそれらの者のいわゆる勢力範囲（支配圏）内におかれることを以て足る」とした判例がある（最判昭36・4・20民集15・4・774）。

3 ◆申込みの効力

　契約は，申込みと承諾という双方向の意思表示のやり取りにより成立するが，民法は契約の成否に関していくつかの規定を置いている。

（1）承諾期間の定めのある申込み

　申込者が相手方に申込みをするに際して承諾期間を設けることがある。この場合，相手方はその期間内に承諾するか否かを検討して，申込者にその通知をすればよい。それにもかかわらず，申込者がその期間内に申込みの撤回をすることができるとすれば，相手方に不測の損害を被らせることになる。そこで，民法は，承諾の期間を定めてした申込みについては，申込者が撤回をする権利を留保していない限り，その期間内に撤回をすることができないとした（民523条1項）。

　また，承諾期間が定められているにもかかわらず，申込者がその期間内に承諾の通知を受けなかったときは，その申込みはその効力を失うとして（同条2項），承諾不到達のリスクは承諾者が負うものとされている。したがって，承諾が遅延した場合には，契約は成立しないのが原則である。ただし，その場合でも，申込者は遅延した承諾を新たな申込みとみなすことはできるとさ

れている（民524条）。

（2）承諾期間の定めのない申込み

　申込みに承諾期間が設けられていない場合，相手方は相当な期間内に承諾をするか否かを検討して，申込者にその通知をすればよいと考えられる。そこで，民法は，承諾の期間を定めないでした申込みについて，申込者が撤回をする権利を留保していない限り，承諾の通知を受けるのに相当な期間を経過するまでは，撤回することができないとした（民525条1項）。

　ただし，承諾の期間を定めないでした申込みが対話者間でなされた場合は，その対話が継続している間は，いつでも撤回することができるとされている（同条2項）。対話継続中であれば申込みの撤回を認めても，相手方に不測の損害が生じることは考えにくいからである。また，対話継続中に申込者が承諾の通知を受けなかったときは，申込みはその効力を失う（同条3項本文）。ただし，その場合でも，申込者が相手方に「いったん持ち帰って検討して頂いた上で改めて承諾の通知をしてもらいたい」などと対話の終了後もその申込みが効力を失わない旨を表示したときは，申込みはその効力を失わないとされている（同項ただし書）。

（3）申込みに変更を加えた承諾

　申込みを受けた者が，申込みに条件を付したり，変更を加えたりして承諾をしたときは，申込みの拒絶とともに，新たな申込みとみなすとされている（民528条）。例えば，土地の売買契約において，買主Aが売主Bに「この土地を5,000万円で購入したい」との申込みをしたが，BがAに「5,500万円なら売りましょう」と意思表示したとき，Bの意思表示は，契約内容を変更しての意思表示であるので，承諾ではなく，新たな申込みとして扱われる（これに対するAの承諾があって初めて売買契約の効力が生じる）。

（4）申込みの誘引

　例えば，土地の売買代金が5,000万円とされた広告を見たAが，不動産会社Bに対して，「広告で表示されている契約内容で土地を購入したい」との意思表示をしてきたとき，Bの広告を申込み，Aの意思表示を承諾と解して，売買契約の成立を認めてよいかが問題となる。Aの意思表示を承諾とすると，広告を見て買いたいとの意思表示をした者がA以外にも複数いた場合

に，これらすべての者との間で同じ土地の売買契約が成立することになってしまう。また，Bの相手方選択の自由が害されてしまうことにもなる。土地の売買のように高額な契約においては，債務の履行が確実であるかどうかなどの買主の属性は売主にとって重大な利害にかかわる事柄である。したがって，売主Bの広告は，申込みとは区別される**申込みの誘引**（広告を見た者などが申込みをするよう促す行為）にすぎず，買主Aの意思表示を申込みとするのが妥当であると解されている（これに対するBの承諾があって初めて売買契約の効力が生じる）。

Ⅲ 契約の有効要件

1◆契約内容の有効性

　契約の成立要件が充足されると，これにより契約はひとまず成立する。しかし，一定の契約内容について当事者の意思の合致（合意）があるからといって，契約内容によっては，その契約を有効として法律効果を生じさせるのが適当でない場合がある。契約内容が確定できない場合，強行規定に違反する場合，あるいは社会的妥当性を欠く場合には，契約の全部または一部を無効とすることも必要となる。以下，契約内容の①確定性，②適法性，③社会的妥当性の3つの契約の有効要件について，それぞれ具体的に検討していくこととする。

　なお，2017年の民法（債権関係）の改正前は，契約が有効であるためには，その内容が実現可能でなければならないとされていた。しかし，改正後の民法は，原始的に不能な給付を目的とする契約が締結されたとしても，その契約が当然に無効にはならないとしたため（民412条の2第2項参照），この実現可能性の要件は，改正法上では，契約の有効要件から外れることとなった。

2◆確定性

　契約が有効であるためには，その内容が確定していなければならない。内容が確定できない，あるいは確定できる手がかりもない場合には，その契約の全部または一部が無効となるといわざるを得ない。しかし，契約内容の一部に不明瞭な点や未確定な部分が残るため契約内容を確定できないが，その

内容を確定できる手がかりがあるような場合には，その契約を直ちに無効とするのではなく，**契約の解釈**によって当事者の権利義務の内容を確定するなどして，契約の有効性如何を検討すべきである。

　例えば，中古住宅の売買契約書に「建物は現状有姿で引き渡す」との文言が記載された特約があるときに，その文言の意味が明確でなく契約内容を確定できないとの理由で，本件契約の特約部分を無効とすることはむしろ取引の実情にそぐわない。このような場合には，まず本件特約の意味を確定する作業が行われるべきである。本件特約の意味については，「建物の修理をせずに現状のまま引き渡す」という理解（以下，「前者」とする）も成り立つし，あるいは「建物引渡し後に建物の品質に関して契約内容に適合しない部分が発見されても売主はその責任を負わない」という理解（以下，「後者」とする）も成り立ち得る。そこで，契約の解釈では，当事者がどのような意味で本件特約を締結したのかについて，どのようにして確定するかが探求されることになる。

　まず，本件特約について当事者が共通の意味（主観的意味）で理解しているときは，たとえその意味が社会一般で理解されている意味とは異なっていたとしても，当事者が理解している意味に従って解釈されるべきである（このような解釈を**主観的解釈**という）。この解釈によれば，本件特約の意味が社会一般で前者のように理解されているとしても，当事者間では後者のように理解されているときは，本件特約は後者の意味で確定される。

　これに対して，本件特約の意味を当事者が異なって理解しているとき（買主は前者の意味で理解しているが，売主は後者の意味で理解しているとき）は，社会一般で理解されている意味を基準に（さらには慣習をも考慮して）解釈されるべきである（このような解釈を**客観的解釈**という）。この解釈によれば，本件特約は社会一般で理解されている前者の意味で確定される。したがって，本件特約の文言をもって，売主の契約不適合責任の免責特約（民572条）がなされている（後者の意味）と評価することはできない。

　それでは，中古住宅の売買契約書に本件特約のような文言がない場合，売主の契約不適合責任の有無はどのように解されるであろうか。このような場合，任意規定，慣習，条理や信義則などの一般的基準に従って解釈による補充がなされる（このような解釈を**補充的解釈**という）。この事例では，まず任意規

定による補充が考えられる。すなわち，建物引渡し後に建物の品質に関して契約内容に適合しない部分が発見されたとき，買主は売主に対して，①建物の補修などの履行の追完請求（民562条），②代金の減額請求（民563条），あるいは③損害賠償の請求や解除権の行使（民564条）ができると解される。ただし，任意規定と異なる慣習がある場合において，当事者がその慣習による意思を有しているときは，任意規定に優先してその慣習による補充がなされることになる（民92条）。

3 ◆適法性

　契約が有効であるためには，その内容が法律の精神に適ったものでなければならない。民法の規定の中には，「公の秩序に関しない規定」（**任意規定**）と「公の秩序に関する規定」（**強行規定**）とがある。任意規定については，当事者がそれと異なる意思を表示したときには，その意思が任意規定に優先するとされているが（民91条），強行規定については，それと異なる定めは許されず，当事者がそれと異なる意思を表示したとしても，それによって成立した契約は無効になると解されている。強行規定は，民法の基本理念である「公の秩序」を維持するための規定であるため，それに反する契約に対して法律効果を生じさせるべきではないからである。

　しかし，民法の中のどの規定が任意規定で，どの規定が強行規定であるかを民法は特に明示しているわけではないので，両者を区別することは困難である。一応の区別として，債権法は私的自治の原則を基礎としているので任意規定が多く，物権法や家族法は「公の秩序」にかかわる法分野であるのでそのほとんどが強行規定であるということはできるが，結局は当該規定の趣旨から個別的に判断するほかない。

4 ◆社会的妥当性

　契約が有効であるためには，その内容が強行規定に反していないことに加えて，さらに社会的に見て妥当なものでもなければならない。すなわち，契約内容が「公の秩序又は善良の風俗に反する」ものであるときは，その契約は無効となる（民90条）。「公の秩序」とは国家や社会の秩序のことをいい，

「善良の風俗」とは社会一般の道徳観念のことをいうが，両者は必ずしも明確に区別されているわけではなく，一般に両者を併せて「公序良俗」と呼ばれている。

　公序良俗違反の契約を無効とする民法の規定は，一般的・抽象的な文言で書かれた包括的な内容の規定（このような規定を**一般条項**という）であるため，この規定を見ただけでは，具体的にどのような契約内容が公序良俗違反に該当するのかが明らかにならない。そのため，これまでの裁判例を分析することで，公序良俗違反の事例については，次のような類型化がなされている（ここには，時代や道徳観念の変遷も影響している。最近では，営業の自由や労働の自由などの経済的自由を制限する行為をめぐり公序良俗に反するか否かが問題とされることが多い）。

（1）正義に反する行為

　刑法上の犯罪などの不正な行為にかかわる契約は，ほとんどの場合において公序良俗違反となる。したがって，報酬を条件に殺人を請け負う契約を締結しても，その契約は民法上無効であるので，実際に殺人を行ったとしても報酬請求権は生じない。入札における談合や，臓器売買などもここに属する。

（2）暴利行為・著しく不公正な法律行為

　相手方の無思慮や窮迫に乗じて不当な利益を博する行為は，公序良俗違反となる。例えば，高利の金銭消費貸借，過大な違約金の予定，過剰な担保の設定などがこれにあたる。

　また，クラブが客に対する売掛代金をホステスに保証させる契約は，店の経営者の優越的地位を利用した不公正な取引であり，公序良俗違反となり得る（ただし，ホステスが報酬以外の特別な利益を受けるために任意に保証契約を締結したとして，公序良俗違反を否定した判決［最判昭 61・11・20 判時 1220・61］もある）。

（3）著しい射倖行為

　賭博行為のような射倖行為も公序良俗違反となる。射倖行為は，健全な勤労意欲を失わせるともに，著しい損害を生じさせる可能性があるからである。

（4）家族秩序や性道徳に反する行為

　家族秩序や性道徳に反する契約（反倫理的な行為）は，公序良俗違反となる。例えば，配偶者のある男性が別の女性と婚姻予約をし，婚姻するまで扶養料を支払う契約は，不倫関係の維持を目的とするものであるので無効である（大

判大9・5・28民録26・773）。これに対して，妻との婚姻関係が事実上破綻した状態で，不倫関係にある相手方に遺産の3分の1を包括遺贈したことが，不倫関係の維持を目的としたものではなく，相手方の生活を保全するためのものであるときは，公序良俗違反とならないとした判決もある（最判昭61・11・20民集40・7・1167）。

（5）個人の自由を極度に制限する行為

　人身の自由を極度に制限する行為は，当然に公序良俗違反となる。かつて父親の前借金を弁済するために年少の娘を芸娼妓として稼働させる契約（芸娼妓契約）が社会問題となったことがあったが，この契約は酒場の経営者が生活に困窮する娘の親に金銭を貸し付ける契約（金銭消費貸借契約）とその親の借金を娘が芸娼妓として一定期間稼働することで弁済する契約とからなる（さらには，娘が就労期間満了前に仕事を辞めた場合には娘と親に高額な賠償金を支払わせる違約金条項も付されることもあった）。このような契約については，稼働契約だけが公序良俗に反して無効となるのではなく，これと密接不可分な関係にある金銭消費貸借契約も含めてすべて無効となるとされている（最判昭30・10・7民集9・11・1616）。

（6）憲法が認める基本的価値に反する行為

　差別的な内容を有する契約も，公序良俗違反となる。例えば，定年年齢を男性60歳，女性55歳とする就業規則とそれに基づく契約は，不合理な差別を定めるものとして無効であるとされている（最判昭56・3・24民集35・2・300）。

（7）動機の不法

　これまで述べたものと異なり，契約内容それ自体は公序良俗に反しないが，契約をした動機が公序良俗に反するという場合にも，その契約が無効となるかが問題となる。例えば，金銭消費貸借契約それ自体は公序良俗に反しないが，借主が賭博による借金の返済に充てることを貸主が知りながら金銭を貸し付けた場合には，その契約は無効となるとされた事例がある（大判昭13・3・30民集17・578）。

IV 法律行為と意思表示

1◆法律行為と意思表示の関係

　これまで見てきた売買契約は，権利変動を生じさせようとする意思のもとで行われる法律行為に属するとされている。そこで，本講の締めくくりとして，法律行為の意義・分類およびその要素とされる意思表示の意義について考察することとする。

　民法＝実体法の規範は，一般に，一定の**法律要件**が存在すれば，一定の**法律効果**が発生するという構造をとる。例えば，売買契約では，申込みと承諾という2つの意思表示の合致により，売買契約が成立し，当事者双方に債権・債務が発生することになる。これらの債権・債務の発生が法律効果であり，法律効果を発生させるもの（ここでは売買契約）が法律要件である。また，法律要件を構成する各意思表示などを法律事実という。そして，**法律行為**とは，一個または数個の意思表示を構成要素とする法律要件であって，意思表示の内容にそった法律効果を発生させるものと定義される。

　なお，意思表示は法律行為の構成要素であるので，意思表示の不成立・効力不発生のときには法律行為は成立せず，意思表示の無効，またはそれが取り消されたときには法律行為も無効である（契約の効力否定原因については，第3講参照）。

2◆法律行為の分類

　法律行為は，意思表示の個数と存在形態に応じて，契約，単独行為，合同行為の3つに分類することができる。

　契約は，これまで見てきたように，2つ以上の意思表示の合致によって成立する法律行為である。**単独行為**は，一方当事者の単独の意思表示のみで成立する法律行為である。単独行為には，取消しや解除のような**相手方のある単独行為**と，遺言のような**相手方のない単独行為**とがある。そして，**合同行為**は，社団法人の設立行為のように，複数当事者の同一目的に向けられた複数の意思表示の合致により成立する法律行為である。

3◆意思表示の意義

意思表示とは，財産上の権利義務の発生・移転・消滅という法律効果を発生させようという意思を外部に表示する行為である。例えば，表意者 A が「Bに甲土地を売る」という意思を B に表示する行為が意思表示である。

このような A の意思表示は，伝統的な理解によれば，次のような心理的プロセスを経て構成されると考えられている。すなわち，A が，お金を必要として（**動機**），甲土地を売る場合，①「B に甲土地を売る」と考え（**効果意思**），②B に対して「甲土地を売る」と表示しようと考え（**表示意思**），③B にその旨を実際に表示する（**表示行為**）ことによって意思表示がなされる（意思表示は上記①〜③を構成要素として成立する）。そして，この意思表示のプロセスにおいて特に重視されるのが①の効果意思と③の表示行為であり，両者が一致しているときにその意思表示は有効なものとなると解されている。

しかし，表意者の効果意思と表示行為は常に一致しているとは限らない。例えば，A が「甲土地を売る」と表示していながら，本当は甲土地を売るつもりがなかったり，あるいは本当は別の乙土地を売るつもりであったりと表示に対応する効果意思が欠けている場合もある。このような場合，表意者の内心的な効果意思を重視して，その意思表示を無効とするのがよいのか，それとも，たとえ表示に対応する効果意思がなくても表意者の表示行為を信頼した相手方の取引の安全を重視して，その意思表示を有効とするのがよいのかが問題となる。前者の考え方を重視する立場を**意思主義**といい，後者の考え方を重視する立場を**表示主義**というが，民法は，どちらか一方の考え方のみを採用することなく，両者の折衷的な立場をとっている。具体的には，民法は，基本的に，虚偽表示（民94条）においては意思主義を採用し，心裡留保（民93条）においては表示主義を採用しているといわれている（詳細は，第3講参照）。

▰コラム▰　定型約款

契約は，本来，当事者が契約内容を十分に認識し，お互いの意思が合致したときに成立すべきものである。しかし，実際の社会生活では，電気・ガス・水道の供給契約，電車やバスの旅客運送契約，ホテルの宿泊契約，生命保険や損害保険の契約，銀行との預金契約，コンピュータ・ソフトウェアの利用契約など，特定の事業者と不特定多数の者との間で大量の定型的な取引が行われており，その場合，契約を迅速かつ的確に処理する必要から，特定の事業者があらかじめ画一的に定めた契約条項が用いられることになる。しかも，その契約内容は私たちの日常生活にとって必要不可欠なものであるため，私たち利用者の側としてはその契約条項をそのまま受け入れる以外に選択肢はないことになる（利用者の側には契約の内容決定の自由が事実上存在しないことになる）。

このような契約条項については，2017年の民法改正前は明文の規定が設けられていなかったことから，その効力がどうなるかについて必ずしも明らかでなかった。そこで，今般の民法改正において，契約総則の節（民法典第3編第2章第1節）の中に「定型取引」における「定型約款」に関する規定（第5款）が新たに設けられた。

改正民法では，「定型取引」とは，「ある特定の者が不特定多数の者を相手方として行う取引であって，その内容の全部又は一部が画一的であることがその双方にとって合理的なもの」であり，「定型約款」とは，「定型取引において，契約の内容とすることを目的としてその特定の者により準備さ

れた条項の総体」であると定義されている（民548条の2第1項括弧書）。そして，定型取引を行うことの合意（定型取引合意）をした者は，①定型約款を契約の内容とする旨の合意をしたとき，または②定型約款を準備した者（定型約款準備者）があらかじめその定型約款を契約の内容とする旨を相手方に表示していたときには，定型約款の個別の条項についても合意をしたものとみなすと規定された（民548条の2第1項）。なお，旅客運送取引のように，取引自体の公共性が高く，かつ，定型約款による契約内容の補充の必要性が高い場合には，定型約款準備者がその定型約款を契約の内容とする旨を「相手方に表示」しなくても，その旨をあらかじめ「公表」していれば，当事者がその定型約款の個別の条項について合意をしたものとみなすとする特別法（鉄道営業法18条の2など）も定められている。

ただし，定型約款の個別の条項について合意擬制がなされた場合であったとしても，その条項の効力が否定される場合もある。すなわち，定型約款の個別の条項のうち，(i)相手方の権利を制限し，または相手方の義務を加重する条項であって，(ii)その定型取引の態様およびその実情ならびに取引上の社会通念に照らして信義則に反して相手方の利益を一方的に害すると認められるものについては，「合意をしなかったものとみなす」とされている（民548条の2第2項）。また，定型約款準備者は，相手方からの請求があった場合には，定型約款の内容を示す義務を負うとされているところ（民

548 条の 3 第 1 項本文)，定型約款準備者が定型取引合意の前においてその請求を拒んだときは，原則としてその定型約款は契約内容にならないとされている (同条 2 項本文)。

さらに，定型約款の個別の条項について合意擬制がなされた後に，定型約款準備者の側が定型約款の条項の変更を必要とすることもある。このとき，定型約款準備者がすべての相手方と条項の変更について合意をしなければならないとするとあまりに手続的に煩瑣である。さりとて，定型約款準備者が一方的に条項の変更をすることができるとすると相手方の利益が害されることになりかねない。そこで，改正民法では，

(a)「定型約款の変更が，相手方の一般の利益に適合するとき」，または(b)「定型約款の変更が，契約をした目的に反せず，かつ，変更の必要性，変更後の内容の相当性，この条の規定により定型約款の変更をすることがある旨の定めの有無及びその内容その他の変更に係る事情に照らして合理的なものであるとき」，定型約款準備者は，「定型約款の変更をすることにより，変更後の定型約款の条項について合意があったものとみなし，個別に相手方と合意することなく契約の内容を変更することができる」ものとされた (民 548 条の 4 第 1 項)。

第3講　契約の有効性

本講のねらい

　第3講では，契約の効力否定原因につき，意思表示の形成過程に問題がある場合として，心裡留保，虚偽表示，錯誤，詐欺，強迫を扱う。このうち，表示に対応する意思が欠けている類型（意思の不存在〔かつては意思の欠缺といった〕）として，心裡留保（民93条），虚偽表示（民94条）がある。瑕疵ある意思表示としては，錯誤（民95条），詐欺または強迫（民96条）がある。意思表示の効力が否定される要件や，そのような意思表示を前提に登場した第三者を保護する要件について学習する。意思表示に問題があり，表示行為が表意者の真意に合致していないからといって，単にその意思表示の効力を否定すればよいというものではない。表意者の帰責性の大きさ，表意者を保護する必要性，表意者の相手方や第三者の信頼を保護する必要性の考慮など，関係者間のバランスが重要である。

　そして，上記のような原因により契約の効力が否定されることになった場合にその否定の方法について，民法は2つの方法を定めている。1つは，契約が当然に効力を生じない場合（無効）であり，もう1つは，契約は一応有効であるが取消権者が取消権を行使することによってその効力が否定される場合（取消し）である。そこで，両者のメカニズムを整理した上で，その異同について学習する。

Ⅰ 意思の不存在

1◆心裡留保

（1）心裡留保の意義

　心裡留保による意思表示とは，表意者が効果意思と表示行為の不一致（または真意と意思表示の内容の不一致＝**意思の不存在**）を認識しながら，そのことを相手方に告げることなく行う意思表示である。例えば，表意者Aが自己所有の

甲土地を売るつもりがないにもかかわらず，相手方Bに「甲土地を売る」と表示するような場合がこれにあたる。

（2）心裡留保の効果

　心裡留保による意思表示は，原則として有効である（民93条1項本文）。表意者Aが内心の意思（真意）と表示との食い違いを認識しながら意思表示をしているので，Aの帰責性は大きくその要保護性が低いのに対し，BがAの意思表示を信頼した場合には，AよりもBを保護する必要があるからである。

　これに対して，BがAの意思表示が真意でないことを知っている場合（悪意）や知ることができた場合（善意・有過失）にはBを保護する必要性は乏しく，Aの意思表示は無効となる（同条1項ただし書）。

（3）第三者との関係

　相手方の悪意または有過失により心裡留保による意思表示が無効である場合，表意者はその意思表示の無効を善意の第三者に対抗することができない（民93条2項）。例えば，Aの真意ではない「甲土地を売る」との意思表示が相手方Bの悪意または有過失により無効である場合に，さらに甲土地の無権利者Bが第三者Cに甲土地を売却したとき，心裡留保による意思表示が無効であることを知らない善意の第三者Cは保護されるということになる。すなわち，Aの意思表示，それゆえAB間の売買契約は，善意の第三者Cとの関係では有効に行われたのと同様に扱われ（Bに甲土地の所有権が移転し，BC間の売買契約に基づいて），Cは甲土地の所有権を取得することができる。表意者Aの帰責性の大きさからみて，後述する虚偽表示における善意の第三者（民94条2項）と同様に考えればよい。

2◆虚偽表示

（1）虚偽表示の意義

　虚偽表示（または**通謀虚偽表示**）とは，表意者が効果意思と表示行為の不一致（または真意と意思表示の内容の不一致＝意思の不存在）を認識しながら，相手方と通じて行う意思表示である。虚偽表示は，表示に対応する効果意思が存在しないことを表意者が知っている点で心裡留保と同じであるが，そのような意思表示を相手方と通謀して行っている点で心裡留保とは異なる。例えば，A

が，自己所有の甲土地を借金のカタに差し押さえられそうになったので，友
人Bに依頼して，甲土地を売るつもりがないにもかかわらず，Bと通謀した
上でBに「甲土地を売る」と表示するような場合がこれにあたる。Aの債権
者は，A所有の財産しか差し押さえることができないので，Bに不動産を売っ
たことにしてBへ所有権移転登記をし，Aは甲土地の差押えを免れようとす
るのである（刑法96条の2等に該当するかはここでは考えない）。

（2）虚偽表示の効果

　虚偽表示は，無効である（民94条1項）。当事者双方に表示どおりの法律効
果を発生させる意思がないので，意思表示を有効とすべき理由がないし，ま
たAと通謀した相手方Bを保護する必要もないからである。したがって，仮
装の土地売買契約は無効であるので，Bは，Aに甲土地の引渡しを求めるこ
とができないし，またAは，B名義の所有権移転登記を抹消してA名義に
戻すことが可能となる。

（3）第三者との関係

　虚偽表示を信頼して第三者が取引をしたという場合には，どのように考え
ればよいだろうか。前例のAB間の土地売買契約は虚偽表示により無効であ
るが，BがAから移転された登記名義を利用して，虚偽表示であることを知
らないCに甲土地を売却したとき，そのような善意の第三者Cは甲土地の
所有権を取得することができるかが問題となる。

　虚偽表示の無効は，**善意の第三者**に対抗することができない（民94条2項）。
ここで「善意」とは，ある事実（虚偽表示の存在）を知らないことをいい，「第
三者」とは，虚偽表示の当事者およびその包括承継人以外の者で，虚偽表示
に基づいて作出された仮装の法律関係について新たに独立の法律上の利害関
係を有するに至った者をいう。本件事例のCは，虚偽表示であることを知ら
ずにB名義の不実登記を信頼してBから甲土地を譲り受けた者であり，善
意の第三者に該当する。したがって，Aは，虚偽表示の無効を善意の第三者
Cに対抗することができなくなる結果，AB間の売買は有効に行われたのと
同様に扱われ，Cは甲土地の所有権を取得することができる。虚偽表示をし
たAの帰責性が大きいので，保護されるべきCは無過失であることまでは
要求されない（大判昭12・8・10新聞4185・9）。またCは所有権の取得を，登記

なしにAに主張できるとするのが判例である（最判昭44・5・27民集23・6・998）。

（4）民法94条2項の類推適用

　通謀がない場合または虚偽の外観はあるが意思表示があるといえない場合には，民法94条を直接適用することができない。しかし，虚偽の外観を真の権利者が自ら作出し，または存続させていた場合には，民法94条2項を**類推適用**して，虚偽の外観を真実であると信頼した者を保護する考え方（**権利外観法理**）が判例上展開されている（最判昭45・7・24民集24・7・1116，最判昭45・9・22民集24・10・1424）。

　例えば，A所有の不動産について，不実の所有権移転登記がAの不知の間に他人Bの専断によってなされた場合であっても，Aが不実の登記がなされていることを知りながら，これを存続せしめることを明示または黙示に承認していたときは，民法94条2項が類推適用され，Aは善意の第三者Cに不実の登記の無効を対抗することができない（前掲最判昭45・9・22）。なお，民法94条2項を類推適用するためには，①虚偽の外観の存在，②その外観作出につき真の権利者に帰責性があること，③第三者の善意（虚偽の外観であることを知らないこと），の3つの要件が必要とされている。

　さらに虚偽の外観を信頼して取引に入った第三者を保護する際に，権利外観法理の別の規定である民法110条とあわせて用いられることもある。真の権利者が承認した不実の外形をもとに他人が別の外形を作り出し（本人が関与した以上の虚偽の外観が作出され），その外形を第三者が無過失で信じた場合に，民法94条2項と同110条の法意から善意・無過失の第三者が保護される（最判昭47・11・28民集26・9・1715）。また本人の重大な不注意により（本人の関与も承認もないが，一切を任せていた）他人により不実登記がなされた場合（その不注意が本人の関与や承認と同視し得るほど重い帰責性と評価されるときは），民法94条2項，同110条が類推適用され，虚偽の外観を信じた善意・無過失の第三者は保護される（最判平18・2・23民集60・2・546）。

Ⅱ　瑕疵ある意思表示

1◆錯　誤

（1）錯誤の意義

錯誤には，**表示の錯誤**と**動機の錯誤**（基礎事情の錯誤）がある。表示の錯誤とは「意思表示に対応する意思を欠く錯誤」（民95条1項1号）であり，効果意思と表示行為の不一致（意思の不存在）があり，表意者がそれを知らなかった場合である。例えば，表意者がある商品を100ドルで買うつもりで，相手方に100ユーロで買うと言い間違えた場合（**表示上の錯誤**）や，100ドルと100ユーロを同じ価値であると勘違いして相手方に100ユーロで買うと言った場合（**内容の錯誤**）がある。

動機の錯誤とは「表意者が法律行為の基礎とした事情についてのその認識が真実に反する錯誤」（民95条1項2号）である。効果意思が形成される前の動機の段階で錯誤が生じており，効果意思と表示行為との間に不一致が存在しない点で，上記の表示の錯誤とは区別される。例えば，ある馬を受胎している馬だと信じて購入したところ，実はその馬が受胎していなかった場合（**性質の錯誤**）や近くに新駅ができるので地価があがるだろうと考えて土地を購入したが，新駅の計画はなかった（**理由の錯誤**）などである。動機の錯誤とは，馬が受胎しているかどうか，新駅ができるかどうかという契約に影響を与える事実を誤認しているともいえるので，事実の錯誤，行為基礎事情の錯誤とも表現される。動機の錯誤については，本講〈コラム〉参照。

（2）錯誤の効果

錯誤による意思表示は一応有効となるが，一定の場合には取り消し得る。表意者自身が錯誤に気づいていない点では表意者の保護は必要だが，しかし他人の違法な介入により錯誤に陥った詐欺（後述）とは異なり，他人の違法な介入なく自ら錯誤に陥った点で表意者には落ち度があり，相手方の信頼保護や取引の安全との調整が必要である。錯誤があれば即取消し可能というわけにはいかない。錯誤による意思表示を取り消すには，①その錯誤が重要なものであり（動機の錯誤は，その動機が相手方に表示がされ），②表意者に重過失がないことが必要とされ，2段階の絞りがかけられている。

①錯誤が重要なものであること

　民法95条1項柱書によれば，（ⅰ）錯誤に基づき意思表示がされていたことと（主観的因果関係），（ⅱ）錯誤が法律行為の目的および取引上の社会通念に照らして重要なものであること（客観的重要性）を要件として，錯誤による意思表示は取り消すことができる。これらの要件は「法律行為の要素に錯誤があったとき」（改正前民95条）を具体化したものである。

　判例（大判大3・12・15民録20・1101，大判大7・10・3民録24・1852）は，（ⅰ）錯誤がなかったならば，表意者自身がその意思表示をしないであろうと認められるほどに錯誤と意思表示との間に因果関係があり（主観的因果関係），かつ（ⅱ）通常人であったならば意思表示をしなかったであろうと認められるほどにその錯誤が客観的に重要である場合でなければ（客観的重要性），「法律行為の要素に錯誤」があるとはいえないとしている。

　動機の錯誤による取消しは，上記（ⅰ）（ⅱ）の要件に加えて，（ⅲ）法律行為の基礎とした事情に錯誤があり，その事情が法律行為の基礎とされていることが表示されていることが必要である（民95条2項）。この要件も判例法理を明文化したものであり，動機の錯誤は，その動機が相手方に表示されて意思表示（法律行為）の内容となり，もし錯誤がなかったならば表意者がその意思表示をしなかったであろうと認められることが必要である。

②表意者に重過失がないこと

　上記民法95条1項2項の要件を満たした場合でも，錯誤が表意者の重大な過失によるものであった場合には，その表意者は意思表示の取消しをすることができない（民95条3項）。重大な過失（重過失）とは，悪意に準じる意思態様であり，表意者の職業や経験，取引の種類や目的に応じて，表意者に通常要求される注意を著しく欠いている状態をいう。表意者に大きな帰責性がある場合には，表意者よりも相手方の保護を優先すべきだからである。なお，相手方が表意者の錯誤につき悪意または重過失であった場合（相手方の認識可能性，民95条3項1号）や，相手方が表意者と同一の錯誤に陥っていた場合（共通錯誤，同条同項2号）には，相手方の信頼を保護する必要はないので，錯誤の意思表示を取り消せる。

（3）第三者との関係

　錯誤による意思表示の取消しは，善意・無過失の第三者に対抗することができない（民 95 条 4 項）。表意者に対する第三者の信頼が法的保護に値するものでなくてはならず，取消原因について善意であるだけではなく，無過失であることが要求される。後述の詐欺と同様の扱いである。

2 ◆詐欺・強迫

　詐欺・強迫による意思表示をした者は，例えば，人に騙されたり，おどされて家を売った場合，家を売ろうという効果意思をもって，その通り，表示行為（「家を売りたい」）をしている。その意味で意思表示自体に問題はないともいえる。しかし，その意思決定は自由な意思に基づくものではなく，この点で，表意者の意思決定の自由が侵害されている。すなわち，意思の形成過程に瑕疵（キズのこと）がある。そこで，民法は，詐欺・強迫による意思表示を取り消すことができるものとして，表意者にこの意思表示から生じる効果の発生を否定する機会を与えている（民 96 条 1 項）。

　なお，詐欺・強迫が不法行為に該当する場合，表意者（被害者）は加害者に対し損害賠償を請求することもできる（民 709 条）。また加害者は，民事責任だけではなく詐欺罪（刑 246 条），恐喝罪（刑 249 条）といった刑事責任を追及され得る（ただし，両者はその目的を異にしており，自ずとその要件も異なっている）。

（1）詐欺による意思表示

　詐欺とは，他人を欺いて，錯誤に陥れ，それによって意思表示をさせることをいう。詐欺の結果行われた意思表示を詐欺による意思表示という。正確には，①詐欺者の故意（相手方を欺罔して錯誤に陥れようとする故意と，錯誤によって意思表示をさせようとする故意の 2 つ〔二段の故意〕が必要），②詐欺者の違法な欺罔行為，③欺罔行為により被詐欺者（表意者）が錯誤に陥ったこと，④被詐欺者が錯誤により意思表示をしたこと，が必要である。例えば，B が代金支払いの能力もその意思ももっていなかったにもかかわらず，A を騙して，土地を買い受けたような場合である（最判昭 49・9・26 民集 28・6・1213。ここでは，A の土地を売却するという意思表示が，詐欺による意思表示にあたる）。

　民法 96 条 1 項によると，詐欺による意思表示があっても売買契約は一応

有効に成立するが，詐欺を受けた A を保護するために，A は意思表示を取り消すことができる。そして，意思表示が取り消されると，その意思表示は初めから無効であったものとみなされる（民121条。これを**遡及的無効**という）。

　もっとも，詐欺を行ったのが，契約の相手方 B ではなく，別の者 D であるときには（**第三者による詐欺**），相手方 B が詐欺の事実を知っていた場合だけではなく，知ることができた場合にも，表意者 A は意思表示の取消しができる（民96条2項）。改正法では，第三者による詐欺の被害者 A は，心裡留保の表意者より帰責性が小さいので，相手方 B に過失があった場合にも（改正前民法96条2項は悪意者に対してしか取消しの主張を認めていなかった），保護される可能性を認めた。

（2）詐欺による意思表示の取消しと第三者

　例えば，B が A を騙して土地を買い受け，さらにこの土地を第三者 C に売り渡した場合に，詐欺を受けた A は売買契約を取り消して，C から土地を取り戻すことができるだろうか。詐欺による意思表示の取消しにより，AB 間の売買契約は，初めからなかったことになる。A は法律上，そもそも土地を売っていなかったことになり，B も土地を購入しておらず，B は土地の所有権を取得していなかったことになる。そうすると，そのような B から土地を購入しても，C は土地の所有権を取得できないはずである。よって A は C から土地を取り戻せることになりそうである。しかし，民法96条3項によると，詐欺を受けた A は意思表示の取消しを善意・無過失の第三者 C に対抗することができないと規定されている。

　民法96条3項の「第三者」とは，詐欺の当事者以外の者で，詐欺による意思表示によって生じた法律関係について，取消前に新たに法律上の利害関係を有するに至った者をいう（前掲最判昭49・9・26民集28・6・1213）。また，同条項の善意・無過失とは，取消原因につき善意・無過失であること，具体的には，C が B から土地を買い受ける時点で，AB 間の売買契約が詐欺による意思表示によるものであることを知らず，かつ知らなかったことについて過失もないことを指す。

　第三者 C が保護されると，表意者 A が権利を失うこととなるので，意思表示に対する第三者 C の信頼が法的保護に値するものでなくてはならず，それ

には，取消原因について善意であるだけではなく，無過失であることが要求される。ただし，第三者が同条項によって保護を受けるには，取消し前に登場している必要がある。よって，Ａは，取消原因につき善意・無過失の第三者Ｃからは土地を取り戻すことができない。

　さらに，善意・無過失の第三者Ｃが所有権の取得を主張するために，登記を備えている必要があるかという問題がある。判例は，登記がなくても第三者は同条項によって保護されるとしているようにも見受けられる（前掲最判昭49・9・26民集28・6・1213）が，このケースは第三者がまったく登記を備えていない事案ではなかったので（第三者が仮登記について付記登記を有していた），この判例を一般化するには疑問が投げかけられている。また，学説も「第三者」の登記の要否をめぐって鋭く対立している。

　なお，取消し後に登場した第三者との関係については，判例は，取消しによるＢからＡへの土地所有権の復帰（**復帰的物権変動**）と，ＢからＣへのその移転を二重譲渡と捉えて，民法177条の適用により，いずれか早く登記を具備した方が権利取得を主張できるとしている（大判昭17・9・30民集21・911）。

（3）強　迫

　強迫による意思表示とは，他人から害悪を告知され，そのために畏怖したことにより行った意思表示である。例えば，ＡがＢから「この家屋を売らなければ，放火するぞ」とおどされ，しかたなくＢとの売買契約に合意する場合である（正確には，①強迫者の故意〔詐欺のケースと同様，二段の故意があること〕，②違法な強迫行為，③強迫行為により表意者が畏怖したこと，④畏怖の結果として表意者が意思表示をしたこと，が必要である）。しかたないとはいえ，家を売ろうと思って売買契約に合意したのだから，表示行為（「家を売る」）に対応する効果意思（家を売ろう）はあるが，この家を売るという意思表示の形成過程に瑕疵がある（おどされて意思表示した）ということである。

　強迫による意思表示は取り消すことができる（民96条1項）。取り消されると，その意思表示は，初めから無効となる（民121条）。

　詐欺とは異なり，第三者が強迫した場合でも，表意者Ａは強迫の事実につき相手方Ｂの知・不知にかかわらず，その意思表示を取り消すことができる（民96条2項の反対解釈）。この場合に，契約の相手方を保護する規定はなく，ま

た，善意・無過失の第三者も保護されない。強迫による意思表示の取消しの遡及的無効は，原則どおり，善意・無過失の第三者にも対抗することができる（民96条3項の反対解釈）。詐欺と扱いが異なり，強迫による意思表示をした者を厚く保護するのは，強迫においては表意者本人の帰責性がないと考えられているためである。

3 ◆ 消費者契約法の特則

　消費者契約法4条では，事業者が消費者契約の締結について勧誘をするに際して，消費者に対して，重要事項について事実と異なることを告げたり（**不実告知**），物品，権利，役務その他の当該消費者契約の目的となるものに関し，将来におけるその価額，将来において消費者が受け取るべき金額その他の将来における変動が不確実な事項につき断定的判断を提供したり（**断定的判断の提供**），重要事項またはそれに関連する事項について，消費者の利益となる事実を告げ，かつ当該重要事項について当該消費者の不利益となる事実を故意または重大な過失によって告げなかったり（**不利益事実の不告知**）したために，消費者が事実誤認をし，消費者契約の申込みまたは承諾の意思表示をしたときは，消費者は，その意思表示を取り消すことができると規定している（同条1項・2項）。

　また，事業者が消費者契約の締結について勧誘をするに際して，消費者が事業者に対し，その住居等から退去すべき旨の意思表示をしたにもかかわらず，事業者がそれらの場所から退去しなかったり（不退去），事業者が消費者契約の締結を勧誘している場所から消費者が退去する旨の意思を示したにもかかわらず，その場所から消費者を退去させないこと（監禁），その他，消費者の社会生活上の経験不足の不当な利用（不安をあおる告知や恋愛感情等に乗じた人間関係の濫用），加齢等による判断力の低下の不当な利用，霊感等による知見を用いた告知，契約締結前に債務の内容を実施する等により，消費者が困惑し，その困惑によって消費者契約の申込みまたはその承諾の意思表示をしたときは，消費者はその意思表示を取り消すことができる（同条3項）。

　さらに，事業者が消費者契約の締結について勧誘をするに際して，過量な内容の契約に当たることを知っていた場合において（**過量取引**），消費者がそ

の勧誘により，消費者契約の申込みまたはその承諾の意思表示をしたときは，消費者は，その意思表示を取り消すことができる（同条4項）。

　このように，民法上の錯誤，詐欺・強迫に必ずしもあたらない場合であっても，この規定を適用して消費者保護を図ることが可能となっている。

Ⅲ　無効と取消し

1◆無　　効

　無効とは，当初から契約（意思表示ないし法律行為）の効果が生じないことを意味する。民法は，契約が無効となる例として，①**意思無能力**（民3条の2），②**公序良俗違反**（民90条），③**強行規定違反**（民91条参照），④相手方に悪意または有過失のある場合の心裡留保（民93条1項ただし書），⑤虚偽表示（民94条1項）を定めている。また，明文に規定のない場合としては，⑥契約の内容を確定できない場合が挙げられる。さらに，消費者契約法8条ないし10条では，消費者契約中の不当条項を無効としている。

　無効は誰からでも，誰に対しても，いつまでも主張できる（**絶対的無効**）。無効であることを主張するのに，時間の制限はない。契約締結の後，無効を主張しないまま，数年が経過すると，無効であったものが有効になるということではない。無効の契約を追認することによって遡及的に有効にすることもできない。

　もっとも，意思無能力による無効は，意思無能力者側からしか主張できないとする説が有力である（**相対的無効**）。無効主張の相手方についても，心裡留保や虚偽表示の無効は善意の第三者に対抗できない（民93条2項，同94条2項）。

　契約が無効であるということになると（以下，取消権の行使により契約が遡及的に無効になった場合も同じ），契約に基づく権利義務が発生しないので，いまだ履行していない義務を履行しなくてよいことになる。また契約当事者は相手方を原状に復させる義務（**原状回復義務**）を負い（民121条の2第1項），既に契約が履行されていて，金銭や目的物が給付されているときには，受領したものの返還をしなければならない。原物返還が不能であるときには価額返還（償還）の義務を負う。

　例えば，AB 間の不動産売買契約が無効であった場合，買主 B がまだ代金を売主 A に支払っていなければ，A は代金を請求できなくなるし，逆も同様である。また，A が B に目的物（不動産）を既に引き渡していたとすると，B は目的物（不動産）を A に返還する義務を負う。B が目的物を返還できないときは，その価額相当額の金銭を支払う義務を負う。A は受領した代金額を B に返還する義務を負う。

　例外として，贈与など無償行為が無効である場合に，給付受領者が善意の場合の返還義務の範囲は，「現に利益を受けている限度」（これを**現存利益**という）で足りる（民 121 条の 2 第 2 項）。また，行為時（契約時）に意思無能力者または制限行為能力者であった者の返還義務の範囲も現存利益に限ることで，これらの給付受領者を保護している（同条 3 項）。

2◆取消し

　取消しは契約が成立したときの事情に問題があり，それにより不利益を被るおそれのある当事者が取り消す旨の意思表示をしたときに，契約の効力が否定されるものをいう。取り消すことができる契約は，取消しの意思表示により当初から無効であったものとされる（民 121 条［遡及的無効］）。

（1）取消原因

　民法総則が定める取消原因は，①行為能力の制限に反したこと（民 5 条 2 項・9 条・13 条 4 項・17 条 4 項），②瑕疵ある意思表示（錯誤・詐欺・強迫による意思表示〔民 95 条・96 条〕）である。また，消費者契約法 4 条の定める誤認もしくは困惑による意思表示または過量取引となる意思表示も取消原因となる。

　取消原因がある場合には，一定の者に，その意思表示についての取消権が発生する。取消権が行使されると，意思表示（法律行為）は遡及的に無効となる（民 121 条）。

（2）取消権者

　制限行為能力者や瑕疵ある意思表示をした者を保護するために，取消しが認められるので，取消権を行使することができる者は一定の者に限られている（民 120 条）。すなわち，①制限行為能力者，②瑕疵ある意思表示をした者，③前二者の代理人・承継人，④制限行為能力者の同意権者（保佐人，同意権を付

与された補助人）である。なお，制限行為能力者自身も単独で取消しを行うことができる。なぜなら，取消しによって契約がなかったもとの状態に戻るだけであり，制限行為能力者が不利益を受けるわけではないからである。

取消しをするには，取消権者が相手方に対して取り消す旨の意思表示を一方的に行えばよい（民123条）。

（3）取消期間

取消権は民法126条の定める期間内に行使しなければならない。契約の相手方にとってみれば，契約が取り消されるかどうか分からないという不安定な立場におかれることになる。そこで，法律関係を早期に安定させるために，取消権には期間制限が設けられている。具体的には，追認可能時から5年または法律行為時から20年のどちらか早いほうの期間が経過すると，取消権は消滅する（消費者契約法7条では，誤認・困惑・過量取引を理由とした取消権の行使期間は，追認可能時から1年，消費者契約締結時から5年）。

取り消すことができる契約であっても，取り消されない限りは有効である。そして，民法126条に定める一定期間が過ぎれば，取消権者であっても契約を取り消すことはできなくなってしまう。そうすると，契約は確定的に有効になる。

また，取り消すことができる契約は，取消権者が追認することによって，確定的に有効になり，以後は取り消すことができなくなる（民122条）。一定の事実が発生した場合に，取消権者の意思を問題とせず，法律上当然に追認とみなされる場合（法定追認。民125条）も存在する。

（4）効　果

取り消されたために遡及的に無効となった場合の効果は無効で説明したことと同じである。いまだ履行していない義務を履行しなくてよいことになり，また既に契約が履行されていて，金銭や目的物が給付されているときには，当事者は原状回復義務を負い，受領物を返還しなければならない（民121条の2第1項。**現物返還**）。ただし，民法は，制限行為能力者について，現存利益で償還すれば足りるとして制限行為能力者を保護している（同条第3項後段は，意思無能力者の保護と平仄を合わせて，それと同様の返還範囲を定める）。もっとも，例えば未成年者が，取り消した消費貸借契約により得た貸付金を使ってしまったと

きに，それが生活費やもとからあった債務の弁済に使われたのであれば，現存利益が存在するとされ，その分を返還しなければならないとされている。本来自己の財産から支出すべきものを支出せずに済んだからである（大判昭7・10・26民集11・1920）。これに対して，遊興に使うなどして浪費してしまったときには現存利益がないとされている。

消費者契約法でも，誤認・困惑・過量取引を理由に取消権を行使した消費者は，給付を受けた当時意思表示が取り消すことができるものであることを知らなかったときは現存利益の返還義務で足りる（消費契約6条の2）。

3 ◆無効と取消しの相違

無効の場合には，問題となる契約または意思表示は，特定の人の行為をまたず，当初から効力を有しないが，取消しの場合には，問題となる契約または意思表示は一応有効と扱われ，取消権者が取消権を行使して初めて効力を失う。

また，無効はいつまでたっても無効のままだが，取消しは一定期間の経過によって取消権が消滅し，契約（意思表示）の有効が確定することになる。

無効な行為は，追認によって有効とすることができない（民119条）。無効であると知って，その契約を追認したときは，その契約が追認の時点で新たに行われたものとみなされる（民119条ただし書）。それに対して，取り消すことができる契約は，追認によって確定的に有効となる（民122条）。確定的に有効となった契約は取り消すことができなくなる。

コラム　動機の錯誤（基礎事情の錯誤）

2017年の改正前民法95条では錯誤の効果は無効であった。錯誤を，意思表示の構成要素に照らして分析すれば，錯誤とは，表示行為に対応する効果意思が存在しない（意思の不存在）のに，表意者が気づかない場合（表示の錯誤）となり，意思表示の構成要素でない動機については，その誤認は，改

正前民法95条の錯誤にあたらないことになる。とはいえ，判例は，その動機が相手方に表示されて意思表示（法律行為）の内容となり，もし錯誤がなかったならば表意者がその意思表示をしなかったであろうと認められるくらい重要なものである場合には，動機の錯誤であっても改正前民法95

条の対象となるとしていた（大判大 6・2・24 民録 23・284，最判昭 32・12・19 民集 11・13・2299，最判平 28・1・12 民集 70・1・1 など）。

そして，2017 年改正後の民法 95 条の規定は，上記の判例法理を承継し，これを明文化したものであるとされている。すなわち，「表意者が法律行為の基礎とした事情」（＝動機）の誤認を理由とする取消しは，相手方に「その事情が法律行為の基礎とされていることが表示されていたときに限り」，主張することができると定められたのである（改正民 95 条 2 項）。また，単に「法律行為の基礎とした事情」が相手方に表示されただけでは足りず，その事情に関する表意者の認識が合意内容になっていた（その認識が相手方に示され，かつ了解されていた）ことまで要すると理解されている。

もっとも，動機の錯誤を含め，錯誤が認められた場合の効果については，改正法は，上述のように無効から取消し（可能）とした。その理由として，判例は，従来，錯誤では原則として表意者以外の第三者が無効を主張することができないとしており（相対的無効），無効といっても取消しに近かったこと，同じく錯誤に陥る点で類似している詐欺の効果も取消しである（民 96 条 1 項参照）ことから，取消しと規定されたのである。

したがって，錯誤の効果が取消しとなったため，従来の意思表示理論における意思の不存在は無効，瑕疵ある意思表示は取消しというような図式はあてはまらなくなった。しかし，そもそも無効も取消しも，法律効果を否定するものとして共通し，実は，その違いは相対的であり，かつ政策的なものであるということが，錯誤の効果の取消しへの変更によって，あらためて意識されることになったといえよう。

第4講　契約の主体

本講のねらい

　前講までに契約の成立や有効性について学習した。契約を締結すると，その効果として権利や義務が発生する。また，民法を勉強していると，物権や債権といった権利に出会う。さらに，物権には所有権や抵当権など，また債権には賃借権や損害賠償請求権などの様々な権利がある。そして，権利や義務には必ず，その主体となる者がいる。それでは契約を締結し，これらの権利（あるいは義務）の主体となるのは誰なのだろうか。

　世の中では，老若男女，健常な人と障害のある人というように，人を種々の基準で分類することがある。民法も，人をいくつかの基準で分類している。契約の主体ということでは，例えば，年齢が20歳未満の者（未成年者）と20歳以上の者（成年者）とを区別し（2022年4月1日より，民法の成年年齢は20歳から18歳に引き下げられる〔本講コラム参照〕），取引経験が乏しいと考えられる未成年者に対して一律に一定の保護を与えることとしている。また，成年者を精神上の障害により判断能力が十分でない者と十分な者とに区別し，一定の要件のもとで判断能力が不十分な者に対して能力の不足に応じた保護を与えることとしている。そこで，本講では，これらの分類の主たる基準となっている能力全般（権利能力，意思能力，行為能力），制限行為能力者制度および法人について学習する。

I 権利能力

1◆権利能力の意義

　権利や義務の帰属主体となることができる地位（資格）を**権利能力**（または**法人格**）という。

　民法3条1項は，「私権の享有は，出生に始まる。」と規定する。私権とは私法上の権利である。この規定は，すべての人が平等に権利能力を有してい

て，誰もが権利を取得し義務を負うことができること（「**権利能力平等の原則**」）を宣言している。現在では，かつての奴隷のように人を権利義務の対象とする（奴隷制のもとでは奴隷は権利の客体＝物とされていた）ことは許されず，人は誰でも生まれながらにして平等に権利能力をもつ。そして，人は，社会生活においてほかの人や物と接触し，法律関係を形成する。なお，外国人については，法令または条約の規定により，その権利能力が多少制限されることがある（民3条2項）。民法は，**自然人**（法人という呼称との対比で，私たち生きている人間を指す）と**法人**（法律が人や財産の集まりに人格を付与したもので，例えば会社など）について権利能力を認めている。動物は，どんなに知能が高くても，人ではないから，権利能力を有しない（したがって，例えば，遺言によって犬に財産を遺すことはできない）。

2 ◆権利能力の始期

　人の権利能力は，出生に始まる（民3条1項）。いつをもって「出生」とするかについてはいくつかの考え方があるが，民法では，分娩のプロセスが完了した時，すなわち胎児が生きて母体から完全に露出（分離）した時と解するのが一般的である。権利能力の始期は出生した時点であるので，出生前の胎児は権利能力を有しない。しかし，この原則を貫くと不都合な結果が生じることがある。例えば，父が死亡した時点で出生していない胎児は，父死亡の翌日に出生したとしても，父死亡の時点では権利能力を有していないため相続権がない。そこで民法は，ある一定の場合には，例外的に胎児をすでに生まれたものとみなすこととした（**出生擬制**）。胎児の段階で権利能力を認めることにより，胎児も権利義務の帰属主体となることができる。ここで，一定の場合とは，不法行為による損害賠償請求権（民721条），相続（民886条1項），遺贈（民965条）などである。ただし，実際に生きて生まれてくることが条件とされている（大判昭7・10・6民集11・2023〔**阪神電鉄事件**〕。なお，この判決は，胎児には胎児の間に権利能力はなく，生きて生まれた際に遡って権利能力が生ずるとする**停止条件説**に立つものと解されている。学説では，今日では死産の可能性は少ないこと，胎児にも損害賠償請求権を認めた方が事案の妥当な解決に資するケースがあることなどから，胎児には胎児の間も権利能力があり，死産の場合に遡って権利能力が消滅するとする

解除条件説も有力である。民886条2項参照)。

3◆権利能力の終期

　人は死亡によってのみ権利能力を失う。人が死亡すると相続が開始し (民882条)，被相続人 (死亡した人) に属した一切の権利義務は相続人に移転する (民896条)。このように，人の死亡は相続に大きな影響を及ぼす。これまでは，心機能の永久的な停止 (心臓死) をもって「死亡」と評価するのが一般的であり，大きな問題を生じなかった。

　しかし，近年はいわゆる脳死との関係が問題となっている。すなわち，「臓器の移植に関する法律」(臓器移植法) は，死亡した者が生存中に臓器提供の意思を書面により表示している場合であって，その旨の告知を受けた遺族が当該臓器の摘出を拒まないときまたは遺族がないときに，「死体 (脳死した者の身体を含む)」から，臓器を摘出して移植することを認める。そしてこの場合に，「脳死した者の身体」とは，「脳幹を含む全脳の機能が不可逆的に停止するに至ったと判定された者の身体」である (臓器移植6条1項・2項)。そうすると，同法にいう「脳死」と判定されて臓器の摘出・移植が行われる場合，その「脳死」と判定された時点 (「臓器の移植に関する法律」の運用に関する指針によると，脳死判定の観察時間経過後の不可逆性の確認時〔第2回目の検査終了時〕とされており，従来の心臓死より時間的に早い) で，死亡した (＝権利能力の終期) とされるので，民法における死亡したとされる時点 (心臓死) とズレが生じることになる。

4◆同時死亡の推定

　例えば，Aには妻Bと父C，子Dがおり (そのほかに親族はいない)，AとDが車で旅行中に交通事故にあって，AもDも死亡してしまったというケースについて，以下のような場合を考えてみよう。

　①Aが先に死亡し，次いでDが死亡した場合，Aの財産は，Aの配偶者であるBと子であるDが2分の1ずつ相続する (民900条1号)。そしてDの死亡により，Dの財産をDの直系尊属であるBが相続することになるので，結果としてAの財産はすべてBが相続することになる。他方，②Dが先に死亡し，次いでAが死亡した場合，Dの財産をAとBが2分の1ずつ相続し，

そして A の死亡により，結果として A の財産は配偶者 B が 3 分の 2，A の直系尊属 C が 3 分の 1 の割合で相続することになる（民 900 条 2 号）。③それでは，A と D の死亡の先後がはっきりしないときにはどうなるだろうか。この点につき，民法 32 条の 2 は，数人が死亡し，その死亡時期の先後が明らかでない場合に，それらの者が同時に死亡したと推定することにより，法律関係を明確化しようとしている（これを「**同時死亡の推定**」という。同一の危難に遭遇した場合に限られない）。同時死亡の推定がはたらくと，相続できるのは被相続人の死亡の時点で生存していた者に限られ，死亡した者同士が相互に相続人となることはない（ただし，代襲相続が生じるケースがある。代襲相続に関しては，第 13 講 II 1 参照）。③のような場合，A は D の相続人になれないし，D も A の相続人になれないのである。したがって，このケースでは，A の財産については B が 3 分の 2，C が 3 分の 1 を，D の財産については B が全部を相続することとなる。なお，民法 32 条の 2 はあくまで同時死亡を「推定」する規定なので，この推定によって不利益を受ける者が，事実がそれとは異なることを証明すれば，この推定を覆すことができる。

5 ◆不在者・失踪宣告

　事情は何であれ，自分の家族や財産をそのままにして帰ってこない人がいる。そのような場合に備え，民法は，従来の住所または居所を去ってしばらく帰ってくる見込みのない者（**不在者**という。不在であるが行方が明らかな者と行方も不明な者の双方を含む）について，その者が帰ってくるまでの間の財産を管理する制度を置いている（不在者の財産管理制度〔民 25 条〜29 条〕）。

　また，不在者については，その財産のことばかりでなく，残された家族等のことも考えなくてはならない。例えば，自然人の権利能力の終期は「死亡」に限られるので，A と B が夫婦であって，長期間 A が音信不通である場合に，A が死亡していない以上，従来の私法上の法律関係が維持されていつまでも AB の婚姻が解消されなかったり（したがって，B は再婚することができない），B が A の財産を処分することができなかったりというのは妥当でない。そこで，不在者の生死不明の状態が長期間続いた場合に，家庭裁判所が一定の要件のもとで，利害関係人の請求を受けてその者が死亡したものとみなす**失踪**

宣告の制度が設けられた（民 30 条）。失踪宣告は，①原因を問わず生死不明の
期間が 7 年以上にわたる場合（**普通失踪**）と，②戦地に行った，沈没した船に
乗っていた，航空機事故に遭ったなど，死亡の原因となるべき危難に遭遇し
た者がその危難が去った後 1 年以上生死不明な場合（**特別失踪〔危難失踪〕**）に，
利害関係人が請求できる（民 30 条）。そして，家庭裁判所から失踪の宣告を受
けた者は，普通失踪の場合には 7 年の期間満了時，特別失踪の場合には危難
が去った時に，死亡したものとみなされる（民 31 条）。2 つの失踪宣告では，
死亡とみなされる時期が，期間満了時か，危難の去った時（起算点）かの差異
があるが，特別失踪の方は，戦争等の危難の原因で死亡した確率が高いとの
経験則上の判断により，1 年の期間満了時ではなく起算点にさかのぼって死
亡擬制の効果が生じるとされている。

　失踪宣告がなされると，失踪者の従来の住所を中心とした私法上の法律関
係が清算される（これに対し，戸籍法 89 条の**認定死亡**の制度は，役所が死亡の認定をし
て，戸籍簿上死亡したのと同様に取り扱うとする手続である）。すなわち，失踪者は死
亡したものとみなされるので（死亡擬制），上述の例で，AB の婚姻は解消し，
A の財産につき相続が開始する。なお，失踪宣告の制度は失踪者の従来の住
所を中心にした法律関係を清算するものであり，失踪者の権利能力を奪う制
度ではないことに注意を要する（失踪宣告は，失踪者が生存していた場合には，従来
の住所地等以外の場所で形成された法律関係に影響を及ぼさない）。

　それでは，失踪宣告により死亡したとみなされている失踪者が生きて帰っ
てきた場合の法律関係はどのようになるだろうか。

　失踪宣告は，本人が生きて帰ってきたり，失踪宣告とは異なる時点で死亡
したことが明らかになったからといって，当然にその効力を失うわけではな
く，取り消されることによって初めてなかったことになる。その結果，失踪
宣告によって生じた法律関係も無効となるのが原則であるが，この原則を貫
くと，失踪宣告を信頼していた者が不測の損害を被るおそれがある。そこで，
民法は，関係者の利益を考慮するための規定を置いている。すなわち，まず，
失踪宣告に基づき開始した相続などにより直接に財産を得た者は，失踪宣告
が取り消された場合にはその財産を返還しなくてはならない（民 32 条 2 項本
文）ところ，「現に利益を受けている限度においてのみ」（これを**現存利益**という）

返還義務を負う（民32条2項ただし書）。次に，失踪宣告後その取消し前に善意（失踪宣告が事実に反するものであることを知らない）でした行為は，失踪宣告の取消しの影響を受けない（失踪宣告が取り消されても無効とならない〔民32条1項後段〕）。例えば，失踪宣告に基づき財産を相続した者がその財産を第三者に売却するなどの取引をした場合，その後に失踪者が生きて帰ってきて失踪宣告が取り消されても，相続人と第三者が善意（判例は双方とも善意でなければならないとする）で行った取引は無効にならないということである。これに対し，失踪宣告の後に，失踪者の配偶者が再婚をしたが，失踪者が生きて帰ってきて失踪宣告が取り消された場合，前婚（失踪者との婚姻）と後婚（再婚）のいずれが有効になるかということが問題となるが，再婚などの身分上の行為にも取引行為と同様に民法32条1項後段を適用して処理するという考え方と，身分上の行為には同項後段は適用されず，当事者の意思を尊重して常に後婚が有効になるという考え方とが対立している。

Ⅱ 意思能力，行為能力

1◆意思能力

　すでに学んだように，すべての人は平等に権利能力を有しており，権利を取得し義務を負うことができる。そうはいっても，実際に権利を取得し義務を負うには，自分の行為の結果を理解できるだけの判断能力が必要である。例えば，2～3歳の幼児がおもちゃ屋さんでおもちゃをみて「買いたい」といったところで売買契約が成立しないのは，買うということの意味を理解していないとされるからである。このように，自己の行為の結果を弁識し，判断できるだけの精神的な能力，すなわち正常な意思決定能力を**意思能力**という。意思能力の有無は個別的に（その行為ごとに）判断されるが，一般に，単純な売買などの財産行為を行うに際しては6～7歳程度，遺言などの身分行為を行うに際しては15歳程度で，意思能力が備わるとされている。もっとも，年齢にかかわらず，精神上の障害や泥酔のため，自分がしている行為の意味を理解できない状態にある者には意思能力はない。従来，民法には意思能力に関する明文の規定は存在せず，判例により，意思能力のない者の行為は無効で

あるとされていた（大判明38・5・11民録11・706）。この点，2017年の民法改正では，「法律行為の当事者が意思表示をした時に意思能力を有しなかったときは，その法律行為は，無効とする。」と明文化された（民3条の2）。

2◆行為能力

　単独で有効に契約などの法律行為をすることができる地位（資格）を**行為能力**という。取引経験が極端に乏しい者や自分がしている行為の意味を理解できない者が取引を行うと，取引による利害得失を把握できずに大きな損失を被る可能性が高い。そこで，民法は，このような判断能力が不十分な者（**制限行為能力者**）を保護するために，**制限行為能力者制度**を定めている。それでは，意思能力とは別に，行為能力を論ずることの意味はどこにあるのだろうか。

　意思能力の有無は，問題となっている行為者および行為ごとに個別に判断されなくてはならないが，取引のたびにその人に意思能力があるかを判定するというのでは，取引の迅速な処理という要請に応えられず，あまりに煩雑である。また，何らかの問題が生じた場合に事後的に行為の当時その人に意思能力があったか否かを判断するというのでは，実際には意思能力が十分でなかったにもかかわらず，事後の証明ができないために救済を受けられないという事態が生じてしまう。そこで，民法は，十分な判断能力を有している人と有していない人を一定の基準で区別し，意思能力を欠いている可能性が高い人を制限行為能力者として定型化し，制限行為能力者が保護者のサポートを受けて法律行為ができるようにすることでその保護を図っている。制限行為能力者以外の成年者は，行為能力を有し，自らの意思で自由に法律行為をすることができる反面，制限行為能力者のような保護は受けられず，法律行為の効力に拘束され，契約を守らない場合には契約違反となり責任を負わなくてはならない。

Ⅲ　制限行為能力者制度

1◆制限行為能力者制度とは

　民法は，制限行為能力者として，**未成年者，成年被後見人，被保佐人，被**

補助人 (同意権付与の審判を受けた者のみ) の 4 類型を定めている。まず，人を年齢により未成年者と成年者に分け，本人の判断能力とは関係なく，取引経験の乏しい未成年者を一律に保護するとする。次に，成年者のうちで判断能力が不十分な者については，家庭裁判所の審判によって制限行為能力者と認定された者 (成年被後見人，被保佐人，同意権付与の審判を受けた被補助人) をその能力の程度に応じて段階的に保護しようとしている (判断能力の不十分な程度が重い順に，成年被後見人，被保佐人，被補助人)。具体的な保護の方法は，制限行為能力者である被保護者に保護者を付け，保護者に権限 (同意権・取消権や代理権) を行使させることで保護を図ろうとしている。

　なお，判断能力が不十分な成年者に対する保護の仕組みを**成年後見制度**という。成年後見制度については，1999 年に，従来の行為無能力者制度 (完全な行為能力を有しない者として未成年者・禁治産者・準禁治産者の 3 類型があった) の硬直性の是正および高齢社会への対応・知的障害者や精神障害者等の福祉の充実の観点から，抜本的な改正がなされた (2000 年施行)。これにより，それまでの禁治産は後見へ，準禁治産は保佐 (浪費者は除く) へとあらためられ，補助と任意後見の制度が新設された。あわせて後見登記 (禁治産・準禁治産の宣告を戸籍に記載していた制度に代わるものとして新たに創設) などに関する関係規定の整備もなされた。

　以下，4 つの制限行為能力者類型について，順次みていくこととする (以下の記述につき，【図表 4-1】も参照)。

（1）未成年者

　人は満 20 歳で成年となる (民 4 条。なお，2022 年 4 月 1 日より，18 歳・19 歳の若者の積極的な社会参加を促し，社会を活力あるものにするとの観点から，成年となる年齢が満 18 歳へと引き下げられる。本講〈コラム〉参照)。満 20 歳 (2022 年 4 月 1 日以降は満 18 歳) 未満の者を**未成年者**という。未成年者であっても一定の年齢に達すると，正常な意思決定能力が備わるのが通常であると考えられるが，実際の能力に関係なく，未成年者はすべて制限行為能力者として扱われる。未成年者の場合，行為能力が制限されることと，当人の判断能力の有無とは関係がないのである。したがって，17 歳の者は，成年者と同等の判断能力があったとしても，未成年者として保護を受けることができる。

【図表4-1】　制限行為能力者制度のまとめ

被保護者	未成年者	成年被後見人	被保佐人	被補助人
対象	20歳未満の者（2022年4月1日以降は18歳未満の者）	精神上の障害により事理弁識能力を欠く常況にある者→後見開始の審判（本人の同意不要）	精神上の障害により事理弁識能力が著しく不十分な者→保佐開始の審判（本人の同意不要）	精神上の障害により事理弁識能力が不十分な者→補助開始の審判（本人の同意必要）
保護者	親権者　未成年後見人※1	成年後見人※1	保佐人※1	補助人※1
保護者の権能	取消権　同意権　追認権	取消権　追認権	取消権　同意権　追認権	取消権　同意権※2　追認権
	代理権	代理権	代理権※3	代理権※3
取消権の範囲	親権者・未成年後見人の同意なくして行った，民法5条1項ただし書・5条3項・6条以外の法律行為（民5条）	日常生活に関する行為以外の法律行為（民9条）	保佐人の同意なくして行った，民法13条1項所定の重要な財産行為と「申立ての範囲内で家庭裁判所が定めた特定の法律行為」（民13条）	同意権のある補助人の同意なくして行った，「申立ての範囲内で家庭裁判所が定めた特定の法律行為」（民17条）

※1　それぞれ未成年後見監督人，成年後見監督人，保佐監督人，補助監督人が選任されることあり。
※2　家庭裁判所による「同意権付与の審判」があった，申立ての範囲内の特定の法律行為で，「本人の請求または同意」があるものに限る（民17条）。
※3　家庭裁判所による「代理権付与の審判」があった，申立ての範囲内の特定の法律行為で，「本人の請求または同意」があるものに限る（民876条の4・876条の9）。

　未成年者には保護者として**法定代理人**が付けられる。法定代理人とは，法律の規定による代理人で，未成年者の法定代理人は，まず**親権者**であり（民818条），親権者がいないときなどは**未成年後見人**が選任される（民838条1号）。未成年者の法定代理人は，代理権と同意権・取消権を有する。未成年者の法定代理人は，未成年者に代わって（代理して）法律行為をすることができる（民824条・859条）。例えば，父母は子に代わって相手方と契約内容について交渉し，契約を締結することができる。このとき，父母が締結した契約の効果が，相手方と子との間に生ずることに注意を要する（第7講参照）。

　未成年者自身が法律行為をするには，原則としてその法定代理人の同意が必要である（民5条1項）。ただし，いかなる場合にも必ず法定代理人の同意が

必要であるとするのは適当でない。未成年の大学生がおこづかいでマンガを
買った場合にも，親の同意がなければ取り消せる（逆にいえば，親から与えられ
たおこづかいでマンガ 1 つ買うにも親の同意が必要）というのはおかしい。そこで，
民法は，一定の場合には法定代理人の同意を要しないとしている。具体的に
は，①負担のない贈与を受けたり，債務を免除してもらったりするように，
単に権利を得，義務を免れる行為（民 5 条 1 項ただし書），②学費やアパート代，
おこづかいのように法定代理人が処分を許した財産を処分する行為（民 5 条 3
項。上述のおこづかいでマンガを購入した例を参照），③営業を許された未成年者が
その営業に関して行う行為（民 6 条 1 項）などの場合には，例外的に法定代理
人の同意が必要とされない。①は，未成年者の利益を害さないし，②③は，
法定代理人の包括的な同意があると考えられるからである。なお，法定代理
人の同意は，未成年者が法律行為をする前になされてもよいし，法律行為を
した後になされてもよい（事後の同意を**追認**という）。

　それでは，法定代理人の同意が必要であるのに，未成年者が同意を得ない
で法律行為をした場合に，その法律行為の効力はどうなるだろうか。同意を
得ずになされた法律行為は，未成年者本人または法定代理人が取り消すこと
ができる（民 5 条 2 項・120 条 1 項。当然に無効となるわけではなく，取り消されて初め
て遡及的に無効となる）。ところで，「取り消すことができる」ということは，未
成年者本人またはその法定代理人が取り消さなくても構わないわけで，未成
年者がした法律行為が，結果としては未成年者に不利益をもたらすものでは
なかったという場合には，そのままにしておいてもよいし，追認をして有効
に確定させることもできる（民 122 条）。なお，法律行為が取り消された場合に
は，契約等は，初めから無効であったものとして扱われる（民 121 条）。そのた
め，すでに受け取った金銭や物がある場合には，その返還が問題となる。こ
の点につき民法 121 条の 2 第 3 項は，意思無能力者および制限行為能力者は，
「現に利益を受けている限度」（**現存利益**）で返還すればよいとする。具体的に
は，制限行為能力者が受けとった金銭を遊興費などに浪費してしまった場合
には利益が残っていないのでその分は返還しなくてもよいが，生活費に使用
したという場合についてはその分消費を免れて減少するはずの財産が減少し
なかった（出費が節約された）利益が残っているからそれを返還しなければな

らないとされている（大判昭7・10・26民集11・1920）。

（2）成年被後見人

　成年被後見人とは，「精神上の障害により事理弁識能力を欠く常況にある」
者で，一定の者（本人，配偶者，4親等内の親族など）の請求により，家庭裁判所
から後見開始の審判を受けた者である（民7条・8条）。

　「精神上の障害により事理弁識能力を欠く常況」にある者とは，一時的に回
復することはあってもほとんどの場合に意思能力（正常な判断能力）が欠ける
者，例えば，重度の知的障害者・精神障害者・認知症高齢者などをいう。家
庭裁判所は，そのような者がいる場合に，民法7条所定の請求権者もしくは
本人の福祉を図るため特に必要があるときには市町村長（老福32条など）から
の請求があれば，後見開始の審判をすることができる。

　成年被後見人には保護者として，**成年後見人**が付される（民8条）。家庭裁
判所は，保護を必要としている本人のために，諸般の事情を考慮して，職権
で成年後見人を選任する（民843条1項）。成年後見人は代理権と取消権を有す
る（成年後見人には同意権はない）。なお，必要な場合には，家庭裁判所により**成
年後見監督人**が選任されることがある（民849条）。

　成年後見人は，成年被後見人に代わって（代理して）法律行為をすることが
できる（民859条1項）。また，成年後見人には，成年被後見人（本人）の財産に
関する包括的な代理権が付与される。「財産に関する」法律行為には，預貯金
の管理・払戻し・不動産の処分（居住用不動産の処分に関しては家庭裁判所の許可が
必要［民859条の3]）など狭義の財産に関する法律行為だけではなく，身上保護
（身上監護ともいい，生活または療養看護の事務をいう）を目的とする法律行為も，財
産管理との関連がある限りでこれに含まれる。以下でみるように，成年被後
見人のした法律行為は，原則として取り消すことができる法律行為になるの
で，成年後見人が本人を代理して法律行為をするのが通常となる。

　成年被後見人がした法律行為は，ほとんどすべての場合に取り消すことが
できる（民9条。【図表4-1】参照）。成年被後見人が成年後見人の同意を得ずに単
独でした行為も，成年後見人の同意を得てした行為も，どちらも取り消すこ
とができる。成年被後見人は，成年後見人が事前に同意を与えていたとして
も，その意味を理解して行動できるとは限らないからである。ただし，自己

決定の尊重の観点から,「日用品の購入その他日常生活に関する行為」については,取消権の対象から除外されている (民9条ただし書)。どのような行為が日常生活に関する行為にあたるかは,本人の職業,資産,収入,生活の状況やその行為の目的等を総合的に考慮して判断される。また,婚姻 (民738条)や遺言 (民962条参照) のような身分上の行為は,成年後見人であっても,意思能力がある限り,単独で行うことができる (成年後見人の同意は必要でない)。なお,成年被後見人がした取り消すことができる行為は,事後に成年後見人が追認すると,完全に有効な行為に確定する (民122条)。

　ところで,意思能力を欠く常況にある者がいても,後見開始の審判を受けない限り,後見は開始せず,その者が成年被後見人として保護を受けることはできない。また,いったん審判を受けた成年被後見人は,精神上の障害がなくなって事理弁識能力を回復したとしても,成年被後見人のままであって,家庭裁判所が後見開始の審判を取り消してはじめて,制限行為能力者ではなくなる (民10条)。

（3）被保佐人

　被保佐人とは,「精神上の障害により事理を弁識する能力が著しく不十分である者」で,一定の者の請求により,家庭裁判所から**保佐開始の審判**を受けた者である (民11条・12条)。被保佐人には保護者として,**保佐人**が付される。保佐人は同意権・取消権を有し,代理権付与の審判がなされた場合には,代理権も有する。なお,必要な場合には,家庭裁判所により保佐監督人が選任されることがある (民876条の3第1項)。

　ここで,被保佐人は成年被後見人に比べるとより高い判断能力を有しているため (判断能力を「欠く常況」にはない),保佐人は当然には代理権を有しないが,必要に応じて家庭裁判所は一定の者の請求により (民11条参照),保佐人に特定の法律行為について代理権を与えることができる(民876条の4第1項)。ただし,自己決定の尊重の観点から,本人以外の者の請求により代理権付与の審判をするときには本人の同意が必要となる (民876条の4第2項)。代理権付与の審判がなされた場合,保佐人は,本人に代わって特定の法律行為をすることができる。

　被保佐人は原則として単独で法律行為ができる。ただし,借金や不動産の

売買など，一定の法律行為（重要な財産行為）については保佐人の同意を得なく
てはならず，同意が必要であるのに同意を得ずにした行為は取り消すことが
できる（民13条4項。【図表4-1】参照）。そして，成年被後見人の場合と同様，日
用品の購入その他日常生活に関する行為については，自己決定の尊重の観点
から，取消権の対象から除外されている（民13条1項ただし書・2項ただし書）。
保佐人の同意が必要な一定の行為とは，被保佐人が十分な判断能力がないま
まに行うと大きな損失を被る危険性がある重要な財産行為で，具体的には民
法13条1項に列挙されている。すなわち，①元本（賃料をもたらす不動産，利息
をもたらす貸金など）を受けとったり利用したりすること，②借金をしたり他人
の保証人になったりすること，③不動産そのほか重要な財産に関して権利の
得喪（取得・喪失）を目的とする行為をすること，④原告となって訴訟行為を
すること，⑤他人に財産を贈与したり，あるいは和解または仲裁合意をする
こと，⑥相続を承認あるいは放棄したり，または遺産の分割をすること，⑦
他人からの贈与を拒絶したり遺贈を放棄し，あるいは負担付贈与の申し込み
を承諾したり負担付遺贈を受けることを承認すること，⑧新築・改築・増築
または大修繕を目的とする契約をすること，⑨民法602条に定める期間を超
える賃貸借をすること，⑩これらの行為を制限行為能力者の法定代理人とし
てすること（⑩については2022年4月1日より追加）である（民13条1項）。また，
これ以外の行為でも，家庭裁判所は，請求があれば，保佐人の同意が必要な
行為を追加で指定することができる（民13条2項）。

　保佐開始の審判の取消しについては，基本的に，成年後見の場合と同様で
ある（民14条）。

（4）被補助人

　被補助人とは，「精神上の障害により事理を弁識する能力が不十分である
者」で，一定の者の請求により，家庭裁判所から**補助開始の審判**を受けた者
である（民15条・16条）。ただし，本人以外の者の請求により補助開始の審判
をするには，本人の同意が必要になる（民15条2項）。これは，補助の対象者は
比較的高い判断能力を有しているから（判断能力は「不十分」だが，「著しく不十分」
ではない），補助が本人の利益になるとしても，本人が望まない場合にまで本
人の意向を無視して保護のために補助開始の審判をすることは押しつけであ

り許されない，という考え方に由来する。

　被補助人には保護者として，**補助人**が付される。補助人は，補助開始の審判と同時に行われる特定の法律行為についての家庭裁判所の同意権付与審判や代理権付与審判により，同意権（およびその裏返しとしての取消権）か代理権の一方または双方を有する（民17条1項・876条の9第1項）。必要な場合には，家庭裁判所により補助監督人が選任されることがある（民876条の8第1項）。

　被補助人は，比較的高い判断能力を有しており，原則として単独で法律行為をすることができる。ただし，家庭裁判所は，本人または本人以外の者の請求（本人の同意が必要）により，特定の法律行為について補助人の同意を必要とする旨の審判をすることができ（民17条1項・2項），被補助人が，補助人の同意を必要とする法律行為を補助人の同意なしにした場合には，被補助人または補助人はその法律行為を取り消すことができる（民17条4項・120条。【図表4-1】参照）。このような同意権付与審判がなされた被補助人だけが制限行為能力者となる。なお，補助人の同意が必要な行為は保佐の場合の民法13条1項所定の行為の一部に限られている。補助人は当然には代理権を有しないが，家庭裁判所は，一定の者の請求（民15条1項参照）によって補助人に特定の行為についての代理権を与えることができる（民876条の9第1項）。ただし，自己決定の尊重の観点から，本人以外の者の請求によって代理権を付与しようとしているときには，本人の同意が必要となる（民876条の9第2項による同876条の4第2項の準用）。補助開始の審判の取消しについては，基本的に，後見の場合と同様である（民18条）。

2◆制限行為能力者の相手方の保護
（1）　相手方の催告権 ─────────────

　制限行為能力者と取引をした相手方は，その取引が制限行為能力者側から取り消されるか，それとも取り消されないのかが分からない不安定な状況に置かれることになる。そのような不安定な状況を長く持続させることは法律関係の早期安定の観点から望ましくないので，制限行為能力者の相手方にはそのような不安定な状況から脱するための手段として**催告権**が認められている（民20条）。具体的には，制限行為能力者と取引をした相手方は，制限行

能力者側に対して，1か月以上の期間を定めて，取り消すことができる行為を取り消すか追認するかを確答せよと催告することができる。取消しまたは追認の確答があれば，その返答どおりの効果が生じる。また，単独で追認することができる者に対して催告したが確答がないときは追認とみなし，単独では追認することができない者に対して催告して確答がないときには取消しとみなすこととした。具体的には，①制限行為能力者が行為能力者となった後にその本人に催告したが確答がなかったときは追認したものとみなされる（民20条1項）。②制限行為能力者が行為能力者とならない間に，その法定代理人（親権者，未成年後見人，成年後見人），保佐人又は補助人に対して催告したが確答がなかったときも，追認したものとみなす（民20条2項）。それに対して，③被保佐人または被補助人に対して保佐人または補助人の追認を得るように催告した場合において確答がないときは，取り消したものとみなす（民20条4項）。このような催告権を行使することで，相手方は不安定な状況から脱することができる。

（2）制限行為能力者の詐術

　制限行為能力者制度は，判断能力が十分でない制限行為能力者を保護するための制度である。それゆえ，制限行為能力者が，相手方を騙して，あたかも自分が行為能力者であるかのように誤信させて法律行為をしたような場合にまで，取消権を与えて制限行為能力者を保護する必要はないと考えられる。したがって，このような場合には詐術を用いた制限行為能力者側は，取消権を行使することができないこととされている（民21条）。どのような場合に詐術となるかについては，制限行為能力者が積極的に詐術を用いた場合に限らず，黙秘していた場合でもその制限行為能力者の他の言動とあいまって相手方を誤信させ，または誤信を強めたときには詐術にあたるが，単に制限行為能力者であることを黙秘していたというだけでは詐術にあたらないとした判例がある（最判昭44・2・13民集23・2・291）。

（3）相手方からの確認方法

　以上みてきたように，制限行為能力者と取引をした相手方は，取り消されるかもしれないといったリスクを負担することになる。一見したところでは行為能力者であると判断しかねる者と取引をしようとする相手方としては，

その取引をする前に，制限行為能力者ではないこと（＝行為能力者であること）を確認したいと考えるのが通常であろう（取引の安全の要請）。そこで，成年者か未成年者かについては，身分証明書の提示を求めるなどの方法によってこれを確認できる。また，後見開始の審判等がなされると，その内容は登記される（後見登記4条）。この**成年後見登記制度**は，従来の戸籍への記載に代えて2000年4月から導入されたもので，成年者が制限行為能力者でないことについては，本人に対して「登記されていないことの証明書」の提示を求めることにより確認できる。「登記されていないことの証明書」は，その者が成年被後見人，被保佐人，被補助人の登記を受けていないということを証明するものである。また，成年後見人，保佐人，補助人の権限については，これらの者に対して「**登記事項証明書**」の提示を求めることにより確認できる。

Ⅳ　法　人

1◆法人とは

　民法は，私たち生きている人，すなわち自然人だけではなく，**法人**（例えば会社など）にも権利能力を認めている（民34条）。法人には，一定の目的のもとに結合した人の集合体である**社団**と財産の集合体である**財団**があり，法人制度の下で，自然人と同じく権利義務の帰属主体となる地位が認められている。これにより，会社も，会社の名で権利を取得したり義務を負ったりすることができるのである。

　法人制度を用いると，複数人の労力や資力を結合することができ，個人ではできないような大規模な事業を行えるようになる。また，構成員が入れかわっても組織としての継続性を保つことができ，自然人には必然的に伴う時間的制約（死亡や高齢による能力減退など）を免れることができる。また，法人制度を用いることにより，法律関係を単純化することができるとともに，個人と法人の財産を分離することも可能となる。例えば，ABCDEFGの7人で会社を作り，その事務所を借りようとする場合に，法人制度がなかったら，その事務所の賃貸借契約は7人の連名で行わなければならないが，法人制度を利用すれば，個人ではなく会社の名前で契約を結ぶことができる。また，A

が破産した場合に A の債権者が会社に対して A の債務の支払いを請求することはできないし，会社が破産した場合に会社の債権者が個人に対して債権を請求することもできないのである（有限責任の場合に限る。なお，一般社団法人の社員は，法人の債務について責任を負わないと解されている）。

2006 年に「一般社団法人及び一般財団法人に関する法律」等が成立し（これにより中間法人法は廃止された），非営利の社団または財団については，それまで中間法人法で規定されていたものも含め，一定の手続を行うことで法人格が与えられることになった。同時に民法典の法人に関する規定の大部分が削除され（民法の 38 条から 84 条までは規定が存在しない），民法には，一般原則としてわずかな規定が残るだけとなっている。

2 ◆法人の設立

法人は，民法その他の法律の規定によらなければ成立しない（民 33 条 1 項。**法人法定主義**）。かつて民法は，公益法人について主務官庁の許可により法人の設立を認める**許可主義**をとっていたが，一般法人法は，これを法律に定める一定の要件の具備により法人の設立を認める**準則主義**に変更した。準則主義をとる場合，設立の登記が法人成立の要件とされることが一般的であり（一般法人 22 条・163 条，会社 49 条，労組 11 条など），設立登記の際に登記官が形式的審査を行う。

(1) 法人の種類

法人には，営利，すなわち法人が事業によって得た経済的利益を構成員（社員）に分配することを目的とする**営利法人**と，営利を目的としない**非営利法人**とがある。株式会社をはじめ，会社の多くは営利法人であり，社会経済的にみてとても重要な存在である。営利法人に関する規定は会社法に置かれている。なお，非営利法人のうち，公益目的事業を行う一般社団法人・一般財団法人で，行政庁による公益認定を受けたものを**公益法人**という（公益法人 2条・4 条）。また，**特定非営利活動促進法**（いわゆる「NPO 法」）は，ボランティア活動をはじめとする市民が行う自由な社会貢献活動としての特定非営利活動の健全な発展を促進し，もって公益の増進に寄与することを目的として，特定非営利活動を行う団体について，都道府県知事の認証を受けることにより，

法人格を取得できることとした（非営利活動1条・9条・10条）。

　ところで，地方自治法の改正や中間法人法（一般法人法の制定により廃止）の制定以前は，公益も営利も目的としない町内会や同窓会，PTA，自治会などの団体を法人化できる法律が存在しなかった。一般法人法の制定により，こうした団体の法人格取得も比較的容易になったが，これは強制ではないので，法人格を取得しないままでいることもできる。また，団体としての実態があっても，法人格取得の手続きを完了するまでは，当該団体の権利能力は認められない。このように，実際には法人と同じように活動していながら法人として認められていない団体が存在する（これを「**権利能力なき社団・財団**」あるいは「法人格のない社団・財団」という）。こうした団体について，判例は，①団体としての組織を備え，②多数決の原則が行われ，③構成員の変更にかかわらず団体が存続し，④その組織において代表の選出方法・総会の運営・財産の管理等団体としての主要な点が確定している場合には，法人と同様の実体を有するとし，可能な限り法人に関する規定を類推適用して実質的に権利能力を認めている（最判昭39・10・15民集18・8・1671〔権利能力なき社団のケース〕）。

　なお，権利能力なき社団では，団体の財産は，その構成員全員に総有的に帰属するとされる（したがって，各構成員の持分や財産分割請求権は認められない〔最判昭32・11・14民集11・12・1943〕）。ただし，不動産の公示に関し，団体を権利者とする登記（社団名義の登記）や代表者の肩書きを付した登記は認められず，代表者個人名義での登記しか認められていない（最判昭47・6・2民集26・5・957）。また，代表者が社団の名で行った取引による債務は，構成員全員に総有的に帰属し，社団の総有財産だけが責任財産となり，構成員各自は，取引の相手方に対し，直接には個人的債務ないし責任を負わないとされる（最判昭48・10・9民集27・9・1129）。

（2）一般社団法人・一般財団法人の設立

　一般社団法人を設立するには，2人以上の社員になろうとする者が，共同して法人の根本規則を定めた**定款**を作成して，公証人の認証を受けなければならない（一般法人10条・13条）。

　一般財団法人を設立するには，財団の設立者が，定款を作成し，300万円以上の財産を拠出して，公証人の認証を受けなければならない（一般法人152条・

153 条)。

そして，一般社団法人・一般財団法人は，その主たる事務所の所在地において設立の登記をすることによって成立する（一般法人 22 条・163 条）。

（3）一般社団法人・一般財団法人の機関

一般社団法人は，最高意思決定機関として，**社員総会**を置かなくてはならない（一般法人 35 条）。また，法人の業務を執行する機関として，1 人または複数の**理事**が必要である（一般法人 76 条）。理事が 3 人以上いる場合には，すべての理事から組織される**理事会**を置くことができ（置かなくてもよい），理事会設置一般社団法人においては代表理事が選任され（一般法人 90 条・91 条），**監事**が置かれる（一般法人 61 条。さらに，大規模一般社団法人にあっては会計監査人も置かれる〔一般法人 2 条 2 号・62 条〕）。

一般財団法人では，社員が存在しない。一般財団法人は，**評議員，評議員会，理事，理事会**および**監事**を置かなければならない（一般法人 170 条）。大規模一般財団法人にあっては，会計監査人を置く必要がある（一般法人 2 条 3 号・171 条）。

3 ◆理事の代表権に対する制限

一般社団法人・一般財団法人の代表理事は，これらの法人の業務に関する一切の裁判上または裁判外の行為をする権限を有する（一般法人 77 条 4 項・197 条）。

代表理事の権限は，定款や社員総会決議により，制限されることもある。ただし，代表理事の権限に加えた制限は，善意の第三者に対抗することができない（一般法人 77 条 5 項・197 条）。

なお，理事は，競業や利益相反行為を行おうとするときには，理事会や社員総会などの承認を受けなければならない（一般法人 84 条 1 項・92 条 2 項・197 条）。

これらの制限に反する（代表）理事の行為は無権代理とみなされる。

4 ◆法人の能力

法人は，自然人ではないという性質から当然に受ける制限や，法令の規定

による制限を受ける。このほかに，法人は，目的によっても制限を受ける。

　法人は，定款などに定められた「**目的の範囲内**」において，権利を有し，義務を負うことができる（民34条。判例・通説は権利能力を制限したものと考えている）。したがって，理事が当該法人の目的の範囲外の行為をした場合，法人がその取引から発生するはずの権利を取得したり義務を負うことは，原則としてないといえよう。ここでは，定款などに定められた目的の範囲の解釈が問題となる（最判昭45・6・24民集24・6・625〔**八幡製鉄政治献金事件**〕，最判平8・3・19民集50・3・615〔**南九州税理士会事件**〕など）。また，法人は，代表理事その他の代表者がその職務を行うについて第三者に損害を加えた場合には，その損害を賠償する責任を負わなくてはならない（一般法人78条・197条）。

コラム　成年年齢の引き下げ

　2018年6月に，民法の成年年齢を18歳に引き下げること等を内容とする民法の一部を改正する法律（平30法59）が成立した。この法律は，2022年4月1日より施行される。したがって，2022年度以降，大学への入学者はみな成年者となる。

　民法における成年年齢は，①制限行為能力者でなくなる（単独で有効に契約をすることができる）年齢であると同時に②親権に服することがなくなる年齢を意味する。

　成年年齢の見直しは，1876年の太政官布告第41号（1890年に制定された旧民法および1896年に制定された現行民法はこれを継受している）により，成年年齢が満20歳と定められて以来，実に約140年ぶりとなる。20歳に設定した実質的な理由は明らかでないが，民法制定当時の日本人の平均寿命の短さ（21歳から25歳くらいを成年年齢と定めていた欧米諸国に比べて，わが国の方が平均寿命が短かったので，少し若い成年年齢を設定した）や精神的な成熟度を総合的に考慮したものとされている。もっとも，最近では，世界的にみると欧米諸国をはじめ多くの国が成年年齢として18歳を採用しており，わが国の成年年齢は高めという状況になっていた。

　民法の成年年齢引下げの経緯としては，2007年の国民投票法の制定がある。同法は，憲法改正国民投票の投票権年齢を18歳と定め，付則3条において民法等についても必要な法制上の措置を講ずることを要請していた（付則3条は，一部の規定中の「満18歳以上」を「満20歳以上」と読み替える猶予期間を置いていたが，2014年の国民投票法改正の際に，期限を徒過したことにより削除された。同時に，同様の読み替えを改正法施行後4年が経過するまでの間，認めた）。これを受け，法制審議会は，2009年に，①選挙権年齢が18歳に引き下げられるのであれば，環境整備をした上で，成年年齢も18歳に引き下げるべきこと，②成年年齢を18歳に引き下げるのであれ

ば，女性の婚姻開始年齢を 18 歳に引き上げるのが相当であることを答申した。さらに 2015 年には，公職選挙法が改正され，選挙権年齢が 18 歳へ引き下げられるとともに，民法について法制上の措置が要請されることとなった。

これらを経て，今般の法改正により，第一に成年年齢が 18 歳へと引き下げられ（改正民 4 条），第二に女性の婚姻開始年齢が引き上げられ，男女の婚姻開始年齢が統一されることとなった（改正民 731 条。改正前の民法 753 条は削除される）。同時に，若者だけではなく親権者等の国民全体への影響や消費者被害の防止等の観点から，十分な周知徹底が必要として，施行期日が 2022 年 4 月 1 日に定められた。

なお，健康被害やギャンブル依存症への懸念から，飲酒や喫煙，競馬・競輪などの投票券購入，大型・中型自動車免許の取得などに関する年齢制限は，これまで通り維持される（20 歳のままである）ことに注意が必要である。また，法制審議会において，少年法の適用年齢を 18 歳に引き下げるか否かについて議論されているので，その行方にも注目して欲しい。

第5講　契約の種類

本講のねらい

　日常生活において用いられる契約には，民法に規定されているものだけでなく，すでに学んだ契約自由の原則のもと，当事者が自由に締結したものも含むので，多種多様な類型がある。そこで，これらの類型を幾つかの観点に基づいて分類することが，各種の契約の取扱いなどを理解するために有用である。すなわち，民法に規定されている契約（これを典型契約といい，13種類ある）と民法に規定のない契約（非典型契約），契約当事者双方が対価的債務を負う契約（双務契約）とそうでない契約（片務契約），当事者が互いに対価的出捐をなす関係に立つ契約（有償契約）とそうでない契約（無償契約），あるいは当事者の合意のみにより効力が発生する契約（諾成契約）と合意のほか物の引渡しがなされてはじめて効力を生ずる契約（要物契約）などの区分である。本講では，まず，こうした区分に基づいて契約を分類することにより，各種契約の取扱いの差異をみていくことにする。

　また，13種類の典型契約は，債務の内容によって，①権利移転型の契約（贈与・売買・交換），②貸借型の契約（消費貸借・使用貸借・賃貸借），③労務提供型の契約（雇用・請負・委任・寄託），④その他の契約（組合・終身定期金・和解）の4つに分類することができる。本講では，そのうちの代表的な契約として，①売買・贈与，②消費貸借・賃貸借，③請負・委任の6つの契約の特徴を押さえつつ，その概要をみていくこととする。

　最後に，日常生活において中心的な役割を担う売買・賃貸借・請負契約などの双務契約に共通の特殊の効力として認められている「同時履行の抗弁権」（民533条）と「危険負担」（民536条）について学習する。

Ⅰ 契約の分類

1◆典型契約と非典型契約

　契約は，当事者の意思表示の合致によって成立する。公序良俗に反したり，強行規定に反したりしなければ，原則として，どのような契約を締結しても良いわけだから，契約と一口にいっても，実に様々な内容の契約が世の中には存在することになる。そのうち，民法典は，第3編債権第2章契約の第2節から第14節までに13種類の契約類型を規定した。このように民法典に規定されている契約類型を**典型契約**（有名契約）といい，規定のないものを**非典型契約**（無名契約）という。規定の有無による区分の差異は，契約解釈に際して，当事者の合意内容が不明確なとき，典型契約は，合意内容を補充する法律の規定があるのに対して，非典型契約は，それがないため，類似の典型契約の規定を参考ないし準用する作業が必要といった点に現れる。

2◆諾成契約と要物契約

　例えば，売買は，「この絵画を100万円で買います」，「それでは，売りましょう」と約したのみ（合意したのみ）で契約が成立し，契約時に契約書を作成したり，目的物を交付したりすることは必要ない（民555条）。このように契約当事者の合意だけで成立する契約を**諾成契約**という。こうした契約は，申込み（契約の内容を示してその締結を申し入れる意思表示）と承諾の意思表示が合致すること（合意）で成立するのが原則である（民522条1項。第2講Ⅱ参照）。契約においては当事者の意思が重要であり，「絵画を買おう」，「絵画を売ろう」と自分たちで決定した以上は，その合意内容である契約をお互いが守らなくてはならないということである。

　それに対して，契約の成立に当事者の合意のほか，物の引渡しといった給付を必要とする契約を**要物契約**という。要物契約としての消費貸借は，例えば借主が金銭を「受け取ることによって」（民587条）成立するのであって，ただ単に，貸主Aが借主Bに「1,000万円を貸しましょう」，BがAに「それでは，お借りします」と約しただけでは成立しない。また，契約が成立するために合意のほか，書面その他の方式が必要とされるものを**要式契約**という。

保証契約（民446条）や書面でする消費貸借（民587条の2）は，要式契約である。

3◆双務契約と片務契約

絵画の売買を例にとると，契約が成立すると，中心的な債務として，売主Aには，目的物引渡債務（絵画を買主Bに引き渡さなければならない），買主Bには，代金支払債務（絵画の代金を売主Aに支払わなければならない）が発生する。

この2つの債務は，売主Aが目的物引渡債務を負うから，買主Bが代金支払債務を負うという関係，反対に，買主Bが代金支払債務を負うから，売主Aが目的物引渡債務を負うという関係になっている。このように，一方の負担が他方の負担の前提となっているような関係を対価関係という。そして，売買契約のように，契約当事者双方が互いに対価関係に立つ債務を負担する契約を**双務契約**と呼ぶ。

これに対して，例えば，絵画の贈与契約の成立によって，贈与者Aは絵画の引渡債務を負うが，もらう方のBには何らの債務も発生しない。このように当事者の一方が対価的債務を負担しない契約を**片務契約**という。

双務契約の場合には，当事者の負う債務が密接な関係にあるので，それらの債務を公平に扱おうという意図が働く。別々ではなく，互いの債務を同時に履行させよう，すなわち，絵画の引渡しと代金支払いは一緒に行わせようということになる（後記V1の同時履行の抗弁権を参照）。また，契約成立後，Aが絵画を引き渡せなくなった場合に，Bは代金を支払わなくてはいけないのか，それとも支払いを拒絶できるのかという問題（後記V2の危険負担を参照）も双務契約であるがゆえに生じるものである。双務契約とその対概念である片務契約は，契約当事者の債務負担に着目した契約の分類の仕方である。

典型契約のうち，売買，交換，賃貸借，雇用，請負，組合および和解の7種類の契約は常に双務契約である。これに対して，贈与は片務契約である。

4◆有償契約と無償契約

当事者が互いに対価関係に立つ出捐（経済的損失のこと）をするかどうかで区別する分類の仕方もある。売買の例では，売主Aは金銭を取得する対価と

して，絵画の所有権を買主Bに与える。反対に，買主Bは，絵画の所有権を取得する対価として，売主Aに代金を支払う。このように，契約の当事者双方が互いに対価関係に立つ出捐をする契約を**有償契約**という。

　これに対して，絵画の贈与者Aは絵画の所有権を与えるが，Bは，絵画をもらうだけで，その対価として何も出捐しない。このように対価関係に立つ出捐をしない契約を**無償契約**という。

　典型契約のうち，売買，交換，賃貸借，雇用，請負，組合，和解の7種類の契約は，常に有償契約である。そして，有償契約であれば，その性質に反しない限りで，売買の規定が準用される（民559条）。これに対して，贈与，使用貸借の2種類の契約は，無償契約である。

Ⅱ　権利移転型の契約（売買，贈与）

1◆売　買

（1）売買の成立

　売買の成立について，民法555条に規定がある。絵画の売買を例にとると，売買は，当事者の一方A（売主）が絵画の財産権（所有権）を相手方B（買主）に移転することを約し，相手方B（買主）が絵画の代金を支払うことを約することによって成立する。売買は，諾成・双務・有償の契約である。

　売買は諾成契約であるので，主な給付にかかわる財産権の移転と代金支払いについて合意が成立すれば，履行期，履行場所などの付随事項の合意がなくとも，また契約書が作成されなくても，契約は成立する。また，売主・買主の双方がそれぞれ債務を負担する（財産権移転義務・代金支払義務）という意味で双務契約であり，かつ，財産権と代金という経済的にみて対価関係に立つ出捐をすることになるので有償契約である。

（2）売買の予約・手付

　①売買の予約　売買の予約とは，将来において売買の本契約を締結することを約束する契約である。民法556条は，売買契約の当事者の一方だけが本契約を成立させる権能（**予約完結権**）をもち，その者が予約完結の意思表示をすると，相手方の承諾の意思表示を要せずに直ちに売買契約が成立するこ

ととした（売買の一方の予約）。

②手付　　手付とは，契約の締結に際して，当事者の一方から相手方に対して交付される金銭その他の有価物をいう。金銭その他の有価物の交付が必要であるから要物契約であり，それ自体が単独でなされることはないから，**従たる契約**である。

手付には，証約手付，解約手付，違約手付，損害賠償額の予定としての手付があるが，民法557条1項は，手付を契約の両当事者が解除権を留保し，それを行使した場合の損害賠償額をも意味する**解約手付**であると推定している。例えば，1,000万円の土地売買で，買主が100万円の手付を支払ったとすると，原則として，買主は手付金を放棄して，契約を解除でき（手付損，手付流し），売主は手付金の倍額である200万円を現実に提供して解除できる（手付倍返し，手付倍戻し）。ただし，相手方が契約の履行に着手した後は，解約手付による解除は認められない（民557条1項ただし書）。

（3）売買の効力

①売主の財産権移転義務　　売買契約が成立すると，売主は財産権の移転義務を負う。他人物売買も有効であり，売主は他人の権利を取得して買主に移転する義務を負う（民561条）。また，売主は，買主に対して権利の移転につき対抗要件を備えさせる義務を負う（**対抗要件具備義務**，民560条）。例えば土地の売買では，売主は，土地の引渡しと所有権移転登記に協力する義務を負う。それゆえ，売主が財産権を買主に移転しない，または買主に対抗要件を具備させなければ，売主は債務不履行責任を負うことになる（損害賠償責任〔民415条〕，契約の解除〔民541条・542条〕）。他方，買主は代金支払義務を負い，買主が代金を支払わなければ，買主が債務不履行責任を負う。

②売主の担保責任　　それでは，約束した財産権が予定された性質をもっていないときは，どうなるか。売主は担保責任を負うとされている（民562条以下）。**売主の担保責任**とは，売主が給付した目的物や権利に瑕疵（欠陥等）がある場合に売主が負うべき責任をいう。売主は買主に対して契約内容に適合した物・権利を供与する義務を負う（財産権移転義務の一内容）。したがって，引き渡された物や権利が契約内容に適合しないものであるときは（**契約不適合**），売買契約の債務不履行（**不完全履行**）となり，売主が責任を負う。

　売買目的物の種類，品質または数量に関する契約不適合について，買主は，**追完請求権**（民562条），**代金減額請求権**（民563条，一部解除の性質をもつ），**損害賠償請求権および契約の解除権**（民564条，債務不履行の一般規定に従う）を有する。移転した権利の契約不適合の場合も買主は同様の権利を有する（民565条）が，売主が買主に権利の全部を移転しない場合は，無履行であって不完全履行ではないので民法565条は適用されず，債務不履行の一般規定（民415条）で処理される。

　契約不適合が買主の帰責事由による場合は，買主は売主に対して追完請求権，代金減額請求権，および解除権を行使できない（民562条2項，同563条3項，同543条）。また，契約不適合が売主の帰責事由によるものであることは追完請求権，代金減額請求権，解除権行使の要件ではない。買主の契約不適合についての善意悪意も要件とはならない。

　買主は目的物の種類・品質における契約不適合の事実を知った時から1年以内に不適合の事実を売主に対して通知する義務を負い，この義務を怠った場合，買主は権利行使ができなくなる（民566条1項）。ただし，売主が不適合につき悪意または重過失のときは，期間制限は適用されない（同条2項）。

　売買目的物（売買の目的物として特定したものに限る）が買主へ引き渡された時点で目的物の滅失・損傷に関する危険は売主から買主に移転する。すなわち，目的物が買主に引き渡された時点以降，当事者双方に帰責事由なくして目的物が滅失・損傷した場合には，買主は，その滅失・損傷を理由として追完請求権，代金減額請求権，損害賠償請求権および契約の解除権を行使できなくなり，また代金の支払いを拒絶できない（民567条1項）。買主の受領遅滞中の目的物の滅失・損傷についての危険も買主が負担する（同条2項）。例えば，建物売買において，建物が買主に引き渡された後に，隣家からのもらい火で建物が全焼した場合には，買主は売主に代金を支払わなくてはならず，買主の救済手段は行使できない。

2◆贈　与

（1）贈与の成立 ─────────────────────────

　贈与は，当事者の一方（贈与者）がある財産を無償で相手方（受贈者）に与え

る意思を表示し，相手方が受諾をすることによって成立する諾成契約である（民549条）。贈与は，贈与者が対価なしに財産を受贈者に与える債務を負担するので，無償・片務契約である。また諾成契約なので，書面によらない贈与も有効であるが，各当事者はこれを解除することができる（民550条）。贈与者が軽率に贈与の約束をしてしまうことが多いために，契約を解除できる余地を残しているのである。ただし，この場合でも，履行が終わった部分については，解除することはできない（民550条ただし書）。

（2）贈与の効力

①贈与者の義務　　贈与者は契約によって負担した債務を受贈者に対して履行する義務を負う。動産，不動産等の財産権の移転が契約の目的である場合には，それぞれに応じて，対抗要件を具備させなければならない。

②贈与者の担保責任　　例えば，BがAからもらった中古パソコンの調子が悪かった場合，BはAに修理代金を請求することができるであろうか。贈与者Aは契約に適合した財産を供与する義務を負い，引渡し義務の内容も贈与契約の解釈によるが，贈与の無償性にかんがみて民法551条1項は，「贈与者は，贈与の目的である物又は権利を，贈与の目的として特定した時の状態で引き渡し，又は移転することを約したものと推定する。」と規定している。したがって，有償契約より担保責任は軽減されていて，原則としてAは，契約時の状態でパソコンを引き渡せば足りるのであり，これと異なる合意がされていたことが立証されない限りは，修理代金を支払う必要はない。

Ⅲ　貸借型の契約（消費貸借，賃貸借）

1◆消費貸借

（1）消費貸借の成立

消費貸借の典型例としては，金銭の貸し借りの契約（金銭消費貸借）が挙げられる。消費貸借とは，当事者の一方（借主）が，相手方（貸主）から借用した物を消費し，消費した物と種類，品質および数量の同じ物（ここでは同じ金額）をもって返還する内容の契約である。

　賃貸借や使用貸借は，借りたその物を返す契約であるのに対して，消費貸

借は，借りた物をいったん消費する，例えば，金銭やお米やしょうゆを借り
たら，それは，まさに使うために借りているわけであるから，使った後で，
同種・同価値・同量の物を返還するという点に特質がある。

　消費貸借には，要物契約としての消費貸借と要式契約としての消費貸借（書
面でする**諾成的消費貸借**〔2017年の民法改正により導入〕）の2種類がある。目的物の
引渡しがあり，借主がこれを受け取ることによって契約が成立するのが要物
契約としての消費貸借である（民587条）。要物契約としての消費貸借は，契約
が成立するときには，貸主はすでに物（金銭）を渡してしまっていて，それ以
上の債務を負わないので，借主だけが返還債務を負うという意味で片務契約
である。利息付消費貸借の場合には，借主が返還債務と利息返還債務を負う
ことになる。要式契約としての消費貸借（諾成的消費貸借）は書面ですることを
要し，目的物の引渡しを要せず，合意した時点で契約が成立する（民587条の
2第1項）。すなわち，貸主Aが借主Bに1,000万円を貸すとの合意を書面で
行えばよい。契約成立によりAには貸す義務が生じるが，Bには借りる義務
（金銭の受領義務）はないので，Bは1,000万円を受け取るまでは，契約の解除
をすることができる（民587条の2第2項）。

　消費貸借の原則は無利息であり，貸主は特約がなければ借主に利息を請求
できない（民589条1項）。特約がある場合，貸主が請求できるのは，借主が金
銭等を受け取った日以後の利息である（民589条2項）。利息は元本使用の対価
であるので，実際に金銭を受け取っていないのに利息を支払わなければなら
ないのはおかしいからである。無利息消費貸借は無償契約であり，利息付消
費貸借の場合は，有償契約となる。

（2）消費貸借の効力────────────────

　①借主の返還義務　　借主は，借りた物と同種・同等・同量の物を返還す
る義務を負う。利息付消費貸借の場合には，これに加えて利息を支払う義務
を負う。また，利息特約の有無にかかわらず，貸主から引き渡された物に契
約不適合があったときは，同等の物を返還することは困難なので，借主はそ
の物の価額を返還することができる（民590条2項）。

　返還時期の定めは，通常借主のために返還を猶予するものであるので，借
主は，返還時期の定めの有無にかかわらず，いつでも返還をすることができ

る（民591条2項）。そして，借主が返還時期前に借りた物と同等の物を返還し
たことによって貸主が損害を受けたときは，その貸主は借主に対し，その賠
償を請求できる（民591条3項）。ただし，弁済期までの利息相当額を損害とし
て当然に請求できるわけではないとされる（借りた物を返還後は使っていない以
上，利息は発生しないはずだからである）。

　　②貸主の担保責任　　利息付消費貸借において目的物に契約不適合があっ
たときは，有償契約であるので，民法559条により売買の規定が準用される。
無利息消費貸借においては，贈与者の引渡し義務に関する規定（民551条）が
準用される（民590条1項）。

（3）特別法

　実際の取引社会において重要な意味を持っているのは，利息付金銭消費貸
借契約である。利息をとってよいとしても，契約自由に任せると，お金のあ
る者は，お金のない者の弱みにつけ込んで，高利で貸し付け，借主の生活を
破綻させてしまうおそれがある。そこで借主を保護するために，特別法とし
て利息制限法等が制定されている。利息制限法では，上限金利が定められ（年
率15％から20％），その上限金利を超える利息契約は無効となる（利息1条）。し
かし，旧利息制限法1条2項では，超過利息を任意に支払えば返還請求でき
ないとされていた（2006年改正法により削除）。そこで，判例は，借主救済のため
に，この規定を死文化し，超過利息を任意に支払った場合には，返還請求は
できないけれども，支払った超過利息は元本に充当できるとした（最大判昭39・
11・18民集18・9・1868）。さらに，元本消滅後，利息債務が存在しないことを知
らずに利息を支払った場合には不当利得として，返還請求できるとした（最
大判昭43・11・13民集22・12・2526）。

2◆賃貸借

（1）賃貸借の成立

　賃貸借は，当事者の一方（賃貸人）が，ある物（動産や不動産）の使用収益を
相手方（賃借人）にさせることを約し，相手方がこれに対して賃料を支払うこ
とおよび引渡しを受けた物を契約が終了したときに返還することを約するこ
とによって成立する契約である（民601条）。例えば，賃貸人Aが自分の所有

する家屋を賃借人 B に月 10 万円の家賃で貸すことを合意するような場合である。賃貸借は，諾成・双務・有償契約である。賃貸借の存続期間の上限は 50 年であり，更新もできる（民 604 条）。

　賃貸借と区別される契約として，**使用貸借**（民 593 条）がある。賃料をとらずに無償で物を貸す契約である。諾成契約であり（2017 年の民法改正前は，使用貸借は要物契約であった），借りた物その物を返還するという点では，賃貸借と同じであるが，無償契約である点で異なる。無償契約であることから，使用貸借では，書面による場合を除き，使用貸主は使用借主が借用物を受け取るまでは，契約の解除をすることができる（民 593 条の 2）。

（2）賃貸借の効力

　①**賃借人の義務**　　賃借人は，賃料支払義務と賃借物返還義務を負う。これ以外にも，契約や賃借物の性質に応じた方法で使用しなければならないという義務（**用法遵守義務**。民 616 条による同 594 条 1 項の準用），賃貸人の承諾なく賃借権を譲渡したり，目的物を転貸（又貸し）したりしてはならない義務（賃借権の無断譲渡・転貸の禁止。民 612 条）などが規定されている。これらの義務に違反したときには，債務不履行として，契約が解除される。賃貸借契約の解除は将来に向かってのみ効力を生じる（民 620 条前段）。遡及効のない解除であり，**解約告知**ともいわれる。

　しかし，民法における賃貸借契約の規定を形式的に適用すると，特に借主に酷な結果が生じかねない。例えば，B は A から家屋を借りて，ずっとそこに住んできちんと家賃を払い続けてきたが，不意な出費があり，その月の家賃が支払えなかったとする。ところが，賃貸人の A は，10 日以内に家賃を支払わなければ，契約を解除するといっている。さらに B がそこでお店を営んでいるという場合もある。このような場合，人の生存にかかわる生活や営業基盤を保護すべきとの見地から，借地・借家契約については，債務不履行を原因とする解除を一定程度，制限する必要があるのではないか。判例は，こうした考慮を重視して，借地・借家契約においては，賃借人の債務不履行があっても，その債務不履行が賃貸人と賃借人の間の信頼関係を破壊するほど重大なものでない限り，賃貸人からの契約解除は認められないという立場をとっている（最判昭 39・7・28 民集 18・6・1220）。これを**信頼関係破壊の法理**とい

う。Aは一度家賃支払いを遅延しただけでは賃貸借契約を解除されない。信頼関係破壊の法理は，賃借権の無断譲渡や目的物の無断転貸があった場合の解除制限から発展してきた。このように信頼関係破壊の法理は，一般的には，賃借人を保護する方向に働く。

　②賃貸人の義務　　賃貸人は，賃借人に対し目的物を使用収益させる義務を負う。また賃借物の使用収益に必要な修繕義務（民606条）や費用償還義務（民608条）等を負う。また売主と同様に担保責任を負う（民559条参照）。

　③賃貸借終了時　　賃借物返還義務に関連して，賃借人は，賃借物を受け取った後にこれに生じた損傷がある場合において，賃貸借が終了したときは，その損傷を原状に復する義務（原状回復義務）を負う（民621条本文）。もっとも，通常の使用および収益によって生じた賃借物の損耗（通常損耗）と賃借物の経年変化は原状回復義務の対象外であり，賃借人の責めに帰することができない事由によるもの（民621条ただし書）も除かれる。

　また，賃借人が賃借物を受け取った後にこれに附属させた物について，賃貸借が終了したときは，その附属させた物を収去する義務を負う（収去義務。民622条で準用する民599条1項）。賃貸借契約において借主から貸主に差し入れられる，いわゆる**敷金**の取り扱い（民622条の2）については本講〈コラム〉を参照。

（3）第三者との関係

　①賃借人の第三者への対抗力　　賃借権は，債権なので原則として第三者に対抗できない。それが借地借家の場合だと問題が生じる。例えば，Aが土地をBに賃貸しているとする。Aがその土地をCに売却すると，新所有者Cは，Bに対して土地の明渡しを請求できることになる（「**売買は賃貸借を破る**」）。これでは，Bの地位は安定しない。もともと民法605条は，登記された不動産の賃貸借については，第三者への対抗力を認めている。しかし，賃借権には物権のような登記請求権はないと判例・通説は解しており，実際，賃借人が賃貸人の協力を得て賃借権を登記することは難しい。これに対処するため，1909（明治42）年「建物保護ニ関スル法律」が制定され，借地上に建てた建物を借地人が登記することで借地権（賃借権・地上権）の対抗力を確保する手段が与えられた（旧建物保護1条〔1991年に廃止〕）。そして，1921（大正10）年に借地

法および借家法が作られた。その後，1991（平成3）年にこれまでの3つの法律をまとめ，さらに修正を施した新しい法律ができた。これが現行法である借地借家法である。借地借家法は，民法よりも簡易な方法で賃借権を第三者に対抗し得る道を開いている。

　土地の賃貸借については，建物の所有を目的とする土地の賃借人が借りた土地の上に建物を所有し，その建物が登記されていれば，賃借権を第三者にも対抗することができる（借地借家10条1項）。家屋の賃貸借についても，賃借人は，建物の引渡しを受けていれば，建物の新所有者に自らの賃借権を主張できる（借地借家31条）。

　そして不動産賃貸借に上記対抗要件が備えられている場合において，賃貸不動産が譲渡されたとき，その不動産賃貸人たる地位は，譲受人たる新所有者に移転する（民605条の2第1項）。賃借人の承諾は必要ない。例外として，不動産の譲渡人（旧所有者）と譲受人（新所有者）との間で，賃貸人たる地位を譲渡人に留保する旨とその不動産を譲受人が譲渡人に賃貸する旨の合意をしたときは，賃貸人たる地位は移転せず，この場合において，譲渡人と譲受人（承継人）との間の賃貸借が終了したときは，譲渡人に留保されていた賃貸人たる地位は譲受人（承継人）に移転する（民605条の2第2項）。譲渡人と譲受人の関係如何にかかわらず，従前の内容で賃借人としての地位が保持されることに意義がある。また不動産の譲渡人が賃貸人であるときは，譲渡人と譲受人の合意により，賃貸人の地位を賃借人の承諾を要せず，譲受人に移転できる（民605条の3）。これは賃借人の対抗要件の具備にかかわらない。これらの賃貸人たる地位の移転は，賃貸不動産について所有権移転の登記をしなければ，賃借人に対抗できない（民605条の2第3項，同605条の3後段）。

　②不動産賃借権の物権化　　特別法や判例・学説により，**不動産賃借権の**権利内容は著しく強化されるに至った。民法605条の4は，対抗力だけではなく，登記その他の対抗要件を備えた賃貸借については妨害排除請求権（妨害の停止と返還請求）を認める。また賃借権の譲渡・転貸には，賃貸人の承諾が必要であるが，第三者の建物買取請求権（借地借家14条）や土地賃借権の譲渡・転貸に関する裁判所の許可（借地借家19条）等によって一定の譲渡性が認められている。さらには賃借権の最短期間を法定し，賃貸借の解約もしくは更新

拒絶には正当事由を必要とすることにより，その存続が保障されている（借地借家3条・28条）。債権たる賃借権も，このように物権としての利用権に近づけられたため，これは**賃借権の物権化現象**と呼ばれている。

Ⅳ 労務提供型の契約（請負，委任）

1◆請　負
(1) 請負の成立

　請負は，当事者の一方（請負人）が仕事を完成することを約束し，相手方（注文者）がその仕事の結果に対して報酬を与えることを約束することによって成立する（民632条）。諾成・双務・有償契約である。雇用や委任と同様に他人の労務を利用することを目的とする契約であるが，仕事の完成を目的とする点に特徴がある。仕事の完成に対して報酬を支払う契約であるから，仕事が完成しない以上，注文者の報酬支払義務は発生しない。建物建築や洋服の仕立てのように有形物の完成を目的とする場合が多いが，演奏や運送のように無形の仕事の完成を目的とする場合も含まれる。

(2) 請負の効力

　①請負人の義務　　請負人は仕事完成義務を負う。仕事を完成して引渡しを要するものについては，その引渡しを済ませることをも含む。

　②請負人の担保責任　　請負は有償契約であるから，売主の担保責任に関する規定が準用される（民559条）。すなわち，請負人が種類または品質に関して契約の内容に適合しない仕事の目的物を注文者に引き渡したときは，注文者は請負人に対して，履行の追完請求，報酬減額請求，損害賠償請求，契約の解除をすることができる（民562条〜564条ほか同415条・541条・542条などの準用）。もっとも，その契約不適合が注文者の供した材料の性質または注文者の与えた指示によって生じた場合には，請負人はこれらの担保責任を負わない（民636条本文）。ただし，請負人がその材料または指図が不適当であることを知りながら告げなかったときは，この限りでない（同条ただし書）。民法637条は，目的物の種類または品質に関する担保責任について，原則として注文者が不適合を知った時から1年以内に請負人に通知することを要求している。

③**注文者の義務**　　注文者は報酬支払義務を負う。報酬は原則として後払いである。仕事の引渡しを要する場合には引渡しと同時に，引渡しを要しない場合には仕事の完成と同時に，支払わなければならない（民 633 条）。また，注文者の責めに帰することができない事由によって仕事の完成が不能になったときと，請負が仕事の完成前に解除されたときにおいて，請負人がすでにした仕事の結果のうち可分な部分の給付によって注文者が利益を受けるときは，その部分について仕事が完成したものとみなして，請負人は，受ける利益の割合に応じた報酬を請求できる（民 634 条）。注文者の帰責事由によって仕事を完成することができなくなった場合には，民法 536 条 2 項（危険負担）により請負人は報酬全額を請求できる。

④**注文者の任意解除権**　　請負人が仕事を完成しない間は，注文者はいつでも損害を賠償して契約を解除できる（任意解除権，民 641 条）。注文者にとって必要がなくなった仕事を請負人にさせることは無意味であり，理由を問わない。

2◆委　任
(1) 委任の成立 ─────────────────────────

委任は，法律行為をなすことを相手方に委託し，相手方がこれを承諾することによって成立する契約である（民 643 条）。民法 656 条で，法律行為でない事務の委託（これを**準委任**という）にも委任の規定が全面的に準用されているから，両方を含めて広義の委任契約（事務処理契約）として理解してよい。例えば，医師が患者の病気やケガを治療するとか，弁護士が依頼人の訴訟行為を行うなどの場合である。

委任は原則として無償であり，特約がなければ報酬を請求することはできないとされている（民 648 条 1 項）。これはローマ法以来の伝統である（古代ローマでは，医師や法律家は，名誉職として知能的な高級労務を行うものとされ，そうした労務は対価にふさわしくないと考えられていた）が，現在ではほとんどの委任が特約または慣習により，有償となっている。一般に無償契約における債務者はその責任が軽減されるが，無償委任における受任者は，有償の場合と同様に，善管注意義務を負う（民 644 条）。これは，委任が当事者の信頼関係を基礎とし

ているからと説明される。

　委任は諾成・不要式の契約である。契約の目的が一定の事務処理の委託であることが必要である。契約の成立には証書その他の形式を要しないが，委任者が委任状を交付する例が多い。

（2）委任の効力

　受任者は，委任の本旨に従って善良な管理者の注意をもって委任事務を処理しなければならない（民644条）。委任の本旨に従うとは，委任契約の目的に適するように事務を処理することである。受任者は原則として自ら事務を処理しなければならない（自己執行義務）。委任者は受任者を信頼して事務処理を委託したからである。しかし，この原則を厳格に守ったのでは事務を円滑に処理することができない場合も生じる。そこで，例外として委任者の許諾を得たとき，またはやむを得ない事由があるときに限り，復受任者を選任することができる（民644条の2第1項）。他方，委任者は，当該委任が有償の場合には，報酬支払義務を負うが，雇用契約に類似する**履行割合型の委任**にあっては，当事者間に特約等がない限り，報酬は後払いを原則とする（民648条2項本文）。これに対し，請負に類似する**成果完成型の委任**にあっては，報酬は成果の引渡しと同時に行わなければならない（民648条の2第1項）。

　委任は各当事者の信頼を基礎とする契約であるから，特別な理由なしに，いつでも解除することができる（任意解除権，民651条1項）。もっとも，相手方に不利な時期に委任を解除したとき，または，委任者が受任者の利益（もっぱら報酬を得ることによるものを除く）をも目的とする委任を解除したときは，やむを得ない事由があるときを除き，相手方の損害を賠償しなければならない（民651条2項）。委任は継続的契約であるから，解除は将来に向かってのみ効力を生じる（解約告知，民652条で準用する同620条）。

　委任は告知以外にも，委任者または受任者の死亡，委任者または受任者の破産手続開始決定，受任者の後見開始審判によっても終了する（民653条）。

Ⅴ　双務契約の効力

　双務契約の各当事者が負担する債務は，互いに対価関係に立つものである

から，当事者の負う債務が密接な関係（牽連関係）にあるので，一方の債務に
何か事由が生じたら，その影響を他方の債務にも及ぼす必要がある。それが
双方の債務を公平に扱うことになるからである。

　民法で規定しているのは，**履行上の牽連関係**である**同時履行の抗弁権**と，
存続上の牽連関係である**危険負担**である。

1 ◆履行上の牽連関係——同時履行の抗弁権

　履行上の牽連関係とは，双務契約の一方の債務が履行されるまでは，他方
の債務も履行されなくてもよいということである。民法533条によると，双
務契約の当事者の一方は，相手方がその債務の履行を提供するまでは，自己
の債務の履行を拒むことができる。このような拒絶権を，同時履行の抗弁権
という。例えば，絵画の売買で，買主Bが代金を準備しないで，絵画を取り
に来たとする。そのとき，「買主Bが代金を提供するまでは，私は絵画を引き
渡さない」と売主Aは主張できるのである。絵画の引渡債務と代金支払債務
は互いに対価関係にある債務だから，他方が履行しないのに，一方だけ履行
させるのは公平に反するからである。もっとも，特約で一方の債務を先に履
行すると決めることは可能であるので，その場合には先履行の義務を負う者
は同時履行の抗弁権を主張できない。

　同時履行の抗弁権が認められると，適法に自己の債務の履行を拒むことが
できるので，その間は履行遅滞の責任が生じない。先の例で，5月1日にA
がBに絵画を引き渡すと約束していて，その日までに引き渡さなかったら，
本来であれば，AはBに履行遅滞責任を負い（民412条），損害賠償責任を負っ
たり（民415条），Bから契約を解除されたり（民541条）ということになるが，
Bの代金提供がない限りその責任が生じないということである。

　裁判で，買主Bからの履行請求に対して，売主Aが同時履行の抗弁権を主
張・立証した場合には，裁判所は，原告（買主B）敗訴の判決ではなく，**引換
給付判決**というものをだす。すなわち，被告Aは，代金の支払いを受けるの
と引換えに，原告Bに対して絵画を引き渡せという判決である。

　他にも，売主Aの帰責事由により絵画が滅失した場合に，売主の引渡債務
は履行不能になり，買主BはAに対し，履行に代わる損害賠償を請求できる

が，このＢの損害賠償請求権とＡの代金請求権は同時履行の関係に立つ。請負において注文者が請負人に対して有する追完に代わる損害賠償請求権と請負人の報酬請求権も本条により同時履行の関係に立つ。

　同時履行の抗弁権と似た機能を営むものとして，留置権（民295条）がある。留置権は，担保物権の1つとして，第三者にも主張できる点が大きく異なる（第11講Ⅲ3（1）参照）。

2 ◆存続上の牽連関係──危険負担

（1）履行拒絶権 ──────────────────────────

　双務契約において，対価関係にある債務のうち一方が債務者の責めに帰することのできない理由で履行不能となった場合に，他方の債務（反対債務）の履行を拒絶できるかが危険負担の問題である。例えば，建物の売買契約が成立した後，建物の明渡しがまだなされていない時点で，建物が落雷で（つまりは売主には責任のない理由で）全焼したとする。売主Ａは建物を引き渡すことができなくなった。その場合に，買主Ｂはなお建物の代金を支払わなければならないか，それとも代金の支払いを拒絶できるか。引渡債務が不履行になったので，この債務を基準に考えると，買主Ｂが債権者，売主Ａが債務者である。建物が滅失して，引き渡せなくなった危険を，債権者と債務者のどちらが負担すべきか。民法536条1項を建物売買の例にあてはめて読むと，当事者双方（ＡとＢ）の責めに帰することができない事由（落雷）によって債務を履行することができなくなったとき（建物を引き渡せなくなったとき）は，債権者（買主Ｂ）は，反対給付の履行（代金支払い）を拒むことができる，ということになる。危険負担は，一方の債務の履行が不能になった場合に，原則として債権者に反対給付の履行拒絶権を認める制度である。建物の引渡債務が履行不能となったら，牽連性のある代金債務も履行する必要はない（建物滅失の危険は債務者である売主が負担する）。建物の引渡しにより，建物滅失等の危険は売主から買主に移転する（民法567条）。

　ただし，この場合に注意を要するのは，買主Ｂに履行拒絶権が付与されるだけなので，買主の代金債務は依然存続しているという点である。そこで，買主Ｂは，民法542条1項1号に基づき，売買契約の解除をすることにより，

初めてこの契約から解放されることになる。

（2）履行拒絶権が否定される場合

　債権者に帰責事由がある場合には，履行不能となった債務の債権者は，反対給付の履行を拒むことができない（民536条2項）。さらに，この場合には債権者は履行不能を理由として契約を解除することもできない（民543条）。ただし，債務者は自己の債務を免れたことによって利益を得たときは，その利益を債権者に償還しなければならない（民536条2項）。

　また，受領遅滞が生じた後に，当事者双方の責めに帰することができない事由によって債務の履行が不能となった場合にも，その履行不能は債権者の帰責事由によるものとみなされ，債権者は反対債務の履行を拒絶できない（民413条の2第2項）。

　また労務提供型契約（雇用，委任，請負）においては，労務を提供する債務が履行されてはじめて報酬請求権が発生するため，債権者（使用者，委任者，注文者）の帰責事由によって労務を提供する債務が履行不能となった場合に，債務者（労働者，受任者，請負人）が報酬を請求できるかが問題となるが，民法536条2項を根拠に報酬請求権が認められると解されている。例えば，雇用契約において使用者（債権者）の帰責事由により，労働者（債務者）の労務給付義務が履行不能となった場合，反対債務である賃金請求権が発生し，履行不能となった期間の報酬全額を請求できるというわけである。

■コラム■　敷金の取り扱い

　アパートを借りるときに，家賃1〜2か月分程度の敷金を差し入れることがある。この**敷金**の取り扱いについては，従来は判例・学説の解釈に委ねられていたが，2017年の民法改正により，判例法理に沿って明文化された。敷金とは，いかなる名目によるかを問わず，賃料債務その他の賃貸借に基づいて生ずる賃借人の賃貸人に対する金銭の給付を目的とする債務を担保する目的で，賃借人が賃貸人に交付する金銭をいう（民622条の2第1項柱書）。保証金や権利金という名称の場合もある。そして，敷金を返してもらえるのは（敷金返還請求権が発生するのは），賃貸借が終了して賃借物を返還したときである（明渡時説）。つまり，先に賃借人がアパートを明け渡さなければならず（賃借物の返還が先履行），賃貸人が敷金を返してくれるまではアパートを出ていかないということはできない。賃借人が返してもらえ

る敷金の額は，賃貸借に基づいて生じた金銭債務額を控除した残額である。金銭債務としては，賃料債務，原状回復債務，用法遵守義務違反等によって発生した損害賠償債務などがある。例えば，未払い賃料があれば，当然にその額が敷金額から差し引かれ，残額を返還される。また，賃貸借の終了等により敷金返還債務が発生する前において，賃貸人は，敷金をその債務の弁済に充当することができるが，賃借人からは敷金を債務の弁済に充ててくれと請求することはできない。あくまで敷金は債務の担保であり，賃料債務の不履行が許されるわけではないからである（以上，民622条の2）。

　敷金の規定は任意規定なので，契約時に確認が必要である。場合によっては，敷引特約（敷金から一定額を控除する特約）が消費者契約法10条によって無効になることもあり得る。

第6講　契約違反に対する救済

本講のねらい

　自分の望む契約が成立しても，相手方が契約どおり債務を履行してくれないと，契約をした目的を達成することはできない。このような契約違反があった場合に法律上どう対処することができるか，つまりどのような救済手段があるかを知っておくことは，ビジネスにおいてのみならず，一般市民が社会生活をおくる上でもきわめて重要である。

　そこで，まず債務者によって契約どおりの履行がなされない場合（これを「債務不履行」という）には，主にどのような態様があるかを確認する。

　次に，このような債務不履行をした相手方に対して，契約の他方当事者は，どのような要件のもとに，いかなる請求をすることができるか（一般的な救済手段）について概観する。具体的には，債務不履行の場合の損害面での救済手段（損害賠償）と，契約面での救済手段（履行の強制および契約の解除）について考察することとする。

　以上のように，本講では，このような債務不履行に対する救済制度の仕組み，各制度の機能およびその要件・効果等の基本を学習することを目的とする。

I　債務不履行の事実の態様と救済手段の種類

1◆債務不履行の事実の態様

　契約が成立しても，すべての契約において契約どおりにその債務が履行され，契約が完了するとは限らない。場合によっては，様々な事情により債務者によって債権債務の内容である債務者のなすべき行為（作為のほか不作為を含めてこれを**給付**という）が履行されないことがあり得る。

　債務が履行されない場合として，例えば，①5月2日までに返すという合意をして金銭を借りたにもかかわらず，5月2日が到来しても借主が貸主に

金銭を返していない，②ビール1ダースの注文を受けた酒屋が1ダースの
ビールを注文客に引き渡したが，実はそのうちの2本は炭酸の気が抜けてい
た，③家具の製作を注文したところ，請負人が当該家具の引渡しに際して注
文主の家の壁を傷つけてしまった，④建物の売買契約において，契約後その
引渡前に当該建物が焼失してしまったため，売主が当該建物を引き渡すこと
ができなくなってしまった（結果として建物が買主に引き渡されない）場合などが
ある。なお，①②④は当該契約から発生する，債務者が履行しなければなら
ない主要な義務（主たる**給付義務**）に関する債務不履行の例であるが，③は家具
を製作して引き渡すという主要な義務（本来の債務）とは別の，債権者の利益
（生命・身体・財産）を侵害してはならないという当該契約の本来の債務に伴う
保護義務，または本来の債務に付随する注意義務（**付随義務**）が履行されなかっ
た例である。

　約束した債務の履行との関係でみると，主に，約束の期日に履行されてい
ない時間面の不履行（**履行遅滞**：上記の例の①）と約束どおりの履行ではない履
行の中身（内容）の面での不履行（**不完全履行**：上記②③），および履行すること
を合意したにもかかわらず当該債務を履行することがそもそも実現不可能
な，したがって時間面と履行の中身の両面における全面的な確定的不履行（**履
行不能**：上記④）があり，これらは債務不履行の主要な態様であることに学説
上異論はない。

2◆契約違反に対する救済手段の種類

　このような債務不履行の事実があった場合の救済手段として，契約面での
救済と損害面での救済が考えられる。すなわち，契約が債務者の債務不履行
によって破られたことによる契約面での債権者の保護としては，履行が可能
な場合に当初の契約を強制的に実現する方向での救済（**履行の強制**〔民414条〕）
と，それとは反対に，破られた契約から債権者を解放するという方向での救
済（**契約の解除**〔民540条以下〕）があり得る。また損害面での救済手段としては，
債務が履行されないことによって損害が債権者に発生する場合にそれを償っ
てもらう方向での救済（**損害賠償**〔民415条以下〕）がある。契約の存続や解消を
問題とする前二者とは異なり，損害賠償の責任を債務者に負わせるためには，

【図表 6-1】　契約違反（債務不履行）に対する救済手段

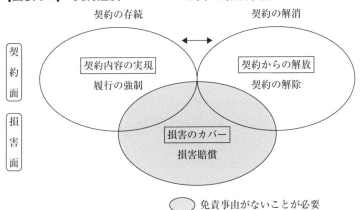

その債務不履行について免責事由がないこと（債務不履行が契約の趣旨や取引上の社会通念等に照らして債務者の責めに帰することができない事由によらないこと）が必要である。なお，契約面での救済（履行の強制や契約の解除）がなされても，債務不履行による損害がある場合には契約面での救済と一緒に損害賠償を請求することが認められている（民 414 条 2 項・545 条 4 項）。

Ⅱ 債務不履行に基づく損害賠償

1◆債務不履行責任の構造

　債務不履行とは，「債務者がその債務の本旨に従った履行をしないとき」（＝本旨不履行）をいい（民 415 条 1 項本文前段），この概念は，民法起草時や 2017 年の民法改正の審議過程での議論からは，債務不履行の態様（上記 I 1）のすべてを含む包括的な，債務不履行の統一的概念であると一般に解することができよう（債務不履行一元論）。同項本文では「本旨に従った履行をしないとき」に続いて，「又は債務の履行が不能であるとき」という文言が挿入されているが，これは「履行しない」という表現に「履行できない」場合が含まれることを示すために注意的に明記したものとされる。もっとも，「本旨に従った履行をしないとき」と「履行が不能であるとき」を「又は」で併記する条文の文言

からは改正前民法の通説的な理解（**三分説**ないし新三分説：債務不履行とは履行遅滞・履行不能・不完全履行〔ないしその他の債務不履行〕の３つの類型だとする説）をそのまま維持することもできよう。しかし，債務不履行を本旨不履行一本であると解しても，本旨不履行の具体的な場合は主に履行遅滞，履行不能，不完全履行であり，各場合に即して不履行の有無を検討する必要がある。

2 ◆債務不履行に基づく損害賠償の要件

　債務不履行に基づく損害賠償の要件としては，債務が有効に成立していることを前提として，①債務不履行の事実があること，②損害の発生，③債務不履行により発生した損害であること（因果関係），④免責事由がないこと，が必要である。

（1）要件①：債務不履行の事実があること ─────────

　まず要件①についてであるが，主な債務不履行の態様である履行遅滞，履行不能，不完全履行についてこれらの不履行の判断をみてみよう。

（ア）履行遅滞　　履行が可能であるのに履行期を徒過したこと

　履行遅滞という態様においては，履行期と履行期を徒過したかの判断が重要であるが，これについては民法 412 条に定められている。まず履行期につき，**確定期限**の定めがある場合（例えば，冷蔵庫の売買で「5 月 1 日に冷蔵庫を引き渡す」と契約した場合）にはその期限が到来した時，すなわち，債務者が履行をしないでその期限を経過すると（例では，売主である債務者が 5 月 1 日に冷蔵庫を引き渡さないまま 5 月 2 日になると），債務者は履行遅滞となる（同条 1 項）。**不確定期限**の定めがある場合（例えば，冷蔵庫の売買で「建築中の建物が完成した日に冷蔵庫を引き渡す」との約束で冷蔵庫の引渡債務を売主が負担した場合）ではその期限の到来後（建物の完成後）に債務者が履行の請求を受けた時か，債務者がその期限の到来を知った時のうち，いずれか早い方の時期を経過すると，債務者は遅滞に陥っていることになる（同条 2 項）。上記の建物完成日に冷蔵庫を引き渡すとの例で，例えば，5 月 2 日に建物が完成，買主の請求が 6 月 1 日，売主が建物の完成を知ったのが 5 月 4 日とすると，この場合，5 月 4 日を経過して 5 月 5 日になると，債務者は履行遅滞に陥っていることになる。また**期限の定めのない債務**の場合（例えば，冷蔵庫の売買で当事者が引渡日を定めなかった場合）に

は債務者が履行の請求を受けた時から（その日を経過すると），遅滞に陥ることになる（同条3項）。なお，期限の定めのない消費貸借契約については，履行の請求を受けた時にいつでも返還できる状態にしておかなければならないとすると，一定期間目的物を使用して消費を認める契約目的に反することになるので重要な例外がある（民591条1項参照）。

（イ）履行不能　　履行が不能であること

まず，ここでの履行不能は，契約成立後に履行することが実現不可能になったこと（**後発的不能**）だけではなく，契約成立前から実現不可能な場合（**原始的不能**）も含む（民412条の2第2項）。なぜなら，契約した以上，契約前から実現不可能であったとしてもそのリスクは履行不能な債務の債務者が負うべきであり，履行できない債務者は契約違反として損害賠償をすべきだからである。このことは，履行がはじめから実現不可能な契約であっても合意した以上，契約は有効に成立し，債権債務が有効に発生することを意味する（債務が発生していなければその不履行はあり得ない）。もっとも，原始的不能であれ後発的不能であれ履行することができない債務の場合，損害賠償とは別に，債権者に履行請求を認めても意味がないので，債権者は履行請求することはできない（民412条の2第1項）。また，債務者の債務が履行不能でも契約が有効に成立しているので，双務契約の場合，債権者は契約の拘束力から解放されたければ契約を解除する必要がある。なお，契約の解除をしない限り，契約関係があるため自分の債務は残ることとなるが，履行不能が当事者双方の責めに帰することができない事由による場合には，債権者の保護として自己の債務の履行拒絶が認められる（民536条1項。第5講Ⅴ2参照）。

次に，履行が不能かどうかの判断は，「契約その他の債務の発生原因及び取引上の社会通念に照らして」判断される（民412条の2第1項）。したがって，物理的不能（家屋の売買契約において目的物である家屋が契約後に滅失した場合など）だけではなく，取引上の社会通念に照らした不能も含まれる。例えば，不動産の二重譲渡の場合，第二買主が登記を備える前は，いまだ売主の第一買主に対する引渡債務・移転登記債務は履行不能ではないが，第二買主が登記を先に経由したときには，社会通念上売主の第一買主に対する引渡債務等は履行不能（民法177条により第一買主は第二買主に不動産の取得を対抗できない）と判断さ

れることになる（最判昭 35・4・21 民集 14・6・930 など）。

（ウ）不完全履行　　不完全な履行であること

　履行期に履行はなされたがその履行が不完全な場合には，多様なケースが考えられる。例えば，給付された目的物に瑕疵（欠陥）があるケース（病気のニワトリを給付した場合），履行の方法が不完全なケース（金銭の借主が貸主に金銭を投げつけて返還した場合），給付に際して必要な注意を怠るケース（ピアノの売主が搬入に際し，買主の家のカーペットを不注意により傷つけてしまった場合），不完全な給付から損害が拡大したケース（給付されたニワトリが病気であったため，買主が前から飼っていたニワトリに病気が伝染し，すべてのニワトリが死滅してしまった場合。→保護義務違反〔前記 I 1 参照〕ないし損害賠償の範囲〔後記 3（2）参照〕の問題）などである。また不完全な履行かどうかの判断が容易でない場合も多い（例えば，医師の治療行為などのような，いわゆる**なす債務**〔後記 III 2 参照〕や**手段債務**〔結果の実現に向けて最善の注意をもって努力する債務のこと〕の場合）。なお，売買契約において引き渡された目的物が種類，品質または数量の点で契約の内容に適合しない場合には，損害賠償や契約の解除といった一般的な債務不履行の救済手段のほかに（民 564 条），**契約不適合**の状態に応じて，追完請求権（民 562 条）や代金減額請求権（民 563 条）が債務不履行責任に関する売買契約の特則として買主に認められている（第5講 II 1（3）参照）。またこれらの規定は性質が許す限り他の有償契約に準用される（民 559 条）。

（2）要件②：損害の発生

　損害を償ってもらう以上，現実に損害が発生していることは当然必要な要件である（後記 3（1）も参照）。なお，ここでの損害とは，債務不履行がなかったならば存在したであろう利益状態と債務不履行がなされた現在の利益状態の差を金銭で表した差額（損害額）であるとする（差額説。判例・通説）。

（3）要件③：債務不履行により発生した損害であること（因果関係）

　債務不履行を理由に損害賠償を請求するのであるから，債務不履行が原因でない損害が発生したからといって，債務者に対して損害賠償を請求することは認められない。債務不履行が原因で損害が発生した場合（債務不履行と損害との間に因果関係がある場合）に初めて債権者に損害賠償が認められる。これも当然の要件である（後記 3（2）も参照）。

（4）要件④：免責事由がないこと

　上述の要件を満たしても，債務者は当該債務不履行が「**債務者の責めに帰することができない事由**」によるものであること（帰責事由がないこと）を立証できれば免責されることとなる（民415条1項ただし書）。そのような場合にまで債務者に責任を負わせるのは酷だからである。2017年の改正前民法における判例の見解を明文化し，帰責事由の不存在を**免責事由**と位置づけたものである。その際，当該債務不履行が債務者の帰責事由によるかよらないかは，「契約その他の債務の発生原因及び取引通念に照らして」判断されることとなる。すなわち，合意した契約の内容，契約の性質，契約の目的，契約締結に至る契約をめぐる一切の事情，あわせて取引上の社会通念をも考慮して判断し，免責事由に当たるかどうかを考えることとなる。

　例えば，注文主AがテーラーBとの間で，モーニングを仕立てて，自分の娘の結婚式前日の8月10日の午前中までに自宅まで届けるようにとの契約をしたが，Bが完成したモーニングを8月9日に配達するときに，台風のため8月10日の午前に届けることができなかった場合について考えてみよう。一般に台風自体はBにはどうすることもできない**不可抗力**であり，通常，債務者に帰責事由はないと判断され，免責されることが多いであろう。しかし，例えば，①台風が事前に予想できる場合には予定を早めて配達すべき場合もあろう。また，②娘の結婚式のためという契約の目的からするならば8月10日の午前中までに届けることができるように通常想定されうる台風等には備えて別の配達手段を確保（用意）しておくべき場合もあろう。①②の場合，結局，契約の趣旨等に照らして債務者がやるべきことをやっていなければ免責されないこととなる。このように債務者が責任を負うか免責されるかは，契約自由の原則のもと，債務者がどのような義務を負っているか，それによって，台風という不履行原因のリスクを具体的な契約等で債務者が引き受けていたかどうかで判断することになる。

　また，上記の例で，台風による不履行ではなく，できあがったモーニングをBの雇用している店員C（**履行補助者**：本件Cのように債務の履行のために債務者の手足として使用される者のほか債務者に代わって履行の全部を引き受ける履行代行者を含む）が配達途中で車中に置き忘れて紛失してしまった場合を考えてみよう

（従来，履行補助者の過失として議論された問題である）。この場合，Bは期限までに配達できなかったが，第三者Cの行為に基づくものなので，自己の責めに帰することができない事由であるとして責任を免れることができるであろうか。まずB自身が配達する約束であればCの使用自体がBの義務違反であり，免責されない。そのような取り決めがなければ，この場合，契約の趣旨等から配達に第三者を使用すること自体は債務不履行には該当しないと一般に考えられよう。あとは，債務者自身の不履行の場合と同様に，紛失により配達が間に合わなかったという不履行が具体的な契約の趣旨等に照らして債務者が引き受けていた事由に該当するかどうかで免責の有無を判断することになる。ここでは，単純な置き忘れによる紛失なので，当然に債務者が引き受けていた事由と解され，一般に免責されないこととなろう。

　なお，債務者の**履行遅滞中の履行不能**については，履行不能が当事者双方の責めに帰することができない事由によるものであっても，債務者の責めに帰すべき事由によるものとみなされ，債務者は免責されない（民413条の2第1項）。債務者の履行遅滞がなければ履行不能となることがなかったためである。反対に，債権者の受領遅滞の場合には債務者の履行の提供時以後の履行不能については，履行不能が当事者双方の責めに帰することができない事由によるものであっても，債権者の責めに帰すべき事由によるものとみなされる（同条第2項）。そのため，債権者は反対給付の履行を拒絶できないとともに（民536条2項），契約を解除することもできない（民543条）。また，金銭債務については，**金銭債務の特則**として，その支払いが遅れた原因が不可抗力であることを債務者が証明しても免責されない（民419条3項）。その理由は，金銭は容易に入手可能であるので，天災などの不可抗力があっても，金銭債務は履行不能にならないからと説明される。そのほか，金銭債務については，金銭債務の不履行による**遅延損害金**（遅延利息）は債務者が遅滞の責任を負った最初の時点での**法定利率**（本講〈コラム〉参照），または約定利率がその法定利率を超えるときは約定利率によって定まり（民419条1項），債権者はその損害を証明することなく，前記利率による遅延損害金をもらうことができると定められている（民419条2項）。金銭はもっているだけで必ず利息相当分の利益が上がっているとの考えに基づくものである。

　また，債務者が留置権（民295条）や同時履行の抗弁権（民533条）を有する場合には，違法性が阻却され，履行遅滞の責任を負わないことはいうまでもない。

3◆効　果

（1）損害賠償

　上述の要件を満たすと，債権者は，債務不履行を理由として債務者に対して損害賠償を請求することができる（民415条）。損害賠償の方法としては，**金銭賠償**が原則である（民417条）。

　損害賠償の性質としては，原則として，通常は，履行遅滞の場合には（本来の履行が可能なので）履行が遅れたことによって発生した損害の賠償（**遅延賠償**：例えば，賃貸マンションの引渡しが家主側の事情で遅れた場合に借家人がホテルに宿泊したときのホテル代の賠償〔事例a〕）であり，履行不能の場合には（本来の履行が不可能なので）履行に代わる損害の賠償（**塡補賠償**：例えば，賃貸家屋が借家人の火の不始末により焼失し，家屋の返還債務が不能になった場合のその家屋の時価の賠償〔事例b〕）である。履行不能を含め塡補賠償の請求が認められる場合については，民法415条2項に定めがある（履行不能については同項1号）。なお，履行遅滞の場合でも，契約の解除権が発生しているときには，契約を解除することなく（結果として本来の履行請求が残っていても），履行に代わる賠償を請求できる（同項3号）。この場合，履行請求権と塡補賠償請求権を債権者が選択的に行使するものと一般に解される。また不完全履行の場合には基本的に，その不完全な部分に関してあとから完全な履行をすること（**追完**）ができるかどうかにより，追完可能な場合には結果として一部遅滞，追完不能ないし追完しても意味のない場合には一部不能として，それぞれ履行遅滞（→遅延賠償）と履行不能（→塡補賠償）に準じて扱うこととなる。

（2）損害賠償の範囲

　それでは遅延賠償ないし塡補賠償が認められるとして，実際には，どこまでの損害を賠償してもらえるのか，という損害賠償の範囲が問題となる。先の〔事例a〕の賃貸マンションの引渡しの遅延のケースで，例えば，借家人が宿泊したホテルで火災に遭遇して顔に火傷を負ったとすると，マンションの

【図表 6-2】　相当因果関係説

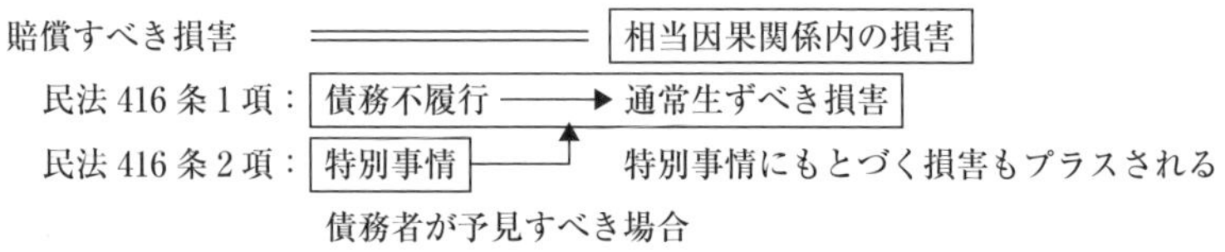

```
賠償すべき損害 ══════════ 相当因果関係内の損害
民法 416 条 1 項：債務不履行 ──→ 通常生ずべき損害
民法 416 条 2 項：特別事情 ┘ 特別事情にもとづく損害もプラスされる
            債務者が予見すべき場合
```

　引渡しが遅れたことを原因として，借家人がその間宿泊しなければならなかったホテル代，そのホテルの火災に遭遇したことによる火傷の治療代，顔の火傷による営業収入の減少額等々，結果として損害が無限に拡大する可能性がある。このような場合に，債務不履行がなければ生じなかったはずのすべての損害を賠償させるのは債務者に酷である。そのため，わが国では民法416 条に損害賠償の範囲に関する規定が置かれている。すなわち，債務不履行によって通常生ずべき損害（通常損害）が賠償範囲に入るのは当然である（民416 条 1 項）が，特別の事情によって生じた損害（特別損害）についても，債務者が債務不履行時にその事情を予見すべきであった場合には賠償範囲に入るとしている（同条 2 項）。

　そして，判例・通説は，この規定を相当因果関係の原則を宣言したものと理解し，賠償すべき損害は社会的に相当な因果関係の範囲内の損害額であるとする（相当因果関係説：大連判大 15・5・22 民集 5・386 は，不法行為の事件についてであるが，こうした考え方を採用した〔富喜丸事件〕。【図表 6-2】参照）。具体的には，民法 416 条 1 項が賠償されるべき損害の範囲に関する一般原則（相当因果関係の原則）を定めた規定であり，債務不履行があれば通常生ずべき損害が相当因果関係の範囲内の損害であるとする。上の例では，一般に，ホテルの宿泊代までが相当因果関係の範囲内の損害（通常損害）として賠償の対象と考えられよう。また同条 2 項で，特別の事情について債務者が予見すべきであれば，その事情が同条 1 項の判断の基礎とすべき事情に含まれるとする。例えば，先の〔事例 b〕の賃貸家屋が借家人の火の不始末で焼失したケースで，賃貸家屋が返還された後に家主が当該建物を第三者に売却する予定であったという特別の事情があった場合には，債務者である借家人がその事情を債務不履行時に予見すべきであったときは返還後の売却による利益分（売却予定の代金

額から建物の時価を引いた額）も特別事情に基づく損害として，建物自体の賠償にプラスして請求し得る。

Ⅲ　履行の強制

1◆履行の強制とは

　債権とは人が人に対して一定の給付を請求できる権利である以上，債権が発生すれば，債権の効力として，債権者は債務者に対して債務の履行を請求する権利（履行請求権）を当然に有すると一般に解されている。このことは，民法412条の2第1項（履行不能の場合には履行を請求できないとする規定）が，履行が可能な場合には履行を請求できることを当然の前提にしていることからも理解できよう。もっとも，履行を請求できても，債務者が契約どおりの給付を任意に履行してくれない場合には債権の内容を実現できない。そこで，わが国の民法は，債務の履行が可能な場合には，一定の要件のもとに，債権者が国家機関の力を借りて，本来の債務の内容を強制的に実現できる**履行の強制**という救済手段を認め，具体的な執行方法については，「民事執行法その他の強制執行の手続に関する法令の規定に」委ねている（民414条1項）。なお，債権者が自分で債務の内容を強制的に実現することは原則的に禁止されている（自力救済の原則的禁止）。履行の強制は，当該債務の履行でないと契約の目的が達成できない場合や履行が遅れてなされても契約の目的が達成できる場合に有用な手段といえよう。

　履行の強制は，債務不履行の事実がある場合に契約内容を強制的に実現させる制度であるので，履行の強制が認められるためには，一般に①債務者が任意に債務を履行しないこと（民414条1項本文），②債務の履行が可能であること，③債務の性質が履行の強制を許すこと（同項ただし書），④当事者間に不執行の特約がないこと，が必要とされている。また，債務者の帰責事由は，本来負担していた債務の履行なので不要である。なお，履行の強制を執行裁判所に請求して実際に強制執行するためには，まずその前提として債権者にそのような権利があるか等を公的に証明する文書（**債務名義**）が必要となる。債務名義としては給付を命じる裁判所の確定判決が代表的なものである（民

執22条1号）。そのため，確定判決を債務名義とする場合には，あらかじめ裁判所に履行を求める訴えを提起して勝訴する必要がある。

　債務者に対する具体的な強制執行の方法として，主に**直接強制**，**代替執行**，**間接強制**があり，民事執行法は，これらの執行手続について定めている（【図表6-3】参照）。すなわち，第1に債務者の意思に関係なく国家機関が債務者の財産に対して直接実力行使することにより，債務の内容を実現する直接強制（民執43条～170条），第2に債務者本人が債務を履行しなくても債務の内容が実現できる債務（**代替的行為債務**）について，第三者に履行させてその費用を債務者から強制的に徴収する代替執行がある（民執171条）。さらに，第3に債務者が債務を履行しない場合に，債務を履行するまでの間，債務者に一定の金銭の支払義務を課すことによって，債務の履行を心理的・経済的に促す間接強制（民執172条・173条）も認められている。なお，複数の執行方法が可能である場合にいずれの方法によるかは，債権の実現につき最も利害関係を有する債権者の選択に委ねられている。

2◆直接強制

　直接強制とは，物の引渡しを目的とする債務（**与える債務**）の場合に裁判所を通じて債務者の財産に対して直接実力行使することによって，強制的に物の引渡しを受ける方法（文字どおりの強制的実現）である。具体的には引渡債務が，①金銭の支払いを目的とする場合には，債務者の一般財産を差し押えて競売しその売却代金から債権者が配当を受ける，②不動産の引渡しを目的とする場合には，執行官が債務者の占有を解いて債権者に占有させる，③動産の引渡しを目的とする場合には，執行官が債務者のところに赴いて目的物をとり上げ債権者に引き渡すといった具合である。なお，直接強制は，債務者の一定の行為（作為）を目的とする債務（**なす債務**）については，これを認めると人格尊重の理念や債務者の意思に反していわば強制労働を債務者に強いることになりかねないので，債務の性質上，許されないと一般に解されている（民414条1項ただし書参照）。不作為を目的とする債務（**なさざる債務**）について不履行のあった場合にも，すでになされてしまった以上，もはや履行を直接強制することはできない。また継続的な不作為債務の場合にも不履行以後の

履行を直接強制することは債務者の強制的な拘禁になりかねないので，債務の性質上，認められないであろう。

3 ◆代替執行

　上述したように，なす債務については，債務の性質上，債務者自身に対して直接強制をすることはできない。**代替執行**とは，このような場合に，債務者以外の誰が履行してもその目的を達成できる代替的給付に限って，債務者の費用で第三者に履行させることを認める方法である（民執171条1項1号）。例えば，当事者間の合意で境界線上のブロック塀を取り壊す債務を負っている隣人が約束の期日が来てもブロック塀を取り壊さないでいる場合に，裁判所の許可を得て業者に頼んでその取壊しをしてその費用を当該隣人から取り立てる場合である（この場合，後述の間接強制によることも可能である）。また，なさざる債務（不作為債務。例えば，深夜に騒音を出さないとか汚水を排出しないなどの合意）の不履行についても上述したように直接強制はできないので，債務者の費用でその違反の結果を除去し，または将来のための適当な処分（防音・排出防止装置の設置，将来の損害に対する担保提供，合意の違反ごとに賠償金支払いを命ずるなど）をすることを裁判所に請求することになる（民執171条1項2号）。

4 ◆間接強制

　それに対して，**間接強制**とは，裁判所を通じて，債務者が債務を履行するまで一定額の金銭の支払いを債務者に命ずることによって（例えば，上記の代替執行の箇所で引いた例を用いれば，「ブロック塀を取り壊す債務を○○日までに履行せよ，履行がなければ1日につき○○円支払え」といった場合など），債務者を心理的ないしは経済的に圧迫して，債務の履行を間接的に強制する方法である（民執172条1項）。間接強制は債務者に心理的な圧迫を加えて履行を促す点で人格尊重の理念からは直接強制も代替執行もできない場合の最後の手段と位置づけるべきとの考え（**間接強制の補充性**）がかつての通説であったが，2003年の民事執行法の改正により，間接強制の補充性は明文をもって否定され（直接強制でも債務者の意思を無視して強行されるので間接強制の方が人格尊重の理念への抵触度が高いとは必ずしもいえない），直接強制や代替執行ができる場合でも，債権者は

【図表6-3】 各種の債務における具体的な強制執行の方法

		直接強制	代替執行	間接強制
与える債務	金銭債権	○	×	×
	非金銭債権	○	×	○
なす債務※	代替的給付	×	○	○
	非代替的給付	×	×	○
なさざる債務		×	○	○

※債務の性質上強制執行ができないものを除く
なお，上記強制執行の可否については原則を示したにすぎない（一部例外あり）

間接強制の方法によることを申し立てることができることとなった（民執173条1項）。なお，債務者の自発的な意思に基づいて履行されないと，適切な債務の履行を望めない債務（例えば，芸術家の芸術作品を創作する債務や夫婦の同居義務など）については，間接強制は認められていない（民414条1項ただし書参照）。また，利息制限法の上限利率を超えた利息と実質同じになるおそれがあるため，金銭債権についても原則として間接強制はできない。

Ⅳ 契約の解除

1◆解除とは

　相手方が契約どおり債務を履行してくれない場合の救済手段として，債権者には，上述のように，国家機関の助力を得て強制的に債権の内容を実現する履行の強制（前記Ⅲ）や相手方に対する損害賠償請求（前記Ⅱ）のほか，債務不履行を理由に契約を**解除**することが認められている（損害賠償と解除はどちらか一方でも，また両方行使してもかまわない〔民545条4項〕）。契約の解除は，債務者によって破られた契約を債権者が一方的に破棄することによって（民540条以下），債権者を契約から解放して債権者を保護する制度である。債務不履行を理由に契約関係を解消する意味は，主に，①双務契約の場合には自己の債務が未履行のときには契約関係があると自己の債務も存続しているので自らの債務をなくすこと，②相手方からの遅れた債務の履行を排除すること（別の人と速やかに同種の契約をするため），③債権者が目的物をすでに引き渡していると

きはすばやくその取戻しを図ることなどにあると解されている。

　債務不履行一般を理由とした解除権には民法541条（**催告による解除権**）と民法542条（**催告によらない解除権**）の規定に基づいて認められる**法定解除権**があるが，そのほかに個別の契約類型（請負・賃貸借など）に即して一定の場合に認められる法定解除権もある（例えば，民612条や民641条）。また契約時の当事者間の合意で解除権を一定の場合に留保する**約定解除権**も認められている。

2 ◆債務不履行を理由とした解除の要件

　民法は，債務不履行一般の解除権として，催告による解除権（民541条）と催告によらない解除権（民542条）についてその要件を定めている。なお，解除の要件としては，債務の履行がなされていない場合にいつまでも契約関係を維持させるのは債権者に酷であること，解除は契約関係を解消し，契約前の元の状態に戻すだけであることなどから，債務不履行についての債務者の帰責事由は不要とされた。

（1）催告による解除権（民541条）────────────

　債務者が任意に債務を履行しない場合に，直ちに解除ができるわけではない。債権者は債務者に対して相当の期間を定めた催告をしてもその催告期間内に履行がなされない場合に，初めて契約の解除ができることになる。これは，「合意は守られなければならない（pacta sunt servanda）」とのローマ法の法格言のもと，債務者にもう一度考え直す余地を与え，履行する機会を再度提供するためであると一般に解されている。なお，相当期間経過時における当該債務の不履行が契約や取引上の社会通念に照らして軽微であることを債務者が立証した場合には，債権者は契約の解除をすることはできない（民541条ただし書）。債務不履行が軽微な場合にまで解除は認めない趣旨である。

（2）催告によらない解除権（民542条）────────────

　催告をして考え直す余地を与えても無意味と考えられる場合（言い換えると，催告をしても契約の目的が達成できない場合）には，催告なくして直ちに債権者は契約を解除することができる。具体的には，債務の全部の履行が不能な場合（民542条1項1号）はもちろん，債務者が債務の全部の履行を拒絶する意思を明確に表示している場合（同項2号）にも考え直す余地を与えても無意味であ

ると解されるので無催告で解除できる。そのほか，債務の一部の履行が不能
である場合や一部の履行を拒絶する意思が明確な場合において残存部分のみ
を履行されても契約の目的が達成できないとき（同項3号），一定の日時や期
間内に履行されなければ契約をした目的を達成できず，契約の意味をなさな
いような契約（**定期行為**：例えば，クリスマスケーキの注文や前記Ⅱ2(4)の結婚式のた
めのモーニングの注文）について履行遅滞があったとき（同項4号）にはやはり催
告しても意味がないので無催告で解除できる。また，上記以外に，催告をし
ても契約の目的を達成するのに足りる履行がなされる見込みがないことが明
らかな場合（同項5号）にも無催告解除が認められる。委任等の**労務提供型契
約**においては，履行不能となることが少ないので，この場合の不都合を同項
5号がカバーするものとされる。なお，催告によらない解除ができない場合
（例えば，契約の目的が達成し得る程度の不履行等）でも，催告による解除ができる
か（催告して相当期間経過しても履行がないときにその不履行の程度が軽微でない場合）
は議論がある。

　また，債務の一部の履行が不能であるとき（民542条2項1号），債務の一部
の履行を拒絶する意思を債務者が明確に表示しているとき（同項2号）には，
債権者は無催告で契約の一部を解除することができる。

　なお，債務不履行が債権者の責めに帰すべき事由による場合には，民法
541条，同542条の解除を債権者はすることができない（民543条）。

3◆解除の効果

　判例・通説は，債務者に債務不履行があって債権者が契約を解除した場合
に，原則として，契約は最初からなかったことになると解している（**直接効果
説**）。したがって，解除がされると，両当事者は，契約前の元の状態に戻す**原
状回復義務**を負うことになる（民545条1項本文：従来の通説では不当利得の特則と
理解されている）。

　例えば，売主Aと買主Bとの間で5月3日に自転車の売買契約を結び，A
は自転車を引き渡したが，代金支払日の6月1日が到来してもBからの代金
の支払いがない。そこで，Aは6月20日までに代金を支払ってくれとの催
告（6月3日）をBにしたが，結局支払いはなかったので，AはBに対して6

【図表 6-4】　事例の図解

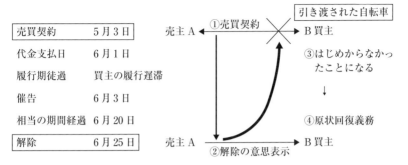

売買契約	5 月 3 日
代金支払日	6 月 1 日
履行期徒過	買主の履行遅滞
催告	6 月 3 日
相当の期間経過	6 月 20 日
解除	6 月 25 日

月 25 日に民法 541 条の解除権に基づき売買契約を解除する旨の意思表示を行ったとする（民 540 条 1 項。【図表 6-4】参照）。この場合，解除の効果として，5 月 3 日の時点に遡って契約関係はなかったことになる。したがって，B の未履行の代金支払債務は消滅し（あとは損害賠償の問題となる），A の既履行債務（自転車の引渡し）については B が原状回復義務を負うことになる。その際，B は自転車を返還するだけではなく，自転車による果実（例えばレンタル料）があれば，原状回復義務としてこれを返還する必要がある（民 545 条 3 項。同様に，仮に売主が解除により代金を返還する場合には，受領の時から利息をつけて返還しなければならない〔民 545 条 2 項〕）。なお，B 個人が自転車を使用していた等の使用利益の返還義務については解釈に委ねられているが，判例はこれを一般に認めている（大判昭 11・5・11 民集 15・808，最判昭 39・9・22 民集 13・11・1451）。

　また，詐欺による意思表示の場合の取消しなどと同様に，解除によって第三者の権利が害される場合があるので，第三者（解除前に取引関係に入った第三者）を保護する規定を置いている（民 545 条 1 項ただし書）。ただし，第三者に善意・無過失を要求する詐欺取消しの場合の第三者保護規定（民 96 条 3 項）とは異なり，解除の場合には債務不履行を知っている悪意の第三者も保護される。というのは，債務不履行があるからといって解除されるとは限らず（その後に履行される，あるいは解除しないで最終的に履行の強制を債権者は選択する可能性がある），債務不履行を知っていて取引関係に入ったとしてもその者には非難可能性はないからである。

　なお，賃貸借や雇用などの継続的契約関係の解除については，遡及効を認めず，解除の時点から将来に向かって契約がなかったこととなる。この場合にまで遡及効を認めると，原状回復が非常に複雑になるからである。このような継続的契約関係の解除を通常の解除と区別して，**告知**とか**解約告知**と呼ぶこともある（第5講Ⅲ2（2）およびⅣ2（2）参照）。

■コラム■　法定利率の変動利率制の導入

　2017年の民法改正で，**法定利率**について大きな改正が行われた。すなわち，法定利率の引き下げ，商事法定利率の廃止，**変動利率制**の導入である。

　改正の趣旨としては，①法定金利（民事法定利率の年5%）と市場金利（バブル経済崩壊以降の長期にわたる低金利の経済情勢）との乖離があること，②社会情勢の変化に伴う市場金利の増減に対応をすること等が挙げられている。

　まず①の乖離を減らすため，法定利率を年3%に引き下げることとした（民404条2項）。またこの乖離は，商事法定利率（年6%）にも当てはまるため，商事法定利率（商514条）を廃止し，民事法定利率の年3%に一本化することとした。

　次に，②の対応のため，法定利率について3年を1期として3年ごとに見直しを検討し（民404条3項），各期の初日が属する年の6年前の年の1月から前々年の12月まで（計5年間）の各月における1年未満の新規短期貸付の平均利率の合計を60で割って計算した割合を基準割合とし（同条5項），直近変動期（法定利率が変動した期のうちの直近の期）の基準割合と当期の基準割合の差（1%未満の端数切捨て）に相当する割合を直近変動期の法定利率に加算または減算した割合を各期の法定利率とすることとした（同条4項）。なお，各期の基準割合は法務大臣により告示される（同条5項）。

　例えば，改正民法施行日の2020年4月1日から2023年3月31日までが第1期，2023年4月1日から2026年3月31日までが第2期となる。第1期終了後，第2期目の法定利率の見直しを検討する場合，第2期の基準割合が0.5で，法定利率が変動した期のうちの直近の期（ここでは第1期）の基準割合が0.7だとすると，第1期と第2期の差は0.2減となる。1%未満の端数は切り捨てられるので，法定利率の年3%に変更がない。それに対して，第2期の基準割合が1.7であったとすると，第1期と第2期の差は1.0増となり，第1期の法定利率の年3%に加算され，第2期の法定利率は年4.0%となる。なお，特約がなければ利息債権が最初に発生した最初の時点の法定利率が適用され（民404条1項），当該債権については，その後に法定利率が変更されても，当初の法定利率のまま変更されない。

　法定利率は，当事者間に特約がなければ，利息付消費貸借（民589条2項）における利息債権や金銭債務の不履行における遅延損

害金（民419条1項）の算定において用いられる。そのほか，民法で定められた**法定利息**（例えば，民442条2項，同545条2項，同575条2項，同647条など）や人身損害の賠償における逸失利益を計算する際の**中間利息控除**（民417条の2・722条1項）においても重要な意味を有する。

第 7 講　契約の効果が第三者に帰属する制度
——代理

本講のねらい

　私たちの私的生活関係では，当事者の自由な意思決定による関係形成を基本とし，本人自らの意思表示に基づき相手方と売買などの契約を結び，これに拘束されるのが原則である（私的自治の原則）。しかし，実際の取引社会にあっては，この原則は，利便性や本人保護の要請から，例外的な仕組みによって修正されることがある。例えば，商売を行っている者は，他人を使用して商売を拡張したいと思うであろう（私的自治の拡張）。また，本人が未成年者や成年被後見人など，取引経験が乏しかったり，判断能力が減退していたりする場合は，その者の財産を本人に代わって親権者や後見人が適切に管理するといった必要もあるであろう（私的自治の補充）。これらの要請に対応するため，本人に代わって他人（代理人）が相手方との間で契約を締結し，その効果が本人と相手方との間に帰属するとすれば，まさに本人の利益や保護にかなうことになろう。このように，本人の私的自治の拡張ないし補充という機能を果たすのが「代理」という制度である。

　本講では，まず，代理制度の基本的な仕組みを，本人・代理人との間（代理権），代理人・相手方との間（代理行為），本人・相手方との間（効果帰属）に分けて考察し，代理が有効に認められるための要件について学習する。次いで，代理権のない者が代理行為を行った場合（無権代理）の効果や無権代理人の責任について学習する。そして，無権代理を有権代理と信じて取引をした相手方を保護するための制度（表見代理）の要件や効果について学習する。

Ⅰ 代理制度の基本的仕組み

1◆代理の基本構造

　代理とは，代理人の意思表示により本人に対して直接にその法律効果を生じさせる制度である（民99条1項）。すなわち，本人Aと代理人Bとの間に一

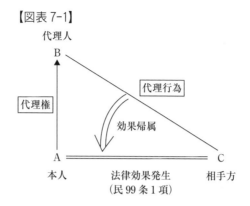

【図表7-1】

定の**代理権**が存在し，B がその権限内において「本人のためにすること」を示して（これを**顕名**という）相手方 C との間で法律行為（**代理行為**）を行うことによって，その法律行為の効果が A と C との間で生ずることになる（**【図表7-1】**参照）。例えば，A が所有する甲土地を売却する代理権を B に与えて，代理人 B がその権限内において本人 A に代わって相手方 C との間で甲土地の売買契約を締結すると，その契約の効果は AC 間で生ずる。これにより，売主 A は買主 C に対し甲土地を引き渡して登記を備えさせる債務を負い，買主 C は売主 A に対し代金を支払う債務を負うことになる（民 555 条・560 条）。

2◆法定代理と任意代理

　B の代理行為によって，その法律行為の効果が AC 間で生ずるためには，B に一定の代理権が存在していなければならない。そして，この代理権は，本人から与えられる場合（**任意代理権**）と法律によって与えられる場合（**法定代理権**）とがある。

　任意代理権は，本人が代理人となる者に代理権を授与すること（**代理権授与行為**）により発生する。代理権の授与は委任契約などの**事務処理契約**を通じて行われることが多い。今日の取引社会では，本人自らがすべての取引を行うことができないこともあるし，専門家の知識や能力を利用した方がよいこともある。このような場合に，本人が代理人を選任することによって，本人の活動範囲を広げることが可能となる。その意味で，任意代理には，本人の

私的自治の拡張という機能があるといえる。

　また，**法定代理権**は，法律の規定によって発生する。例えば，未成年者は父母の親権に服するので，父母が未成年者の法定代理人となる（民818条・824条参照）。未成年者は，取引に必要な判断能力が十分でないため，法定代理人が本人に代わって法律行為を行うことで，本人の判断能力の不十分さを補うことが可能となる。また，加齢または精神上の障害により判断能力が十分でない成年者を保護するために選任される後見人等には，法律の規定により代理権が付与される（民859条などを参照）。このように，法定代理には，本人の**私的自治の補充**という機能があるといえる。

II　有権代理

1◆代理の要件

　代理人の行った法律行為の効果が本人と相手方との間で生ずるためには，①本人と代理人との間に**代理権**が存在すること，②代理人や相手方が「本人のためにすること」を示すこと（**顕名**），③代理人がその権限内において**代理行為**を行うことが必要である。そこで，ここでは，代理権，顕名，代理行為に関する問題についてそれぞれ検討する。

2◆代理権

（1）代理権の範囲

　法定代理の場合，その代理権の範囲は法律の規定により法定されているので，その範囲が問題となることは特にない。これに対して，任意代理の場合，その代理権の範囲は個別の代理権授与行為により定まるので，その範囲をめぐって争いが生ずるときには，代理権授与行為の解釈が問題となる。

　民法は，代理権授与行為において代理権の範囲が具体的に定められていない場合や代理権授与行為の解釈によってもその範囲が明確とならない場合（例えば，夫が仕事で海外に単身で駐在する際に，妻に「留守の間は万事よろしく頼む」と依頼して赴任した場合）に備えて，代理人が行える最小限の行為について規定している。すなわち，権限の定めのないまたはその範囲が不明確な代理人は，

①**保存行為**（財産の現状を維持する行為。例えば，家屋の修繕のために請負契約を締結すること），②**利用行為**（物または権利の性質を変えない範囲で収益を図る行為。例えば，家屋の賃貸や現金を銀行預金にすること），③**改良行為**（物または権利の性質を変えない範囲で価値を増加させる行為。例えば，家屋に造作を取り付けたり，より利率の高い銀行預金に切り替えたりすること）のみをする権限を有すると規定する（民103条。これらの保存行為，利用行為，改良行為をあわせて「**管理行為**」という）。このため，権限の定めのない代理人等がこれらの管理行為を越えて，処分行為（物または権利の性質を変える行為。例えば，大規模な増築・修繕や銀行預金を解約して株に投資すること）を行うことは許されないとされる。

（2）代理権の制限（自己契約・双方代理等）

　任意代理において代理権の範囲が明確であっても，代理人はその権限内の行為であれば常に有効な代理行為を行えるというわけではない。例えば，A所有の土地の売買契約において，売主Aの代理人Bが，B自身を買主として売買契約を締結すること（**自己契約**）が許されると，Bが自己の利益を図り，Aを害するおそれがある（不当に安い代金で売買契約が締結されるおそれがある）。また，BがAと相手方Cの双方の代理人となって売買契約を締結すること（**双方代理**）が許されると，Bの意向次第で，AかCのいずれか一方に不利な契約が締結されるおそれがある。そこで，民法は，自己契約や双方代理は，原則として，「代理権を有しない者がした行為とみなす」とした（民108条1項本文。【図表7-2】参照）。したがって，自己契約や双方代理は，無権代理とみなされ，本人が追認をしなければ，本人に対してその効力を生じないとされている（民113条1項。後記Ⅲ参照）。

　ただし，「債務の履行」および「本人があらかじめ許諾した行為」については，本人の利益保護は問題とならないので，この限りでないとされている（民108条1項ただし書）。このうち「債務の履行」とは，すでに確定した実体法上の法律関係をそのまま履行することであり，新たな法律上の利害関係を生ぜしめるものではない。例えば，土地の売主Aと買主Cの双方から所有権移転登記申請の代理権を授与された司法書士Bは，AとC双方の代理人であるので形式的には双方代理に該当するが，この場合は民法108条1項本文ならびにその法意に反するものではないとされている（最判昭43・3・8民集22・3・540）。

【図表 7-2】

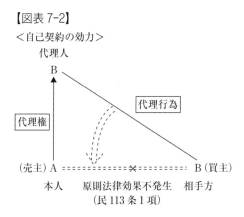

＜自己契約の効力＞

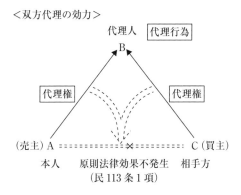

＜双方代理の効力＞

　また，自己契約や双方代理に直接該当しなくても，「代理人と本人との利益が相反する行為」（**利益相反行為**）についても，「代理権を有しない者がした行為とみなす」とされている。この場合は，「本人があらかじめ許諾した行為」についてのみ，この限りでないとされている（民108条2項）。

　民法108条は，任意代理のみならず法定代理にも適用されると解されている。なお，親権者，後見人，保佐人，補助人による利益相反行為については，本条2項本文と同趣旨の規定が置かれている（民826条・860条・876条の2第3項・876条の7第3項。これらの者は，本人の利益と相反する場合には，家庭裁判所に特別代理人または臨時保佐人もしくは臨時補助人の選任を申し立てなければならない）。

（3）代理権の消滅

　法定代理と任意代理の双方に共通する代理権の消滅事由は，①本人の死亡，②代理人の死亡，③代理人の破産手続開始決定，④代理人の後見開始の審判である（民111条1項）。

　任意代理の場合の代理権は，これらの消滅事由のほかに，委任の終了（委任の解除，委任者または受任者の死亡，委任者または受任者の破産手続開始決定，受任者の後見開始の審判などの終了事由のほか，委任事務の完了・委任期間の満了を含む）によっても消滅する（民111条2項・651条・653条）。

（4）復代理

　復代理とは，代理人がさらに代理人を選任し，その代理権の範囲内で全部または一部の行為を行わせることである（【図表7-3】参照）。代理人の復代理人を選任することができる権限を**復任権**という。復任権の有無は，任意代理人と法定代理人とで異なる。

【図表7-3】

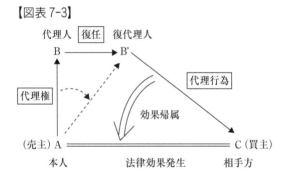

　任意代理人は，本人の信任に基づいて選任されたのであるから，原則として復代理人を選任することはできない（自己執行義務）。しかし，本人の許諾を得たとき，またはやむを得ない事由があるときは例外的に復代理人を選任することができる（民104条）。復代理人の選任が認められる場合において，復代理人の行為によって本人が損害を被ったときは，代理人は，本人に対して，本人と代理人との間の事務処理契約の違反を理由として債務不履行責任（民415条）を負う場合があると解される。

　これに対し，法定代理人は，その権限が広範であること，本人が選任した
わけではないこと，辞任の自由がないことなどから，いつでも自己の責任で
復代理人を選任することができる（民105条前段）。その代わり，復代理人を選
任した法定代理人の責任は重く，原則として復代理人の行為のすべてについ
て責任を負う。ただし，やむを得ない事由で復代理人を選任したときは，代
理人の責任は軽減され，代理人は，復代理人の選任および監督についてのみ
責任を負う（民105条後段）。

　このようにして，本人の代理人から復代理人が選任されると，復代理人は，
その権限内の行為について，本人を代表（代理）する（民106条1項）。すなわ
ち，復代理人も，代理人と同様に本人の代理人であるとされる点に注意を要
する。したがって，復代理人が相手方との間で行った代理行為の効果は本人
に対して直接に生ずる。この場合，復代理人は，本人および相手方に対して，
代理人と同一の権利を有し，義務を負うとされている（民106条2項）。

3◆顕　名
（1）顕名の必要性

　代理人によって行われた法律行為の効果が本人に生ずるためには，代理人
が意思表示をするに際して「本人のためにすること」を示すこと（顕名）が必
要である（民99条1項。顕名主義）。例えば，A所有の土地について，本人Aの
代理人Bが，相手方Cに対して，Aのために土地を売却することを示して意
思表示をする必要がある。このような顕名がなければ，Cは法律行為の相手
方をAではなく，Bと誤信することになりかねないため，代理行為には顕名
が要求されるのである。

　なお，代理には，このように代理人が相手方に意思表示をする場合のほか，
代理人が相手方から意思表示を受領する場合も含まれる（前者を**能働代理**とい
い，後者を**受働代理**という）。受働代理とは，例えば，相手方Cが，本人Aの代
理人Bに対して，Aから土地を購入することを示して意思表示を行い，Bが
その意思表示を受領することである。このように，相手方が代理人に対して
した意思表示についても，「本人のためにすること」を示すこと（顕名）が必要
とされている（同条2項）。

（2）顕名のない代理行為

　これに対して，代理人が本人のためにすることを示さないでした意思表示は，自己のためにしたものとみなされる（民100条本文）。すなわち，本人Aの代理人Bが，Aのために法律行為を行うことを相手方Cに示さなければ，CはBが法律行為の当事者であると考えるのが通常であるから，このようなCの信頼を保護するために，民法はBとCとの間で法律効果が生ずるとした。

　もっとも，Bが顕名をしなかったとしても，Cが，BがAのために法律行為を行うものであることを知り，または知ることができたときは，その法律効果はAに対して直接に生ずるとされている（同条ただし書）。

4◆代理行為

（1）代理行為の瑕疵

　代理では，相手方に対して実際に意思表示を行うのは代理人である。したがって，代理人が相手方に対してした意思表示の効力が「意思の不存在」（心裡留保・虚偽表示），「錯誤，詐欺，強迫」または「ある事情を知っていたこと若しくは知らなかったことにつき過失があったこと」によって影響を受けるべき場合（**代理行為の瑕疵**がある場合）には，その事実の有無は，原則として代理人を基準に判断される（民101条1項）。例えば，代理人が錯誤による意思表示をした場合，その法律効果が帰属する本人が，相手方に対して，代理人の錯誤を理由にその意思表示を取り消すことになる（民95条1項参照）。

　そしてまた，相手方が代理人に対してした意思表示の効力が「意思表示を受けた者がある事情を知っていたこと又は知らなかったことにつき過失があったこと」によって影響を受けるべき場合にも，その事実の有無は代理人を基準に判断される（民101条2項）。例えば，相手方の意思表示が心裡留保によるものであった場合，代理人が相手方の真意ではないことを知りまたは知ることができたかどうかにより，その意思表示の有効・無効が決せられることになる。すなわち，代理人が相手方の真意について善意・無過失であれば，相手方の意思表示は有効となり（民93条1項本文参照），本人はその効力を相手方に主張することができるが，代理人が相手方の真意について悪意・有過失であれば，相手方の意思表示は無効となり（同項ただし書参照），本人はその効

力を相手方に主張することができないことになる。

　ただし，特定の法律行為を委託された代理人がその行為をしたとき，本人は，自分が知っていた事情または過失により知らなかった事情について，代理人が知らなかったことを主張することができないとされている（民101条3項）。例えば，本人が代理人に特定の相手方との法律行為を委託し，代理人が本人の指図に従って代理行為をしたとき，その相手方の意思表示が心裡留保によるものであった場合，たとえ代理人が相手方の真意について善意・無過失であったとしても，本人が相手方の真意について悪意・有過失であれば，本人はその効力を相手方に主張することができないことになる。

（2）代理人の行為能力

　代理人は，意思能力は必要であるが，行為能力までは必要とされない。すなわち，制限行為能力者が代理人として法律行為をしたとしても，本人は代理人の行為能力の制限を理由にこれを取り消すことはできない（民102条本文）。これは，法律効果は本人に帰属するので，制限行為能力者に不利益は及ばないからであり，また，任意代理の場合には，本人自らが制限行為能力者を代理人として選任している以上その不利益は甘受すべきだからである。ただし，法定代理の場合において，例えば，未成年者の親権者が被保佐人（制限行為能力者）であり，その者が未成年者の法定代理人として保佐人の同意が必要な法律行為を保佐人の同意なく行った場合（民13条1項10号），本人（未成年者）は代理人の行為能力の制限を理由にこれを取り消すことができるとされている（民102条ただし書）。

（3）代理権の濫用

　代理人がその権限内において本人のためにすることを示して意思表示を行ったが，実際には，本人のためにする意図はなく，自己または第三者の利益を図る意図であった場合でも，本人に対して直接にその効力を生ずるかが問題となる。例えば，土地所有者AがBに土地を売却する代理権を授与し，代理人Bもその代理権の範囲内で相手方Cとの間で土地売買契約を成立させたが，Bは売買代金を横領する意図を有しており，実際に売買代金を着服したという場合でも，Cは売買契約が有効に成立したとして，本人Aに対して土地の引渡しを請求することができるであろうか。

　このように，代理人が自己または第三者の利益を図る意図で代理行為を行うことを**代理権の濫用**というが，少なくとも形式上は，代理の有効要件を充足しているので，原則としてBの代理行為は有効であり，その効果はAに対して直接に生ずることになる（民99条1項）。そのため，CはAに対して土地の引渡しを請求することができる。しかし，CがBの目的を知り，または知ることができたときは，Cを保護する必要はないので，Bの代理行為は，「代理権を有しない者がした行為」，すなわち無権代理とみなされる（民107条）。したがって，Aがその追認をしなければ，Aに対してその効力を生じないとされる（民113条1項。後記Ⅲ参照）。その場合には，CはAに対して土地の引渡しを請求することはできない。

Ⅲ　無権代理

1◆無権代理の意義

　無権代理とは，代理人として代理行為をした者に代理権がない（ないしその範囲を越えている）またはその代理権の存在を証明できない場合をいう。例えば，Aが所有している甲土地を，BがAの代理人と称して，相手方Cとの間で甲土地の売買契約を締結するような場合である。このとき，仮にBの無権代理が有効とされ，Aの土地所有権が失われることになるとすれば，Aにとり酷な結果となる。そこで，民法は，無権代理人がした契約は，原則として本人に対してその効力を生じないとした（民113条1項）。その結果として，Cは甲土地の所有権を取得することができないが，Cの保護はこのような事態を引き起こしたBに対して責任追及をすることで図られるというわけである（後記4参照）。

2◆本人の追認権と追認拒絶権

　代理権を有しない者が他人の代理人としてした契約は，本人に対してその効力を生じないのが原則であるが，無権代理が常に本人の利益に反するとは限らず，本人が契約の効力の発生を欲することもあり得ないではない。そのような場合，契約の効力を一律に否定するのではなく，むしろ本人の意思が

尊重されてよい。そこで，民法は，無権代理がなされた場合でも，本人がこれを有効なものとする意思表示，すなわち**追認**をすることにより，その効力を本人に帰属させる権利を認めている（民113条1項。これを**追認権**という）。逆に，本人が追認をしない意思表示をする（**追認拒絶**）のであれば，その効力が生じないことが確定する（これを**追認拒絶権**という）。

　このような追認権または追認拒絶権は，本人が相手方に対して行使しなければ，その相手方に対抗することができない（本人の意思表示だけで成立する**単独行為**）。ただし，本人が追認権または追認拒絶権を無権代理人に対して行使した場合でも，相手方がその事実を知っていたときは，本人は相手方に対して対抗することができる（民113条2項）。

　そして，追認がなされると，別段の意思表示がないときは，契約の時に遡って当初から代理権を有していたのと同様の扱いを受けることになる（民116条本文）。ただし，追認の遡及効によって第三者が害されることは妥当でないので，第三者の権利を害することはできないとされている（同条ただし書）。

3◆相手方の催告権と取消権

　本人に追認権または追認拒絶権が認められるとすると，相手方は，本人への効果帰属の有無が確定されるまで，不安定な状態に置かれることになる。そこで，民法は，相手方をこのような不安定な状態から解放するための手段として，相手方に催告権と取消権を認めた。

　催告権とは，相手方が，本人に対して，相当の期間を定めて，その期間内に追認をするかどうかを確答すべき旨の催告をすることができるという権利であり，この場合，本人がその期間内に確答をしないときは，追認を拒絶したものとみなされる（民114条）。

　また，**取消権**とは，相手方が，本人の追認がない間，無権代理人がした契約を取り消すことができるという権利である。ただし，契約の時において代理権を有しないことを相手方が知っていたときは，相手方は取消権を行使することはできない（民115条）。

4◆無権代理人の責任

(1) 責任の内容

　他人の代理人として行為をした者が自己の代理権の存在を証明できない場合または無権代理行為について本人の追認を得られない場合，相手方は不利益を被る可能性がある。そこで，民法は，無権代理人は，相手方の選択に従い，相手方に対して履行または損害賠償の責任を負うものとした（民117条1項）。相手方が履行を選択する場合には，無権代理人と相手方との間で契約がなされたのと同じ効果が生ずることになる。これに対して，相手方が損害賠償を選択する場合には，履行に代わる損害賠償を求めるものであるから，その損害賠償は，契約が有効に履行されたなら得られたであろう利益（**履行利益**）の損害賠償であると解されている（大判大4・10・2民録21・1560，最判昭32・12・5新聞83＝84・16）。なお，こうした無権代理人の責任は**無過失責任**であると解されている（最判昭62・7・7民集41・5・1133）。したがって，相手方から請求を受けた無権代理人が，代理権の存在を過失なく信じたと主張したとしても責任を免れることはできない。

(2) 免責事由

　無権代理人は，次のいずれかに該当するときは，責任を免れるとされている（民117条2項）。すなわち，①他人の代理人として契約した者が代理権を有しないことを相手方が知っていたとき（同項1号），または②相手方が過失によって知らなかったとき（ただし，他人の代理人として契約をした者が自己に代理権がないことを知っていたときは免責されない）（同項2号），もしくは③他人の代理人として契約をした者が行為能力の制限を受けていたとき（同項3号）のいずれかに該当する場合には，無権代理人は責任を免れることになる。①②の趣旨は，無権代理人に無過失責任を負わせること（民117条1項）とのバランスから，悪意・有過失の相手方を保護する必要はないとの考慮に基づくものである（前掲最判昭62・7・7）。また，③については，制限行為能力者が無権代理行為をした場合にその者に民法117条の重い責任を負わせるのは，制限行為能力者制度の趣旨に照らして妥当でないとの考慮による（意思能力のない者も同様の取扱いを受ける）。

Ⅳ 表見代理

1◆表見代理の意義

代理権を有しない者が他人の代理人としてした契約は，本人に対してその効力を生じないのが原則である（前記Ⅲ参照）。しかし，実際には代理権は存在していていなくても，本人AがBに対して代理権が存在するかのような外観を付与したために，相手方CがBに代理権があると信頼してBとの間で法律関係に入った場合には，Cの信頼を保護する必要がある。このように，無権代理であっても，本人が真実と異なる代理権存在の外観を作出したという帰責性を前提として，その外観を正当に信頼した者を保護し，本人に対してその効力を生じさせようとする制度が**表見代理**である。したがって，表見代理の基礎には，**権利外観法理**の考え方があるということができる。

民法は，このような表見代理について，**①代理権授与の表示による表見代理**（民109条），**②権限外の行為の表見代理**（民110条），**③代理権消滅後の表見代理**（民112条）の3つの類型を定めている。以下，それぞれの類型について検討することとする。

2◆代理権授与の表示による表見代理

（1）意 義

代理権授与の表示による表見代理とは，本人Aが実際には代理権を授与していないにもかかわらず，第三者Cに対して他人Bに代理権を与えた旨の表示をし，Bがその代理権の範囲内においてCとの間で法律行為をした場合に，CがBに代理権が与えられていないことについて善意・無過失であるとき，AとCとの間にその法律行為の効果が帰属するというものである（民109条1項）。この代理権授与の表示による表見代理が成立するためには，次の3つの要件を満たす必要がある。

（2）要 件

①代理権授与の表示　　この要件は，AがBに代理権を与えた旨を表示したことである。この要件が認められるためには，客観的にみて他人に代理権を授与したと評価できる表示がなされていることが必要である。ここでは，

とりわけ次の 2 つの場合が問題となる。

　第 1 は，地位や肩書の付与・名義等の使用許諾の場合 (いわゆる**名義貸し**) である。A が B に一定の地位や肩書を付与・名義等の使用を許諾した場合でも (それらに伴う代理権等を実際には付与していない)，それが客観的にみて代理権の存在を推認させるもの (取締役ではないのに「専務」と表示された名札や板が吊されていた場合など) であるときは，B に代理権がないことに善意・無過失である C を保護するために，A に表示どおりの責任を負わせるのが適当であると解されている。なお，肩書表示については，表見代表理事 (一般法人 82 条)，表見支配人 (商 24 条，会社 13 条)，表見代表取締役 (会社 354 条) に関する特別法の規定により，相手方が権限のないことに善意であれば保護され，表示責任が強化されている (無過失までは要求されていない)。

　判例は，東京地方裁判所の庁舎内の「厚生部」なる組織 (裁判所の正式な一部局ではなく，裁判所職員の福利厚生を図るための互助組織) が「東京地方裁判所厚生部」という名称を使用し，外部の業者と取引をしていたという事案において，「東京地方裁判所厚生部」という名称の使用許諾をもって代理権授与の表示があったとして東京地方裁判所への責任追及を認めている (最判昭 35・10・21 民集 14・12・2661〔**東京地裁厚生部事件**〕)。

　第 2 は，白紙委任状の濫用のケースである。白紙委任状とは，代理人名，相手方，委任事項の全部または一部が白地のものをいうが，白紙委任状が問題となるのは次の 2 つの場合である。1 つは，A から白紙委任状の交付を受けた B が A との間の委任内容に反して本来予定されていない者を相手方として契約をする場合である。もう 1 つは，B が A から交付された白紙委任状をさらに C に交付して，C が代理人欄に自分の名前を記載して契約をする場合である。前者の場合は，B が本来予定されていない相手方と契約をしているという点では無権代理である。しかし，A が相手方欄を空欄とした委任状を B に交付し，B がその委任状を本来予定されていない相手方に提示することは，その相手方にとって代理権授与の表示になると考えられるので，本条の表見代理を適用することは可能であるといえる。これに対して，後者の場合は，委任事項の濫用が顕著な事案につき，A が白紙委任状を何人において行使しても差し支えないとの趣旨で交付したならば別であるが，そうでなけ

れば，Aは濫用者Cによる契約の効果を甘受しなければならないものではないので，代理権授与の表示をしたとは認められないとした判例がある（最判昭39・5・23民集18・4・621）。

②表示された代理権の範囲内での代理行為　　この要件は，Bが表示された代理権の範囲内で法律行為を行うことである。ただし，Bがこの範囲を越えて「代理権の範囲外」の法律行為をしたという場合でも，Cがその行為についてBの代理権があると信ずべき正当な理由があるときには，表見代理が成立し，AとCとの間でその法律行為の効果が帰属する（民109条2項）。これは，代理権授与表示された権限の範囲外の行為であっても，民法109条（代理権授与の表示があること）と民法110条（権限外の行為につき代理権があると信ずべき正当な理由があること）を合わせて適用することにより，表見代理の成立を認めるものであり（2017年の民法改正前の同旨の判例として，最判昭45・7・28民集24・7・1203がある），改正法で明文化されたものである。

③第三者の善意・無過失　　この要件は，第三者CがBに代理権が与えられていないことについて善意・無過失であるということである。本条の表見代理が認められるためには，代理権の存在に対するCの信頼がなければならない。すなわち，Cが，Bが代理権を与えられていないことを知っていた場合（悪意），または過失によって知らなかった場合には，Aはその法律行為について責任を負わない（民109条1項ただし書）。なお，Cの悪意・有過失の証明責任は，本人Aの側が負うと解されている。これは，代理権授与表示がある場合，Cは代理権の存在を信じるのが通常であるので，表見代理の成立を否定するためには，AがCの悪意・有過失を立証することを要するというわけである（最判昭41・4・22民集20・4・752）。

（3）本条の適用範囲────────────────────

本条が任意代理に適用されるのは当然であるが，法定代理にも適用されるかについては，法定代理人の選任に関して本人の意思的関与がないことから，本条の適用はないとするのが判例・通説である。

3◆権限外の行為の表見代理

(1) 意　義

　権限外の行為の表見代理とは，本人 A から代理人 B に対して何らかの代理権（これを**基本代理権**という）が授与されているが，B がその権限を越えて第三者 C との間で法律行為をした場合に，C が B にその権限があると信ずべき正当な理由があるとき，A と C との間でその法律行為の効果が帰属するというものである（民 110 条）。この権限外の行為の表見代理が成立するためには，次の 3 つの要件を満たす必要があるとされている。

(2) 要　件

　①基本代理権の存在　　条文上，「代理人がその権限外の行為をした場合」が要件とされていることから，その前提として，A が B に対して一定の代理権（基本代理権）を授与していたことが第 1 の要件となる。ここでいう基本代理権とは，私法上の法律行為についての代理権でなければならないと解されている。例えば，判例では，勧誘行為などの単なる事実行為をする権限（最判昭 35・2・19 民集 14・2・250）や印鑑証明書下付申請行為の委託のような公法上の行為の代理権（最判昭 39・4・2 民集 18・4・497）などは，基本代理権に当たらないとされている。ただし，公法上の行為であっても，それが特定の私法上の取引行為の一環としてなされたときは，基本代理権に当たるとされている（最判昭 46・6・3 民集 25・4・455〔本人が贈与契約上の債務の履行のために，代理人に所有権移転登記申請行為の代理権を授与して実印や印鑑証明書を交付したところ，代理人が自己の債務につき本人を保証人とする連帯保証契約を締結した事案〕）。

　②権限外の行為　　第 2 の要件は，B が基本代理権の範囲を越えて法律行為を行うことである。例えば，不動産の売却権限を授与された代理人が，自己の借金の担保として当該不動産に抵当権を設定する契約を締結したなどの場合である。

　③相手方の正当な理由　　第 3 の要件は，C が B にその権限があると信ずべき正当な理由があることである。ここでいう正当な理由とは，C の善意・無過失と同義であると解されているが，正当な理由の存否の判断は，権限外の行為の際に存した諸般の事情を客観的に観察して個別具体的になされることになる。例えば，B が A から実印や印鑑証明書を交付されて使用したとい

う事実は，特段の事情のない限り，Cに正当な理由が認められる大きな要素であるといえる（最判昭35・10・18民集14・12・2764，最判昭51・6・25民集30・6・665）。しかし，相手方Cが代理権の存在について疑問を生ずるような特段の事情があるときは，CにはAに問い合わせるなどの調査確認義務があるというべきであり，諸般の事情を個別具体的に衡量して義務を怠ったと評価できる場合には，Cに過失ありとして，表見代理の成立は否定されることになる。特段の事情の例としては，ⅰ）関係書類に不備や改ざんの形跡が認められる場合（関係書類の疑念性），ⅱ）自称代理人Bが本人Aの家族であり，Aの実印等を濫用しやすい立場にある場合（代理人の疑念性），ⅲ）本人Aを自称代理人Bの保証人とするなどの法律行為によりBのみが利益を受ける場合（利益相反取引の場合），ⅳ）相手方Cが金融機関などの専門的な知識や経験を有している場合（相手方の人的要因）などを挙げることができる。なお，正当な理由（善意・無過失）の証明責任は，条文の構造（民法109条は1項ただし書に規定されているが，民法110条は本文に規定されていること）からすると第三者Cの負担になるとみ得るが，訴訟上は諸般の事情が斟酌されて正当な理由が判断されるので，証明責任の所在を必ずしも厳密に明確化する必要はないといえる（実際には，BによるAの実印や印鑑証明書の使用をCが証明し，次いで特段の事情の存在をAが証明するということになろう）。

（3）本条の適用範囲

　本条は法定代理人にも適用されるとするのが判例である（大連判昭17・5・20民集21・571）が，学説は，制限行為能力者の保護に反するとして，これを否定する見解が多数説である。

4 ◆代理権消滅後の表見代理

（1）意　義

　代理権消滅後の表見代理とは，本人Aから代理人Bに対して代理権が与えられていたが，代理権が消滅したにもかかわらず，その後も代理人として第三者Cとの間で法律行為をした場合，AはBの代理権の消滅について善意・無過失の第三者Cに対抗することができない（すなわち，AとCとの間でその法律行為の効果が帰属する）というものである（民112条1項）。例えば，A会社

の被用者として商品の販売等について代理権を有していたＢが，解雇されて
代理権が消滅したにもかかわらず，従前の取引先Ｃと新たに商品販売の売買
契約を締結した場合，ＣがＢの代理権の消滅について善意・無過失であると
きは，表見代理が成立し，ＡとＣとの間で商品の売買契約の効果が生ずるこ
とになる。

（2）要　件

　この代理権消滅後の表見代理が成立するためには，次の３つの要件を満た
す必要がある。

　①代理権の消滅　　代理人として行為した者がかつては代理権を有してい
たことである。

　②代理権の範囲内の法律行為　　冒頭例のＢがかつて有していた代理権
の範囲内で法律行為を行ったことである。ただし，Ｂがこの範囲を越えて「代
理権の範囲外」の法律行為をした場合でも，Ｃがその行為についてＢの代理
権があると信ずべき正当な理由があるときには，表見代理は成立し，ＡとＣ
との間でその法律行為の効果が帰属する（民112条2項）。これも，民法112条
（代理権消滅後の代理行為であること）と民法110条（権限外の行為につき代理権がある
と信ずべき正当な理由があること）を合わせて適用することにより，表見代理の
成立を認めるものであり（2017年の民法改正前の同旨の判例として，最判昭32・11・
29民集11・12・1994がある），改正法で明文化されたものである。

　③相手方の善意・無過失　　冒頭例の相手方ＣがＢの代理権の消滅につ
いて善意・無過失であることが必要である。善意・無過失の証明責任は，条
文の構造からみると，善意の証明責任はＣの側が負い，過失の証明責任はＡ
の側が負うということになるが，通説はいずれも本人Ａの側が負担すべき
であるとする。

（3）本条の適用範囲

　本条は法定代理にも適用されるとするのが判例・多数説であるが，本人保
護を重視して（また法定代理では代理権の消滅事由が法定されているので），これを否
定する見解も有力である。

5 ◆無権代理と表見代理の関係

　表見代理も無権代理の一場合であるので，表見代理の要件を満たしているからといって，無権代理として無権代理人の責任を追及できなくなるわけではない。この点について，判例は，表見代理と無権代理の規定は競合的に適用され，相手方は，表見代理が成立する場合でも，表見代理を主張せずに，直ちに無権代理人の責任を問うことができると解している（最判昭 33・6・17 民集 12・10・1532）。ただし，無権代理人は，表見代理の成立を主張して自己の無権代理人の責任を免れることはできない（前掲最判昭 62・7・7 民集 41・5・1133）。

■■ コラム ■■　無権代理と相続

　代理権を有しない者が他人の代理人として契約をした場合，本人はその契約を追認または追認拒絶することができるとされている（民 113 条 1 項）。このとき，本人が追認または追認拒絶をしないまま死亡して，無権代理人が本人を相続した場合，あるいは本人が追認または追認拒絶をしない間に無権代理人が死亡して，本人が無権代理人を相続した場合，本人の資格と無権代理人の資格とが同一人に帰属することになる。この場合，本人の資格と無権代理人の資格が融合によって一体となり，本人自らが契約をしたのと同様に扱われるのか（資格融合説），それとも，本人の資格と無権代理人の資格は併存するとして，本人の資格に基づいて追認または追認拒絶をすることが許されるのか（資格併存説），ということが問題となる。

　資格融合説によれば，本人自ら契約をしたのと同様に扱われるため，そもそも無権代理はなかったものとされるので，本人と相手方との間で当然に契約の効力が生ずる

ことになる。しかし，この説においては，①本人であっても，無権代理人を相続すると，追認拒絶をすることができなくなる，②相手方は，無権代理について善意であっても，取消権（民 115 条）を行使することができなくなる，③本人が死亡し，無権代理人と他の共同相続人が本人を共同相続した場合，他の共同相続人は，自らは無権代理行為とは無関係であっても，自己の利益が害されることになるなどの問題が指摘されている。

　他方，資格併存説によれば，相続人は本人の資格に基づいて追認または追認拒絶をすることができることになる。ただし，この説においては，本人を相続した無権代理人が本人の資格に基づいて追認拒絶をすることは許されるかということが問題となる。この問題については，許されるとする見解（完全併存説）もあるが，信義則に反し許されないとする見解（信義則説）が通説であるといえる。

　この問題について，判例は，事案に応じ

て異なる処理を行っている（必ずしも一貫した見解を採用しているわけではない）。

　①本人が死亡し，無権代理人が本人を単独相続したという事案では，資格融合説が採用されており，無権代理人に「本人が自ら法律行為をしたのと同様な法律上の地位」が生ずるとされている（大判昭 2・3・22 民集 6・106，最判昭 40・6・18 民集 19・4・986）。

　これに対して，②無権代理人が死亡し，本人が無権代理人を単独相続したという事案では，資格併存説（信義則説）が採用されており，「本人が被相続人の無権代理行為の追認を拒絶しても，何ら信義に反することはない」とされている（最判昭 37・4・20 民集 16・4・955）。

　そして，③無権代理人が死亡し，本人と他の共同相続人が本人を共同相続した後，本人が死亡し，他の共同相続人がこれを単独相続した（最終的に無権代理人の資格と本人の資格のすべてが他の共同相続人に帰属するに至った）という事案では，資格融合説が採用されており，無権代理人を本人とともに相続した者に「本人が自ら法律行為をしたと同様の法律上の地位ないし効果」が生ずるとされている（最判昭 63・3・1 判時 1312・92）。

　さらに，④本人が死亡し，無権代理人と他の共同相続人が本人を共同相続したという事案では，資格併存説（信義則説）が採用されており，他の共同相続人は本人の資格に基づいて追認または追認拒絶をすることができるとされている。ただし，「無権代理行為を追認する権利は，その性質上相続人全員に不可分的に帰属する」ので，「共同相続人全員が共同してこれを行使しない限り，無権代理行為が有効となるものではない」とされており（追認不可分説），その上で「他の共同相続人全員が無権代理行為の追認をしている場合に無権代理人が追認を拒絶することは信義則上許されない」とされている（最判平 5・1・21 民集 47・1・265）。

　以上の各事案に対する異なる見解の考え方や論理を検討し，その当否について考えてみる必要がある。

第8講　時の経過と権利変動──時効

本講のねらい

　時効とは,「時」の経過によって法律関係に「変動」を及ぼす制度のことをいう。

　民法の時効には,所有権その他の財産権を取得する取得時効,および,債権その他の権利が消滅する消滅時効がある。長期間他人の物を占有すれば,取得時効によって,占有者がその権利を取得したり,また,長期間権利を行使しなければ,消滅時効によって,権利者の権利が消滅したりする場合がある。

　本講では,民法第1編総則第7章の時効制度(民144条～169条)を中心に説明する。まず,時効制度の意義と存在理由,時効の援用と時効の利益の放棄,時効の法的構成など,時効制度における重要概念および時効の基本的な考え方について学習する。次に,これらを踏まえ,取得時効および消滅時効の意義・要件・効果等について学習する。さらに,時効制度は,2017年の民法改正の影響を大きく受けたことから,改正前と改正後の時効制度の内容を対比しながら,特に,時効の完成猶予と更新を概説する。

Ⅰ　時効総説

1◆時効制度の意義と存在理由

(1)　時効制度の意義

　時効とは,一定の事実状態が一定期間継続した場合に,それが真実の権利関係に合致するか否かを問わず,その事実状態の継続を尊重して,これに対応する権利関係を認める制度である。

　時効には,**取得時効**(民162条以下)と**消滅時効**(民166条以下)の2つの制度がある。取得時効とは,権利行使の外形である他人の物に対する占有ないし財産権の行使が一定期間継続した場合に,権利者としての占有・権利行使等

の事実状態を基礎に，その物の所有権（民206条）やその他の財産権の取得を認める制度である。例えば，Aが自己の所有であると信じて長年住んでいた土地が実は他人Bの土地であった場合に，AはBの土地の所有権を取得できる（反面，真実の権利者であるBは自己の土地の所有権を失う）ことがある。また，消滅時効とは，権利者が債権その他の権利を一定期間行使しなかった場合に，その権利不行使という事実状態を基礎に，その権利の消滅を認める制度である。例えば，AがBに100万円を貸したが，弁済期を過ぎてもBが返済しなかったところ，AがBに対して，何も催促しないまま何年も経過した場合に，Aの貸金債権は消滅し，AはBに100万円を返してくれと請求できなくなることがある。

（2）時効制度の存在理由

　それでは，なぜ，民法は，上記のように真実の権利関係に合致していなくても，長期間継続した事実状態に応じた権利関係をそのまま認めようとするのだろうか。このことは，時効制度の存在理由と関連づけて論じられている。

　時効制度の存在理由として，一般に，次の3つが挙げられる。すなわち，①長期間継続した事実状態を尊重し，権利関係をそのまま認めることによって，それを前提として形成された社会秩序や法律関係の安定を図ること（社会秩序や法律関係の安定），②権利を有しながら，一定期間，それを行使しなかった者は，法的保護を受けるに値しないこと（権利の上に眠る者は保護に値しない），③時間の経過に伴う証拠の散逸等により，過去の事実を立証することの困難性から不利益を受けることがないように，真の権利者や債務から解放されたはずの弁済者を保護すること（立証困難性からの救済）である。もっとも，時効制度の存在理由は，上記①から③のいずれか1つだけで統一的に説明することはできず，どれを組み合わせるか，あるいは，いずれに重点を置くかについては，学説によって時効制度の捉え方が異なっている（後記3参照）。

2◆時効の援用と時効の利益の放棄

（1）時効援用の意義

　時効によって，権利を取得したり，義務を免れたりすることにより，当事者が受ける利益のことを**時効の利益**という。時効の利益を受けることは，当

事者の意思に反する場合もあり得るため，民法145条は，それを時効の利益
を受ける当事者の判断に委ねている。このような時効の利益を受ける主張を
時効の援用という。裁判所は，時効によって利益を受ける当事者が時効の援
用をしなければ，たとえ事実関係から時効が完成したことが明らかな場合で
も，時効を根拠にして裁判をすることができないとしたわけである。ただし，
傍論ながら，時効の援用は裁判上であるか裁判外であるかを問わないとした
判例もある（大判昭10・12・24民集14・2096〔取得時効のケース〕）。

（2）援用権者の範囲

　2017年の民法改正前は，その145条で，**援用権者**（時効の利益を援用できる者）
について，「当事者」と規定するのみであったため，この「当事者」とはいか
なる範囲の者をいうのかが問題になっていた。

　判例は，当初，「当事者」とは「時効により直接に利益を受ける者」という
基準により，その範囲を画定しようとした（大判明43・1・25民録16・22）が，学
説から，時効の効果は，その当人（目的物の占有者や債務者）のみならず，直接
的，間接的に他人にも影響を与えることから，「当事者」の範囲を広く解すべ
きとの批判を受け，その範囲を拡大させてきた。例えば，消滅時効の場合に
は，保証人（大判大4・7・13民録21・1387）・連帯保証人（大判昭7・6・21民集11・
1186），物上保証人（最判昭42・10・27民集21・8・2110），担保不動産の第三取得
者（最判昭48・12・14民集27・11・1586），詐害行為の受益者（最判平10・6・22民集
52・4・1195）などを援用権者と認めるに至った（ただし，一般債権者や後順位抵当
権者は，「当事者」にあたらないとされていた）。また，取得時効の場合，学説は，占
有者本人はもとより，その者から地上権や抵当権の設定を受けた者も援用権
者に含まれるとしていた。ただし，建物の賃借人が建物賃貸人の敷地に対す
る所有権の取得時効を援用できるかについては争いがあり，通説はこれを肯
定するが，判例は否定した（最判昭44・7・15民集23・8・1520）。

　こうした判例・学説の展開を受けて，2017年の民法改正により，「当事者」
に関して，「消滅時効にあっては，保証人，物上保証人，第三取得者その他権
利の消滅について正当な利益を有する者」といった基準が明定されることに
なった（民145条かっこ書）。なお，取得時効については，この点につき新たに
規定されなかったが，同様の基準に従うものと解されることになろう。

（3）時効利益の放棄

　時効の利益は，あらかじめ放棄することができず（民146条），時効完成前に時効の利益を放棄しても無効であるとされている。この時効完成前の放棄を無効とした趣旨は，これを有効とすると，例えば，金銭消費貸借契約などの締結に際し，債権者（貸主）が債務者（借主）に対して，時効利益の放棄を強制し，債務者の利益を著しく害するおそれがあるからである。

　これに対し，民法146条の反対解釈として，時効完成後の放棄は認められている。これを**時効利益の放棄**といい，意思表示と解されている。

（4）時効完成後の債務の承認

　それでは，時効完成を知らずに債務の承認（例えば，債務の一部を弁済したり，支払期限の延長を求めたりすること）をした場合（この場合，債務者は，時効の利益を享受し得ることを認識していないので，厳密な意味では時効利益の放棄と異なる），債務者は時効を援用することができるだろうか。この問題に対して，判例は，「時効の完成後，債務者が債務の承認をすることは，時効による債務消滅の主張と相容れない行為であり，相手方においても債務者はもはや時効の援用をしない趣旨であると考えるであろうから，その後においては債務者に時効の援用を認めないものと解するのが，信義則に照らし，相当である」とした（最大判昭41・4・20民集20・4・702）。これは時効の利益（援用権）の放棄ではなく，**時効援用権の喪失**を認めたものと解されている。

（5）時効援用の効力と放棄の効力

　時効の援用権者が数人ある場合，そのうちの1人がした援用は他人に影響を及ぼさない（時効援用の相対効）。これは，時効の利益を受けたくない者に対しても援用の効果をもたらすことは，その者の意思に反して時効の利益を強制することになるため妥当ではないという考えによる。例えば，AがBに貸した100万円の貸金につき，Cが保証人になったが，その後に100万円の貸金債務の消滅時効が完成した場合には，Cは消滅時効の援用をすることができる。Cの援用により，AB間の貸金債務はCとの関係では消滅し，保証債務の付従性によりCは自己の保証債務を免れることができる。これに対して，Bは依然としてAに対して債務を負っていることになる（もっとも，主債務者Bが貸金債務について時効を援用した場合には，付従性により，その保証人Cに対し

てもその効力を生じる)。

　同様に，時効の利益の放棄・援用権の喪失についても，相対効であるとするのが判例である（例えば，大判大5・12・25民録22・2494〔保証人につき〕，前掲最判昭42・10・27民集21・8・2110〔物上保証人につき〕)。

3 ◆時効の法的構成

　民法は，一方で，一定の事実状態が一定期間継続したことにより，権利の得喪という効果が生じると定める（民162条・166条参照）のに対して，他方で，当事者が時効を援用しなければ，裁判所は時効によって裁判をすることができないと定める（民145条）。そこで，時効の効果が生じるのは，時効期間の経過（時効の完成）によってなのか，それとも援用によってなのか，すなわち両者の関係について，時効制度の存在理由の捉え方（時効観）や援用の法的性質論とも関連して，古くから見解が対立してきた。

　先に述べた（前記1(2)），時効制度の存在理由の①②を強調して，時効とは実体法上の権利の得喪を生じさせる制度と捉える考え方（**実体法説**）がある。この考え方からは，時効の完成によって，実体法上，確定的に権利の得喪の効果が生じ，援用は，訴訟上の攻撃防御方法にすぎないとする**確定効果説**と，時効が完成しただけでは権利の得喪の効果は確定的には生じないが，援用があれば，これが確定的に生じるとする**不確定効果説**（この説はさらに援用を停止条件とする**停止条件説**と援用がなかったこと〔あるいは時効の利益の放棄〕を解除条件とする**解除条件説**に分かれる）の2つの見解が導かれる。

　これに対し，時効制度の存在理由の③を強調して，時効制度を訴訟法上の制度であると捉える考え方（**訴訟法説**）もある。この考え方からは，援用は法定証拠を提出する意思表示であり，放棄は法定証拠不提出の意思表示であるとする見解が導かれる。

　この問題について，通説は，不確定効果説（停止条件説）に立脚している。また，判例は，かつては確定効果説に立脚していたが，現在は，不確定効果説（停止条件説）に立っていると解されている（最判昭61・3・17民集40・2・420）。

Ⅱ 取得時効

1◆意　義

　取得時効とは，すでに述べたように（前記Ⅰ1(1)），権利行使の外形である他人の物に対する占有ないし財産権の行使が一定期間継続した場合に，権利者としての占有・権利行使等の事実状態を基礎に，その物の所有権やその他の財産権の取得を認める制度である（民162条・163条）。

　民法は，まず，所有権の取得時効に関して，所有の意思をもって，平穏に，かつ，公然と他人の物を 20 年間（**長期取得時効**）または占有開始時に善意・無過失の場合には 10 年間（**短期取得時効**）占有することにより，占有者は所有権を取得するとし（民162条），所有権以外の財産権についても，自己のためにする意思をもって，平穏に，かつ，公然と行使する者は，所有権の取得時効の区別（20年または10年）に従い，その権利を取得すると定める（民163条）。

　以下では，所有権の取得時効とそれ以外の財産権の取得時効の要件・効果について具体的に説明することにする。

2◆所有権の取得時効の要件

（1）「所有の意思」

　所有権の取得時効が認められるためには，占有者が「所有の意思」を有していることが必要である（民162条）。占有者がこのような所有の意思をもって占有することを**自主占有**という。これに対して，所有の意思を有しない占有を**他主占有**という。自主占有か他主占有かについては，占有者の内心の意思によって決まるのではなく，占有を取得することになった権原の性質や占有に関する事情によって外形的客観的に定まるとされる（最判昭58・3・24民集37・2・131ほか）。例えば，売買契約の買主，隣人の土地を自己の土地と信じて使用している者または窃盗により占有を開始した者などによる占有は自主占有であるとされるが，賃借人（民601条以下）や受寄者（民657条以下）による占有は，もともと所有の意思がないといえるため，他主占有であるとされる。もっとも，自主占有は推定される（民186条1項）ため，時効の成立を争う側（所有者）が占有者に所有の意思がなかったことを立証する必要がある。

（2）「平穏に，かつ，公然と……占有」

平穏とは，暴力的でないことを意味し，暴行や強迫などの強暴（民190条2項参照）の反対概念であり，公然とは，隠されたものでないことを意味し，隠匿（同項）の反対概念である。例えば，強盗により占有を取得した場合は平穏の要件を満たさず，盗んだ物や拾得した物を隠している場合は公然の要件を充足しない。もっとも，通説は，強暴または隠匿により始まった占有もその事情がやめば平穏・公然占有となり，その時点から時効が進行するとするが，犯罪行為の抑止・予防の観点から，これに反対する見解も有力である。

平穏かつ公然の占有は推定される（民186条1項）。したがって，時効の成立を争う側が，占有者が「平穏に，かつ，公然と」占有していなかったことを立証する必要がある。

（3）「他人の物を占有」

民法162条は「他人の物」と規定するが，判例・通説は，同条は取得時効の対象を他人の物に限定する趣旨ではないと解している。すなわち，自己の物についても取得時効を認める理由として，判例は，所有権取得の権原証明が困難な場合や権原に基づく所有権取得を第三者に対抗できない場合に意味があり，同条が時効取得の対象物を他人の物としたのは，「通常の場合において，自己の物について取得時効を援用することは無意味であるからにほかならないのであって，同条は，自己の物について取得時効の援用を許さない趣旨ではないから」としている（最判昭42・7・21民集21・6・1643）。

（4）時効期間

時効期間は，占有者の主観的事情によって異なる。つまり，占有開始の時に，自己に所有権があると信じ（善意），かつ，信じたことについて過失がなかった（無過失）ときは，10年間（短期取得時効）の占有で（民162条2項），そうでないとき（悪意または有過失の場合）は，20年間（長期取得時効）の占有で（同条1項），時効が完成する。前者の場合，「占有の開始の時」に善意・無過失であればよく，占有の途中で悪意になったとしても，短期取得時効を主張することができる（大判明44・4・7民録17・187）。占有者の善意は推定されるが，無過失は推定されないから（民186条1項参照），無過失の立証責任は取得時効を主張する者が負担するとされている（最判昭46・11・11判時654・52）。また，判例

は，時効期間につき，時効の基礎となる事実の開始した時点（占有開始時）から
起算すべきであって，援用権者が任意に起算点を選択できないとする（最判昭
35・7・27 民集 14・10・1871）。なお，通常初日は算入されない（民 140 条）。

3 ◆所有権以外の財産権の取得時効の要件

　所有権以外の財産権を，自己のためにする意思をもって，「平穏に，かつ，
公然と」行使する者は，民法 162 条の区別に従い 20 年または 10 年の経過後，
その権利を取得する（民 163 条）。

　具体的には，地上権（民 265 条），永小作権（民 270 条），地役権（民 280 条）等
といった継続的な権利行使が考えられる用益物権は，取得時効の対象になる
（ただし，地役権については，「継続的に行使され，かつ，外形上認識できるもの」との要件
も課される〔民 283 条〕）。これに対して，取消権（民 96 条等）や解除権（民 540 条
等）などの形成権は，1 回の行使により消滅するため，取得時効の対象となら
ない。直接，法律の規定によって成立する留置権（民 295 条），先取特権（民 303
条）も，法律の定める要件を満たす必要があるため，取得時効の対象とならな
い。債権は，原則として時効取得し得ないが，不動産賃借権（民 601 条）は，
一定の場合に，時効取得し得るとするのが判例である（最判昭 43・10・8 民集 22・
10・2145）。

4 ◆取得時効の効果

　所有権の取得時効の場合には，時効が完成し，当事者がそれを援用すると，
占有者は所有権を**原始取得**する。原始取得とは前権利者の権利に基づかずに，
独立して新たに権利を取得することである。つまり，前権利者の権利を承継
する**承継取得**とは異なり，原始取得では，前権利者の権利関係，瑕疵や負担
を承継しない。

　また，時効の効力は，その起算日に遡る（民 144 条）ため，所有権の取得時
効の場合，占有開始時に遡って占有者は所有権を原始取得し，その物に設定
されていた抵当権をはじめとする一切の他人の権利は原則として消滅するこ
とになる。

　所有権以外の権利の取得時効についても，所有権の取得時効と同様に，地

上権や永小作権といった当該権利を取得する効果がある。

Ⅲ 消滅時効

1◆意　義

　消滅時効とは，権利の不行使の状態が一定期間継続した場合に，その権利の消滅を認める制度である（民166条以下）。例えば，ある日，AはBから，貸した10万円を返せと言われたとする。確かに，Aは，15年前にBから10万円を借り受けたが，返したと思っていた。しかし，それを裏付ける証拠のようなものはなく，かなり前のことなので領収証を受領したのか記憶も曖昧であった。果たしてAは，Bに10万円を返さなければならないだろうか。このような場合に，Aが消滅時効の援用をし，Bの債権の消滅が認められれば，AはBに10万円を返さなくてもよいことになる。これが消滅時効である。

　なお，民法は，消滅時効の対象となる権利として，債権（民166条1項）と所有権以外の財産権（同条2項）を定める。つまり，所有権は消滅時効の対象とならない（民166条2項参照。所有権は，絶対的権利として物を自由に使用・収益・処分できる権利を内容とし，権利を行使しないのも自由であるからである）。その他，消滅時効の対象とならない主な権利として，次のものがあると解されている。すなわち，①占有権や留置権（一定の事実状態・法律関係があれば必ず認められ，その状態がなくなれば当然消滅するから），②所有権に基づく物権的請求権（大判大5・6・23民録22・1161），所有権に基づく登記請求権（最判平7・6・9判時1539・68），③一定の法律関係に当然伴うとされる相隣権（民209条以下）などがあり，これらの権利は，消滅時効によって消滅しない。なお，担保物権は，債権担保のために設定されるもので，その被担保債権が消滅すれば担保物権も消滅するという性質を有する（付従性）ことから，被担保債権と別々に時効消滅させても無意味である。そこで，抵当権については，被担保債権の時効消滅により抵当権も消滅する旨の規定がある（民396条。ただし，同条の反対解釈により，抵当不動産の第三取得者などとの関係では被担保債権と独立して抵当権自体が消滅時効にかかることもある〔大判昭15・11・26民集19・2100〕）が，質権についても同様に解されている。

　以下では，消滅時効の要件・効果について具体的に説明することにする。

2◆消滅時効の要件

（1）一般債権の消滅時効期間と起算点

　2017年の民法改正では，債権の消滅時効の原則的な起算点とその時効期間については，①「債権者が権利を行使することができることを知った時」(**主観的起算点**) から5年間 (民166条1項1号)，②「権利を行使することができる時」(**客観的起算点**) から10年間 (同項2号) 行使しないときとされ，二重期間構成が採用された。

　客観的起算点の「権利を行使することができる時」(同項2号) とは，権利の行使について，**法律上の障害**がなくなった時 (法律上権利行使を妨げる事情がなくなった時)，あるいは権利の性質上その権利行使が現実に期待できる時をいうとするのが従来の判例・通説である (大判昭12・9・17民集16・1435，最大判昭45・7・15民集24・7・771)。例えば，履行期限の未到来は法律上の障害であり，期限が到来するまでは消滅時効は進行しない。もっとも，法律上の障害であっても，債権者の行為 (反対債務の履行等) によって除き得るものであるときは，時効の進行は妨げられない (例えば，同時履行の抗弁権の付着する債権)。なお，権利行使についての**事実上の障害**は，時効の進行に影響を及ぼさないとされている (最判昭49・12・20民集28・10・2072)。例えば，債権者の病気等の個人的な事情によって，実際に権利を行使できなくても，その権利行使についての消滅時効の進行は妨げられない。

　他方，2017年の民法改正により定められた主観的起算点の「債権者が権利を行使することができることを知った時」(民166条1項1号) とは，債権者が前述の客観的起算点を知った時であり，具体的には，債権の発生原因事実，その履行期の到来，債務者が誰であるかなど，権利行使を現実に期待できることとなったことを債権者が知った時を意味すると解されている。

（2）不法行為による損害賠償請求権の場合

　不法行為による損害賠償請求権については，「被害者又はその法定代理人が損害及び加害者を知った時」(主観的起算点) から3年間 (民724条1号)，「不法行為の時」(客観的起算点) から20年間 (同条2号) として，2017年の民法改

正前の民法724条と同様の期間が維持されたが，改正民法では，客観的起算点に関する20年間の期間の法的性質につき（従来の判例はこれを除斥期間と解していた），消滅時効であることが明らかにされた。

（3）人の生命または身体の侵害による損害賠償請求権の消滅時効の場合──人の生命または身体の侵害については，被害者を保護する必要性が格別高いといえる。そこで，2017年の民法改正では，人の生命または身体の侵害による損害賠償請求権の消滅時効期間につき，特則が設けられ，債務不履行による場合（民167条。客観的起算点からの消滅時効期間が10年から20年に延長された）も不法行為による場合（民724条の2。主観的起算点からの時効期間が3年から5年に延長された）においても，消滅時効の期間が5年間（主観的起算点）と20年間（客観的起算点）とされ，事実上の統一が図られた（第10講の〈コラム〉も参照）。

（4）その他の債権・権利の消滅時効────────────────────
2017年の民法改正により，年金債権などのような定期金債権の消滅時効（民168条）や判決で確定した権利の消滅時効（民169条）についても，一部規定が修正された。また，改正民法では，債権の性質によって時効期間が異なっていた職業別短期消滅時効制度（改正前民170条～174条）が廃止・削除される（本講〈コラム〉参照）とともに，商事時効と民事時効の区別も撤廃された。

さらに，債権または所有権以外の財産権（地上権・永小作権・地役権等）は，権利を行使することができる時から20年間行使しないときは，時効により消滅する（債権・所有権以外の財産権については内容面の変更はない。民166条2項参照）。

3◆消滅時効の効果

消滅時効では，時効が完成し，当事者がこれを援用すると，権利の消滅という効果が発生する。取得時効のところで述べた（前記Ⅱ4）が，消滅時効においても，時効の効力は，その起算日に遡って生じる（民144条）。例えば，金銭消費貸借契約による元本債権が時効により消滅したときは，起算日に遡り，これがなかったことになる。そして，起算日以後に発生した利息債権や遅延損害金債権も元本債権の消滅の結果として当然なかったことになる。

4 ◆消滅時効に類似する制度

　消滅時効に類似する制度として，**除斥期間**がある。除斥期間とは，法律が定めた一定の期間内に権利を行使しなければならない期間のことをいう。例えば，即時取得の対象が盗品・遺失物の場合に，被害者または遺失者は，盗難または遺失の時から 2 年間，占有者に対してその物の回復を請求できる (民 193 条) が，この 2 年間は一般に除斥期間と解されている。

　除斥期間は，権利関係の速やかな確定を目的とすることから，時効に関する民法の諸規定は，原則として類推適用されない。具体的には，除斥期間には，①遡及効 (民 144 条) がなく，②援用 (民 145 条) は不要であり (裁判所は，当事者が援用しなくても，これを基礎に裁判しなければならない)，③放棄はできず，④更新 (民 147 条以下) はなく (なお，完成猶予については，除斥期間にも類推適用されると解されている)，⑤起算点 (民 166 条 1 項) は権利発生時となるなどの差異がある。

Ⅳ 時効障害事由──時効の更新と時効の完成猶予

1 ◆改正前の時効障害事由

　時効が完成するには，一定の事実状態が一定期間継続したことが必要であるが，2017 年の民法改正前は，時効の進行や時効の完成を妨げる事由 (**時効障害事由**) として中断と停止という 2 つの制度が設けられていた。

　時効の中断とは，時効の進行中に，事実状態と相容れない時効を覆すような一定の事由 (中断事由) が発生した場合 (改正前民 147 条) に，それまで経過した時効期間をまったく無意味にするというものであった。

　これに対して，時効の停止とは，時効の完成間際に，天災等，権利者の時効中断を不可能または困難にする一定の事由 (停止事由) が発生した場合 (改正前民 158 条から 161 条) に，権利者保護の必要性から，所定の期間のみを時効期間に算入しないことをいう。つまり，その事由が終了し所定の期間を経過するまでの間は，進行中の時効は完成しないというものであった。

2 ◆改正後の時効障害事由

（1）時効の完成猶予と更新

　2017 年の民法改正では，中断と停止という制度の枠組み自体を改め，裁判上の催告に関する判例法理（最判昭 45・9・10 民集 24・10・1389 など）を新たに取り入れ，時効の完成が猶予される（一時的に時効の完成がストップする）という効力を時効の**完成猶予**，新たな時効が進行を始める（振り出しに戻る）という効力を時効の**更新**として規定した（改正民 147 条以下）。

　そして，それぞれの時効障害事由ごとに，完成猶予と更新が再編成されることになった。

　まず，裁判上の請求等（民 147 条），強制執行等（民 148 条）は，時効の**完成猶予事由**であるとともに**更新事由**になる。つまり，このような事由が終了するまでの間は，時効の完成が猶予されるため時効は完成しない（民 147 条 1 項柱書，同 148 条 1 項柱書）。そして，その事由が終了した時に更新の効力が生じ，その時点から新たに時効の進行を始める（民 147 条 2 項，同 148 条 2 項）。ただし，その事由が，訴えの却下や取下げ（裁判上の請求等の場合），申立ての取下げ（強制執行等の場合）などにより終了した場合には，その終了時から 6 か月を経過するまでの間は，時効は完成しない（民 147 条 1 項柱書かっこ書，同 148 条 1 項柱書かっこ書。これらは改正前の裁判上の催告の判例法理を取り入れた）。また，**仮差押え・仮処分**（民 149 条）については，完成猶予事由になる。その事由が終了した時から 6 か月を経過するまでの間は，時効の完成が猶予される（同条柱書）。催告（民 150 条）も完成猶予事由であり，催告があったときは，その時から 6 か月を経過するまでの間は，時効の完成が猶予される。さらに，**協議を行う旨の合意**（民 151 条）による時効の完成猶予の規定が新設された。**承認**（民 152 条）に関しては，更新事由になる。

（2）時効の停止から完成猶予へ

　2017 年の民法改正前の時効の停止事由は，改正民法において，時効の完成猶予事由（民 158 条〜161 条）として規定されたが，基本的に従前の内容に変更はない。ただし，天災等（改正前民 161 条）による時効停止期間が 2 週間であることについては，以前より，他の規定に比して短いという指摘があり，改正民法では，完成猶予期間を 3 か月に伸長した（民 161 条）。

コラム　職業別の短期消滅時効制度の廃止と消滅時効期間の単純化・統一化

2017 年の改正前の民法は，職業別の短期消滅時効制度（改正前民 170 条～174 条）を設けていたが，このような区分を設けることの合理性について疑問が呈されていた。また，ある債権がどの区分に属するかを逐一判断する必要が生じて煩瑣であるうえ，その判断が容易でない例も少なくないなどの実務上の問題点も指摘されていた。そこで，2017 年の民法改正に伴い，本制度は廃止された。

改正前にその対象となっていた債権の消滅時効期間は，例えば，①医師・助産師・薬剤師の診療・助産・調剤に関する債権（改正前民 170 条 1 号），工事の設計・施工・監理を業とする者の工事に関する債権（同条 2 号）等は 3 年間，②弁護士・弁護士法人・公証人の職務に関する債権（改正前民 172 条 1 項），生産者・卸売商人・小売商人の売却代金債権（改正前民 173 条 1 号）等は 2 年間，③使用人の給料債権（改正前民 174 条 1 号），労働者等の報酬債権（同条 2 号），運送債権（同条 3 号），旅館等の宿泊料・飲食料等に関する債権（同条 4 号），動産の損料に関する債権（同条 5 号）等は 1 年間であり，債権の発生原因によって，それぞれ異なった期間が定められていた。

改正民法により，これらの期間は，債権等の消滅時効の一般原則（民 166 条 1 項）に

よることになり，消滅時効期間の単純化・統一化が図られることになった。

すでに述べたように（前記Ⅲ2 (1)），民法 166 条 1 項において，原則的に，主観的起算点から 5 年間，客観的起算点から 10 年間の二重期間構成が導入されたが，契約に基づいて生じる一般的な債権の多くは，通常，契約時に債権の発生と履行期の到来等が現実に認識されることが多いことから，基本的には主観的起算点と客観的起算点は一致し，原則的には，5 年間の消滅時効期間となるものと解されている。

したがって，職業別の短期消滅時効制度が廃止された場合でも，これまでの消滅時効期間と，それほどの乖離はないとの指摘がある。

しかし，その一方で，飲食料（例えば，飲み屋のつけ），レンタル料（例えば，レンタカー代）などは，債権の消滅時効期間が 1 年間から 5 年間に長くなるので，消費者にとってはやや不利になるとの指摘もある。

いずれにしても，このような消滅時効期間の単純化・統一化は，消滅時効制度を分かりやすく，かつ使いやすくすることにより，今般の民法改正の柱の 1 つである，国民にとっての利便性と理解可能性に資するという目的に基づいた改正といえよう。

第9講　物の所有をめぐる法律関係

本講のねらい

　　Bは，念願の土地付一戸建てのマイホームをもつことを決心し，Aのもっている中古住宅を購入することとした。Aとの契約も済み，代金を支払った。ところが，Bが引っ越ししようとしたら，そこにはすでにCが居住していて，「Aと取り交わした売買契約書も代金の領収書もあるのでこれらをみせてもよい。また，この家と土地の登記もあるので，自分はここに住む権利がある」といわれた。はたしてBは，この土地付一戸建てに住むことができるであろうか。

　　日常生活において，物に対する権利（＝物権）としてもっともなじみのあるのが，所有権である。「Bは……マイホームをもつ」，「Aのもっている」というのは，法律的にはBまたはAが「土地と建物の所有権を有している」と表現される。この所有権は，すべての物権の中心とされ，その他の物権の基礎となっている。本講では，まず，この所有権の意味・性質，目的物（＝客体）およびこれらをめぐる原理・原則を学習する。

　　次いで，所有権がどのような効力をもち，上記の例のマイホーム（土地と建物は不動産といわれる）の所有権がいつ移転するのか，売買契約による所有権の移転を中心に，不動産・動産取引のメカニズム（物権変動）を学習した上で，物権取引を根底から支える公示制度（登記や引渡し）の概要を考察することとする。

I 物権の意義

1◆意義・性質・客体

（1）意　義

　物権は，物に対する権利（対物権）を意味し，一般的には，人が物を直接的に支配し，その利益を排他的に享受できる権利である。物権を有している者が誰に対してもこれを主張できるという意味で，**絶対権**といわれる。物権の

【図表9-1】　物権と債権の比較

		物　　　　権	債　　　　権
1	意　　義	人が物を直接的に支配できる権利（所有権・地上権等）	人が人に対して一定の行為を要求できる権利（賃借権等）
2	権利の客体	特定・現存・独立の有体物（対物権）	人の行為（対人権）
3	権利の内容	物に対する**直接的支配権**	人に対する**請求権**
4	権利主張の相手方	物権者は誰に対しても権利を主張できる（絶対権）	債権者は債務者に対してしか権利を主張できない（相対権）
5	権利の並存の可否	同一物上に内容の衝突する物権は並存不可能（物権には排他性がある）	同一内容の複数の債権の並存が可能（債権には排他性がない）
6	同一内容の権利衝突における優劣決定基準	①物権相互間→成立順の原則②物権・債権間→物権が優先（優先性）【注】ただし，対抗要件制度・占有制度・先取特権制度との関係で修正を受ける（民177条・605条・180条・329条・330条〜332条）	同一内容の複数の債権が有効に並存できるゆえに債権相互の優劣を論じる実益に乏しい【注】不動産賃借権・債権の譲渡等に関しては対抗要件制度との関係で修正を受ける（民605条・467条参照）
7	追及力	物権には**追及力**がある（追及性）	債権には**追及力**がない
8	権利の公示の必要性	物権は強力な権利（排他性・絶対性）ゆえに物権の種類・内容の確定および公示の必要性がある（物権法定主義・公示の要請）	契約自由の原則が妥当する領域（相対性）ゆえに債権は原則として公示の必要性は少ない

　中でも中心的な権利が所有権である（以下，「物権」という場合，所有権を念頭に叙述する）。ある人が土地・建物または自動車などの物に対して所有権を有しているということは，その人がこれらの物を自由に使用・収益・処分できるということを意味する（民206条）。これに対して，**債権**とは，ある人が特定の他人に一定の行為（作為・不作為）を請求できる権利（対人権）で，債権者は債務者に対してしか権利を主張できないので**相対権**といわれる。それゆえ，物権は債権に比べて強力な効力を有する権利といえる（物権と債権の比較について【図表9-1】参照）。

（2）性　質 ─────────────────────

　物権は，前述のように，物に対する直接的・排他的な支配を内容とする権利である。「直接的」とは，「他人の行為を媒介とせずに」という意味である。

例えば，A が自動車を所有している場合（物権関係）と，A が B の所有している自動車を借り受ける契約を締結した場合（債権関係）とを比較すると，前者では，A は誰のことわりもなく自動車を自由に使用・収益・処分できるのに対して，後者では，借主 A（債権者）が，貸主 B（債務者）に対して，「契約どおり自動車を貸してくれ」と要求しても B が実際に自動車を A に提供しないと，A は自動車を使用することができない。そして，「直接的」とは，前者の場合を指す。すなわち，人が物に対してその支配をストレートに及ぼすことができる性質を物権は有するのである（これを物権の**直接性**という）。これに対して，債権は，A が B に自動車を貸すよう請求するにとどまり，直接性はない。

　次に，「排他的」とは，物権の対象である目的物（＝客体）の上に，内容の衝突する物権が同時に 2 個以上成立しないという意味である。例えば，ある土地に A の所有権が成立すると，もはや B の所有権は成立し得ないということである（これを物権の**排他性**という）。他方，債権については，その内容の衝突する複数の債権が同時に有効に成立することができる。例えば，歌手 A が BC 2 つの放送局と同日・同時刻に出演する契約をした場合，BC とも A に対して出演してもらう債権を有効に取得できる。債権には排他性がないからである。ただし，A は実際に BC 双方に出演することはできないので，仮に B 放送局に出演し C 放送局に出演しなかった場合には，C に対する債務不履行となり，C はその被った損害を A に対して金銭で賠償するよう請求することができる（民 415 条参照）。

（3）客　体

　物権は，物に対する絶対的・排他的な支配権であることから（民 180 条・206条・265 条等参照），どの物に物権が及んでいるかが明らかでないと，権利関係の混乱をきたし，ひいては取引の安全を害することにもなる。それゆえ，物権の客体は，支配の対象となり得る物，すなわち特定・現存・独立の「**有体物**」であることが原則とされている（民 85 条）。「有体物」とは，空間の一部を物理的に占めて有形的に存在するものと定義されるが，固体・液体・気体などがその具体例である。有体物は，不動産と動産に分けられ，土地とその定着物（典型例は建物）が**不動産**であり（民 86 条 1 項。なお，わが国の民法では土地と建物は別個の不動産とされ，それぞれが所有権等の物権の対象となる），それ以外の物は

すべて**動産**とされている（同条2項）。

　ところで，客体の独立性は，1つの物権の客体は1つの独立した物でなければならない（原則として1つの所有権の対象である物の一部に他の所有権は成立せず，また複数の物に1つの所有権も成立しない）ということを意味し，これを**一物一権主義**という。また，一物一権主義は所有権に限っていえば，1つの物には1つの所有権しか成立しないという意味でも用いられる。

2◆物権の種類

（1）物権法定主義

　民法175条は，「物権は，この法律その他の法律に定めるもののほか，創設することができない。」と規定する。この規定は，民法等の法律によって規定された種類以外の物権を契約などにより勝手に作ることはできないこと（種類の法定），および民法等の法律に定められている物権の内容と異なった取扱いをすることはできないこと（内容の法定）の2つの事柄を意味する。これを**物権法定主義**という。これが定められた理由は，①封建時代の土地を中心とした複雑な権利関係を整理して「自由な所有権」を創設する必要性，②強力な内容を与えられた物権の種類・内容を厳格に限定・画一化することにより取引安全と公示の要請への配慮，そして，③物権が強力な効力を発するための法定の根拠規定の必要性の3つである。

（2）物権の種類

　民法典上，10種類の物権が定められている（物権の分類については【図表9-2】参照）。すべての物権の基礎となるのが所有権であり，その他の各種物権は，物を使用・収益・処分できる所有権（民206条）を基点とし，これを制限する各種の**制限物権（他物権）**に分類される。制限物権は，さらに，土地の使用・収益のみを内容とする**用益物権**（地上権・永小作権・地役権・入会権）と，債権担保（回収）のために他人の物に成立して物の価値を把握（所有権の属性のうち，物の価値という制限された一部だけを支配）する**担保物権**（留置権・先取特権・質権・抵当権）に分類される。

　まず，用益物権のうち，地上権とは，工作物（建物・トンネル・地下鉄など）または竹木（農作物を除く植林の目的となる樹木）を所有する目的で他人の土地また

は地下・空間を使用することを内容とする権利である（民265条。地上権では必ずしも地代支払いは要素でない〔民266条参照〕）。また，永小作権とは，耕作（田・畑を作る）・牧畜（牛・馬・豚等を飼育する）を目的として小作料を支払って他人の土地を使用する権利である（民270条。地上権の地代と異なり，永小作権では小作料支払いは要素である）。そして，地役権とは，自分の土地から公道に出るには遠回りをしなければならないので近道をするために他人の土地を通行させてもらう必要があるなどの場合のように，自己の土地（**要役地**：便益を受ける土地）の便益のために他人の土地（**承役地**：便益に供される土地）を利用する権利（通行地役権のほか，引水・観望・日照などの地役権がある）である（民280条）。最後に，入会権とは，一定地域（村落共同体など）の住民が一定の山林原野・漁場に協同的に立ち入り，使用・収益すること（薪の採取・放牧・狩猟・漁労など）を内容とする慣習法上の権利である（民263条・民294条）。

　次に，債権担保（回収）のため債務者または第三者（この場合を**物上保証**という）の物の価値を把握する担保物権は，さらに**法定担保物権**（法律上の要件を充足すると当然に成立）と**約定担保物権**（当事者の設定契約により成立）に分かれる。法定担保物権には，債権者が債権の弁済を受けるまで債務者（または第三者）の所有物を留置できる留置権（民295条以下）と，公平・社会政策・当事者意思の推測・特定産業の保護や育成を理由に特定の債権の債権者が債務者の全財産（一般先取特権）または特定動産・不動産（特別先取特権）から優先弁済を受けることができる先取特権（民303条以下）がある。また，約定担保物権には，債権者が債務者（または第三者）の所有物を留置（占有を移転）して，債権の弁済が受けられなかったときにそれから優先弁済を受けることができる質権（民342条以下）と，債権者が債務者（または第三者）のもとに目的不動産の占有をとどめたまで債権の弁済を受けられなかったときにこれから優先弁済を受けることができる抵当権（民369条以下）がある。

　これ以外に，人が物を事実的に支配する（この状態を占有という）ことによってさまざまな保護を与えられる特殊な物権として占有権（民180条以下）がある。民法は，占有が法律上の根拠に基づくか否か，または正当な権原の有無といったことにかかわらず，一律にその事実的支配状態を権利として承認し，これを保護するものとする。なぜならば，泥棒が盗んだ宝石を占有している

【図表 9-2】　民法典上の物権の分類

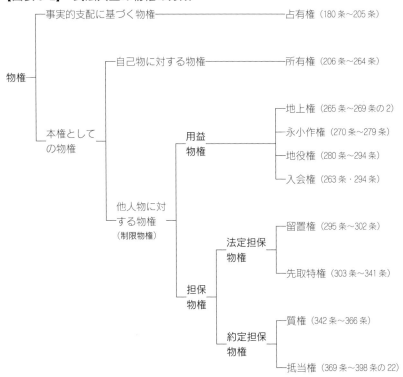

　場合でも，宝石の真の権利者が自力で泥棒から盗まれた宝石を取り返すこと
を認めることは，法治国家として許されるものではないからである（**自力救済
の禁止**）。また，現に宝石を占有している者が真の所有者またはそれを借り受
ける権利を有している者であるか否かを証明すること自体も困難であるので
（本権等の証明負担の免除），とりあえずこうした支配状態を保護するとするのが
社会秩序の維持に資するからである（この支配状態に異論のある者は権原の有無に
ついて時間をかけて争えばよい）。そして，民法は，このような事実的支配をそれ
自体として保護するための権利，すなわち占有権を取得するために，人が「自
己のためにする意思」をもって，物を「所持」することによってこれを取得
すると定める（民180条）。

　なお，民法典以外にも，民事特別法上の物権や慣習法上の物権も認められている。

Ⅱ　物権の一般的効力

　物権は物に対する直接的・排他的支配を内容とする権利であるから，これらの支配が侵害された場合には，侵害者に侵害の除去および支配状態の回復を請求することができる。これを**物権的請求権**（または**物上請求権**）という。また，物権の排他的支配性からは，同一物につき同じ内容の物権が主張された場合または同一物をめぐり物権と債権が衝突した場合，両者の優劣がつけられるとされている。これを物権の**優先的効力**という。これら2つの効力は各種の物権にほぼ共通に認められており，その意味で物権の一般的効力という。

1◆物権的請求権
（1）種　類

　物権的請求権は民法に定められていない。これは，民法の起草者が，物権の直接性や排他性といった性質から導かれる当然の権利として物権的請求権を把握していたからである。

　そして，物権的請求権には侵害態様に応じて3つの類型がある。例えば，物が奪われた場合に所有者が物を奪った者に対してその返還を請求できる権利を**目的物返還請求権**という。また，土地に妨害物が放置されている場合や抵当権の目的となっている山林が違法に伐採されている場合に物権者が妨害物の除去や伐採行為の停止を請求できる権利を**妨害排除請求権**という。さらに，隣接地の所有者が土地を掘り下げたため高低差ができ境界付近に崩落の危険が生じた場合（侵害・妨害状態は現実には生じていない），隣接地所有者に崩落防止措置等を請求できる権利を**妨害予防請求権**という。なお，目的物返還請求権と妨害排除請求権との区別は微妙であるが，一般に，前者は侵害状態が全面的妨害の場合に成立し，後者は部分的妨害の場合に成立するとされている。

（2）請求内容

　物権的請求権は，侵害状態が客観的にみて違法であれば，侵害者の故意・

過失を必要とすることなく（物権者は現に物の侵害ないしそのおそれを生じさせている者に対して物権的請求権を行使する），当然に発生するものとされている。そこで，いかなる行為を侵害者に請求することができるかが問題となる。すなわち，物権的請求権とは，物の返還・妨害の除去・予防などの積極的な行為を侵害者にその者の費用負担で請求できるもの（**行為請求権説**）なのか，それとも請求者が自ら費用負担してこれらの行為をなすにあたって相手方にこれを受忍すべきことを請求できるにとどまるもの（**忍容請求権説**）なのかについて，従来から考え方が分かれていた。近時は，物権的請求権の内容と費用負担の問題とを区別して，費用負担に関しては不法行為（民709条）などの責任原理によって処理すべきとの考え方も有力である（**責任説**）。判例は，原則として行為請求権説に立脚しているといわれている（大判昭7・11・9民集11・2277，大判昭12・11・19民集16・1881。ただし，これらの判決は，傍論において，不可抗力による侵害の場合には相手方に積極的な行為義務はないことをうかがわせている）。

2◆優先的効力

（1）物権相互間の優先的効力───────

　ある土地をAがすでに所有している場合，後からその土地に対してBが所有権を主張することはできない。これは，先に成立したAの所有権が優先する結果，後のBの所有権は成立しないことを意味する。

　これに対して，抵当権などの担保物権は，同一物に対して複数の権利の並存が認められるが，これは，抵当権の内容は同一でなく，成立した順に従って，1番抵当権，2番抵当権と優先順位がつけられるからである（担保物権の詳細については，後記第11講Ⅲ3参照）。なお，同一土地を対象とする所有権と地上権も，その内容が異なるので並存が認められる。

　このように物権相互間の優先関係は，原則として成立の先後により決定される（**成立順の原則**）。ただし，この原則は，不動産や動産が二重に譲渡された場合，その優劣は，実際は登記や引渡しの先後で決められるというように，**対抗要件制度**（民177条・178条）により修正されている。

（2）債権に対する優先的効力───────

　内容の対立する物権と債権が同一物上に成立するときは，物権が債権に優

先する。これは，債権に排他性がないからである。例えば，賃借権（債権）の目的物である土地が譲渡されると，賃借権が先行していても，その土地の新しい所有者に対して，賃借人は賃借権を主張することができない（「**売買は賃貸借を破る**」）。ただし，不動産賃借権については，これが登記されたり，その他の方法で排他性を備える場合には，この原則が修正される（民605条，借地借家10条1項・31条。また第5講Ⅲ2（3）参照）。

Ⅲ　物権変動

1◆物権変動の意義

　物権変動とは，所有権などの物権が発生し，その内容を変更し，消滅することをいう。物権者の側からは，物権の得喪（取得・喪失）・変更という。例えば，Aが家屋を新築したり（所有権の取得），増改築したり（所有権の内容の変更），またはAがBに家屋を売却したり（所有権の喪失）する場合などである。物権変動はさまざまな原因に基づいて生じる。売買・贈与といった契約や遺言のように，意思表示によって物権変動が生じる場合がある。このような意思表示を中核とする契約や遺言などの行為を**法律行為**といい，これによる物権変動を法律行為に基づく物権変動という。また，人の死亡という事件（相続）や時の経過（時効）など法律行為によらない場合にも物権変動は生じる。

2◆所有権の移転時期──法律行為に基づく物権変動

　Aが所有している土地や自動車を目的物としてBに売買契約（法律行為）によって譲渡する場合，まず，AB間で，A側に目的物の財産権移転・引渡債務と代金債権，B側に財産権移転・引渡債権と代金支払債務を相互に発生させる売買契約が締結され，次いで，この契約に基づきAに代金が支払われ，Bに目的物が引き渡され，かつ，土地であれば引渡しに伴い登記も移転されることになる。この過程において，AからBに目的物の所有権が移転する（物権が変動する）のはいつであろうか。売買契約が締結された時なのか，それともそれに基づき代金の支払いまたは目的物の引渡しもしくは登記の移転がなされた時なのかが問題となる。

　フランス民法は，売買契約の当事者が目的物の所有権を移転する合意をしさえすれば（書面によるか口頭によるかを問わず），その合意の効果として所有権は売主から買主に移転するとしている（合意以外に所有権移転のための特別な形式を要しない）。これを物権変動における**意思主義**という。これに対して，ドイツ民法は，所有権を移転するためには当事者の合意（**債権行為**）だけでは足りず，さらに所有権移転に向けられた**物権行為**として，物権的合意と形式（不動産の場合は登記，動産の場合は引渡し）を要するとしている。所有権移転に合意だけではなく，登記などの形式を要するので，これを**形式主義**という。

　わが国の民法176条は，「物権の設定及び移転は，当事者の意思表示のみによって，その効力を生ずる。」と規定しており，これを素直に読む限り，意思主義をとることは明らかであり，また所有権の移転時期は，売買契約の締結時ということになる（フランス民法の考え方を採用した）。もっとも，売買契約を締結しただけで（代金支払いまたは目的物の引渡しもなく），不動産などの高価な目的物の所有権が売主から買主に移転してしまうというのは，取引実態にそぐわないとも批判されている。そこで，代金支払い・引渡し・登記移転等のいずれかの行為がなされる時期まで，所有権は移転しない（これらの行為がなされて初めて移転する）とする見解も有力に主張されている。

　しかし，判例・多数説は，民法176条の文言に忠実に，売買契約の意思表示がなされれば，それのみで契約時に所有権が移転する（物権は変動する）との見解を一貫して採用している（最判昭33・6・20民集12・10・1585など多数）。その理由として，民法176条の「意思表示」を特別に物権変動のみを目的とする意思表示と解する根拠がなく，また，売買契約における意思表示には，債権・債務を発生させることはもとより，究極的に売買目的物の所有権を移転させる意思表示も当然に含まれているとみることができるなどが挙げられる。さらに，わが国の民法は，形式主義を採用していないので，債権行為と物権行為に分ける意味が乏しいとの理由も挙げられる。判例も，特定物の売買の場合には契約締結時に（前掲最判昭33・6・20），所有権移転時期について特約がある場合にはそれに定められた時期に（大判大2・10・25民録19・857，最判昭38・5・31民集17・4・588。例えば，不動産の売買などにおいては，契約書で，代金の支払いと登記の移転が行われた時に所有権が売主から買主に移転するとの約定がなされるのが一般で

ある），また不特定物の売買の場合には目的物が特定した時期に（最判昭 35・6・24 民集 14・8・1528），所有権が移転すると柔軟に対応しているので，実際には不都合はないとされている。

3◆物権変動と対抗要件

（1）公示の原則と対抗要件 ─────────────────────

　例えば，B が A からある物（不動産や動産）を購入して代金を支払ったとしても，その物が B よりも前に C に売却されていた場合には，B は所有権を取得できない（物権の排他性）。そこで，B としては，誰がその物の所有者であるかが明らかになっていれば，安心してこれを購入することができる。このように物権の帰属や内容を目に見えるような形で明らかにすることを**公示**といい，その手段を**公示方法**という（公示方法のこうした効力を**公示力**という）。民法は，公示方法として物権の客体である物の種類に応じて 3 つの方法を用意している。不動産を対象とする物権については「登記」（民 177 条），動産を対象とする物権については「引渡し（占有移転）」（民 178 条。なお，近時，法人の動産譲渡の特例として「**動産譲渡登記**」による公示も認められるようになった〔動産・債権譲渡特例 3 条 1 項参照〕），さらに明文の規定はないが，立木や未分離の果実については，慣習法上の公示方法として**明認方法**（例えば，立木の幹の皮を剝ぎそこに売買の旨を墨書する，または買主の氏名を記した立札をたてるなどの方法がある。なお，立木については，立木法の定める登記による公示も認められる〔立木 1 条・12 条以下〕）が認められている。そして，物権変動があったことを登記・引渡し・明認方法によって公示することにより，物権取引の安全を図る原則を**公示の原則**という。

　さらに，物権取引の安全を徹底して図るためには，虚偽の公示を信じて取引した者も保護されるとするのが理想である。これを**公信の原則**といい，公示に認められるこうした効力を**公信力**という。この原則は，一方で，取引の安全を徹底して保護することに資するが，他方で，真実の権利者の犠牲のもとに認められるものなので，この採否は，それぞれの国の立法政策に委ねられている。わが国では，不動産登記についてこの原則を採用していないが，動産の引渡し（占有移転）についてはこれを採用している（民 192 条参照）。

　ところで，すでに述べたように，物権変動は，判例・多数説によれば，当

事者の意思表示のみによって生ずる（民176条）が，これを第三者に対抗する
ためには，民法は公示（不動産については登記，動産については引渡し）をしておか
なければならないと定める（民177条・178条）。ここでは，公示に，権利取得等
の物権変動を第三者に対抗（主張）するための要件という意義が与えられるこ
とになる。これを**対抗要件**という。わが国の民法は，フランス民法にならい，
意思表示のみで物権変動が生ずることを前提として，対第三者との関係では
公示（登記・引渡し）をしないとこれを対抗できないとする**対抗要件主義**を採
用するにとどまった。これに対して，公示に付与される意義をもう一歩進め
て，登記または物の引渡しまでなされないと物権変動が成立しないまたは効
力が生じないとの考え方もある。これは，公示に物権変動の効力発生の意義
を付与するものであり（これを**効力要件**という），こうした考え方を**効力要件主
義**という。ドイツ民法はこの考え方を採用している。

（2）不動産物権変動の対抗要件と「第三者」

　民法177条は，「登記をしなければ」，不動産物権変動を「第三者に対抗す
ることができない。」と規定する。これは，例えば，A所有の家屋を購入した
Bが登記を備える前に，Aが同一家屋をAB当事者以外の第三者Cに売却
し，Cが登記を先に備えてしまうと，最初に家屋をBが購入していたとして
も，その所有権の取得を第三者Cに主張できない，すなわち「対抗できない」
ということである。

　もっとも，同一目的物の所有権を二重に譲渡できるかは理論的に問題とな
る。すなわち，判例・通説によれば，AB当事者の意思表示のみで所有権を移
転することができるので（民176条），Bに家屋を売却したA（無権利者）が，あ
らためて第三者Cに所有権を移転することはできないのではないか，それに
もかかわらず，Cが登記を先に備えると，Cが所有権を取得できる（登記のな
いBはCに権利取得を対抗できない）ということ（民177条）を，どのように説明し
たらよいかという問題である。学説は，①AB間，AC間とも登記がなされな
い間は不完全な物権変動であり，登記がなされればこれが完全な物権変動と
なる（CがBに家屋取得を主張できる）とする見解（不完全物権変動説），②AB間の
物権変動は完全であるところ（Bが家屋の所有者になり，Cへの譲渡は不可能である
ことを前提に），無権利者Aの登記をみてAを所有者であると信頼して購入し

たCが善意・無過失で登記をすれば（Cの無過失の要否は学説により見解が分かれる），登記の公信力によりCは家屋の所有権を原始取得するとする見解（公信力説），③民法176条は物権変動における意思主義を定めた規定（AB当事者間の意思表示のみで所有権が移転する制度）で，民法177条は不動産物権変動における対抗要件制度を定めた規定（第三者に不動産物権の取得を対抗するためには登記をしなければならないという制度）であり，両条を関連づける必要はなく，別々の制度がたまたま隣り合わせで規定されたにすぎないとする見解（法定制度説）などが展開されている。

　また，民法177条の「**第三者**」とは，およそあらゆる第三者（物権変動の当事者以外のすべての第三者）をも含むものなのかも問題とされている（「第三者」の範囲を無制限的または制限的に解すべきかの問題）。仮にすべての者が含まれるとすれば，例えば，A所有の家屋を購入したBがまだ登記を備えていない間に勝手にその家屋に入り込んで居住を始めたC（不法占拠者）に対して，Bは登記を備えていない以上，家屋の明渡しを請求できないといった不都合が生じることになる。そこで，判例は，こうした不都合を避けるために，民法177条の「第三者」の範囲を制限する解釈を打ち立てた（**制限説**）。判例によると，「第三者」とは「当事者若くは其包括承継人」以外の者であって，「登記の欠缺を主張する正当の利益を有する者」に限るとした（大連判明41・12・15民録14・1276）。民法典制定直後にだされたこの判決は，条文の形式的適用から生ずる不当な結果を是正した重要な判決として評価されており，以降の学説もこれを支持する。それゆえ，上記の不法占拠者Cは「正当な利益を有する者」とはいえず，BはCに登記なくして家屋の明渡しを主張することができる。

　ところで，「正当な利益を有する者」という民法177条の「第三者」の基準と関連して，AからB，AからCへと不動産が二重譲渡され，Cが最初のAB間の譲渡の存在を知っていた場合（悪意），このようなCもまた同条の「第三者」に含まれるであろうか。逆にいえば，Bは悪意のCに対して登記なくして所有権を主張することができるであろうか。同条は「第三者」の善意・悪意を定めていない。この点について，かつての判例は，条文を文言どおりに解して「第三者」の善意・悪意を問わない，すなわち悪意のCも「第三者」に含まれる結果，Bは登記がなければ所有権の取得をCに対抗することはで

きないとしていた。しかし，現在の判例は，これを若干修正して，資本主義における自由競争原理の許容する単なる悪意者は同条の「第三者」に含まれるが，そうでない者，例えば，Aと共謀してBを困らせてやろうとか，Bに不当に高額な値段で不動産を売りつけてやろうといった，信義則（民1条2項）・公序良俗（民90条）に反するような悪意の第三者Cは「第三者」から排除されるという態度をとっている（最判昭43・8・2民集22・8・1571，最判昭44・1・16民集23・1・18，最判平18・1・17民集60・1・27など）。そして，このような判例法理を一般に**背信的悪意者排除論**という。さらに，判例は，近時，背信的悪意者Cからの転得者DがBに対する関係で背信的悪意者と評価されない限り，民法177条の「第三者」に含まれる（背信的悪意者Cが権利を失わないとの前提）との判断も示している（最判平8・10・29民集50・9・2506）。

（3）動産物権変動の対抗要件

　動産物権変動の対抗要件は，動産の「引渡し」であるが，ここで注意をしなければならないのは，「引渡し」が対抗要件とされるのは，「動産に関する物権の譲渡」に限られる（占有権・留置権・質権は目的物の占有が成立・効力存続要件とされ〔民180条・302条・352条〕，動産の先取特権についてはそもそも対抗要件が問題とならないので，「引渡し」は対抗要件として意味をなさず，ここでは動産の所有権移転・譲渡が中心となる）ということである（民178条）。

　また，対抗要件としての「引渡し」には4つの種類がある（【図表9-3】参照）。まず，①BがAの所有する動産の所有権の譲渡を受ける場合，これを第三者に対抗するためには，BがAから実際に動産の占有を移転してもらう，つまり動産の現実の引渡しを受ける必要がある。このような「引渡し」を**現実の引渡し**という（民182条1項）。次に，②Aから動産を借り受けて実際にそれを占有しているBがこの動産をAから買い受けたという場合，占有の移転はAB間の意思表示のみによってこれをすることができる。これを**簡易の引渡し**という（民182条2項）。また，③Aが占有・使用しているその所有動産をBに売却したが，AはこれをBから借り受けることにして，その動産を引き続き占有・使用する場合，いったんAからBに動産の占有を現実に移転し，それからまたBからAにこれを移転するとするのは煩雑である。この場合，Aが今後は借主としてBに代わって動産を占有する旨の意思表示をしさえす

【図表 9-3】　民法 178 条の「引渡し」の態様

① **現実の引渡し**（182 条 1 項）

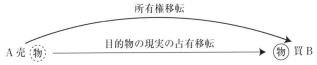

② **簡易の引渡し**（182 条 2 項）

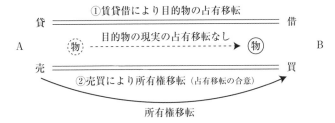

③ **占有改定による引渡し**（183 条）

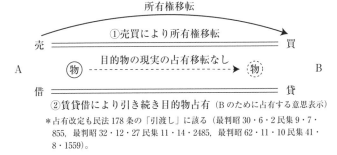

＊占有改定も民法 178 条の「引渡し」に該る（最判昭 30・6・2 民集 9・7・855，最判昭 32・12・27 民集 11・14・2485，最判昭 62・11・10 民集 41・8・1559）。

④ **指図による占有移転**（184 条）

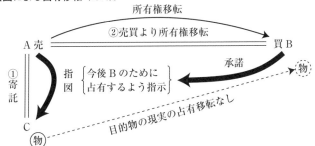

れば，占有はBに移転し，Aは占有代理人としてその動産の占有権を取得できるとされる。これを**占有改定**という（民183条）。さらに，④Bが，AがCに預けているその所有動産をAから購入した場合，AがCに対して今後はBのためにこの動産を占有する旨を命じ（指図），Bがそれを承諾したときに，CがAにその動産を返還しそこからAがBにそれを移転することなく，Bは占有の移転を認められる。これを**指図による占有移転**という（民184条）。そして，民法178条の動産物権変動における公示方法，すなわち対抗要件としての「引渡し」には，上記の4つの形態すべてが含まれると解されている。したがって，現実の引渡しを除くそれ以外の3形態については，外形的に占有が移転していなくとも動産物権変動における公示方法（対抗要件）とされることから，「引渡し」といっても実際には不明確なものとなっている。これは，日常頻繁に行われる動産取引の簡易・迅速性の要請に由来している。なお，動産物権変動についても，「引渡し」がなければ対抗できない「第三者」の範囲は，不動産物権変動に関する制限説が基本的に妥当する。

（4）動産物権変動と公信の原則

　動産取引は日常的に大量・頻繁に行われ，かつ簡易・迅速性が要請される反面，動産を取得する者の取引の安全にも配慮しなければならない。そこで，民法は，動産の占有（事実状態）について**公信の原則**を採用する。これが**即時取得**という制度である（民192条）。この制度は，動産物権変動における公示が，上記にみたように「引渡し」という多様で公示として不完全な手段に依拠しているため（民178条，民182条2項・183条・184条参照），目的物の占有を信頼して動産取引を行った第三者を保護する必要から認められたものと理解されている。例えば，A所有の宝石を預かっていたBを所有者として信じてBからその宝石を買い受けたCは，一定の要件に基づきその宝石の所有権を取得できるというわけである。

　即時取得の要件として，①目的物が動産であること（上記例では宝石は動産），②売買・贈与などの取引行為による動産取得であること（動産購入は取引），③取引の相手方が無権利者であること（Bは宝石の所有者ではない），④取得者が平穏・公然に善意・無過失で（CがBを所有者でないことを知らず，そのことに過失もなく）動産を取得したこと，⑤取得者が動産の占有を始めた（現実の引渡し・簡

易の引渡し・指図による占有移転はこの要件を充足するとされているが，判例は一貫して占有改定ではこの要件を充足しないとしている〔最判昭 32・12・27 民集 11・14・2485，最判昭 35・2・11 民集 14・2・168 など〕）こと，の 5 つが必要である（民 192 条参照）。

　そして，上記①～⑤の要件を充足すると，取得者は動産の上に行使する権利（所有権）を取得できるが，このほか，動産質権・譲渡担保権もその取得対象になると解されている。ただし，所有者の意思に基づかずにその者の占有を離れた盗品・遺失物については，これらが当然に即時取得の対象になるとすると，被害者・遺失主にとっても酷な結果になる。そこで，民法は，盗品・遺失物については特則を設けて，被害者・遺失主が 2 年間その占有者に対して回復請求ができるものとし（民 193 条），また，占有者がこれらの物を競売や公の市場またはその物と同種の物を販売する商人から善意で買った場合には占有者が支払った代価を弁償してこれを回復できるものとした（民 194 条）。

4 ◆物権の消滅

　物権の消滅も，文字どおり物権の存在自体が失われることであり，これもれっきとした物権変動である。物権一般に共通の消滅原因として，①物権の対象である物の滅失，②消滅時効（民 166 条 2 項。ただし，所有権は消滅時効にかからない），③物権の放棄，④混同による物権消滅（民 179 条。所有権と他の物権〔地上権〕が同一人に帰属した場合に地上権が消滅），⑤公用徴収・没収が挙げられる。

> ### ■コラム■　空家や所有者の分からない土地の処遇
>
> 　近年，適切な管理が行われていない空家等が，防災（地震の際の倒壊や放火の危険），衛生（害虫や害獣の温床化），景観（ゴミや雑草・樹木の繁茂・放置）等の近隣住民の生活環境に深刻な影響を及ぼすといった社会問題（以下，「空家問題」という）が生じている。空家を増加させる一因として，家屋が建っている土地の固定資産税が減額されるという特例（住宅用地特例制度）がある。つまり，空家を取り壊してしまうと固定資産税が増えるた
>
> め（家屋付きの土地の方が税金が安い），所有者は取り壊さないまま放置しておくというわけである。また，土地の所有者が死亡しても相続登記がされないなどの原因で，土地の所有者が分からず，その土地の利用等が阻害されるといった問題（以下，「所有者不明土地問題」という）も生じている。
>
> 　それでは，近隣住民の苦情を受けた行政等が，適切に管理の行われていない空家等を取り壊すことができるかというと，そう

簡単にはいかない。所有者は，法令の制限内という限定はあるものの，「自由にその所有物の使用，収益及び処分をする権利を有する」(民 206 条) ので (所有権絶対の原則→第 1 講 II 2 および本講 I 1 参照)，私人はもとより行政も，取壊し等を行うに際しては，所有者の了解を得なければならないからである。また所有者不明土地問題についても，その土地の所有者を探索しなければならない負担に加え，例えば，土地共有の場合，共有者の一部が不明の土地では，その土地の利用や管理に関する同意が得られないため利用等に支障をきたしている。

　そこで，これらの問題にどのように対処すべきかであるが，空家問題に対しては立法により一定程度対処がなされるようになった。すなわち，2014 (平成 26) 年に成立した「空家等対策の推進に関する特別措置法」(平 26 法 127) により，行政が空家等に対して立入調査し，「特定空家等」(防災・衛生・景観等に深刻な影響を及ぼす状態にある空家等) に該当すると判断した場合には，生活環境を保全するため，除却・修繕・立木竹の伐採等の助言・指導・勧告 (特に，この勧告を受けた特定空家等には税金が安くなる住宅用地特例制度が適用されなくなった) または命令が可能となり，また，これらの措置を命じられた者がこれを履行しないときには，最終的に行政がその空家等を強制的に取り壊すことも認められるに至った。

　これに対し，所有者不明土地問題の方は，2018 (平成 30) 年に「所有者不明土地の利用の円滑化等に関する特別措置法」(平 30 法 49) が制定されたが，この法律は，現に生じている所有者不明土地への事後的対応策を定めるにとどまり，こうした土地の出現の予防を目的とするものではなかった。そこで，2018 年の政府の関係閣僚会議で決定された「所有者不明土地等対策の推進に関する基本方針」を受けて，法制審議会により，2019 (平成 31) 年 3 月から民事基本法制 (民法・不動産登記法等) の見直しに関する検討が開始された。そこでは，相続等による所有者不明土地の発生を予防するための仕組み (不動産登記情報の更新を図る方策・所有者不明土地の発生を抑止する方策 〔土地所有権の放棄・相続登記の義務化・遺産分割の促進〕 など)，所有者不明土地の円滑・適正に利用するための仕組み (共有制度・財産管理制度・相隣関係規定の見直し等)，登記制度の改正などの検討課題について，審議が進められた。

　そして，土地政策の基本理念等を見直し，適正な土地利用および管理を確保する施策を推進するとともに，地籍調査の円滑化・迅速化を一体的に講ずるため，土地基本法，国土調査法等を改正する「土地基本法等の一部を改正する法律案」が国会に提出され，2020 (令和 2) 年 3 月 27 日に成立し (令 2 法 12)，改正土地基本法については，同年 3 月 31 日に公布・施行された。

　今後は，社会情勢の変化や施策の進捗等を踏まえて，所有者不明土地対策・管理不全土地対策等の個別施策が展開されることになろう (https://www.mlit.go.jp/totikensangyo/totikensangyo_tk2_000099.html)。

第10講 契約以外の原因によって生じる債権
——事務管理・不当利得・不法行為

本講のねらい

　Aが経営するコンビニの店頭にある看板が突然の突風で転倒し壊れてしまった場合，誰が修理代を負担するのだろうか。これは，その原因が自然力によるもの(不可抗力)なので，他の人に責任を問うことができず，そのためA自身が修理代を負担せざるを得ないであろう。

　それでは，もし，自動車を運転していたBが，Aのコンビニの駐車場に駐車しようとバックしていた際，後方をよく確認しなかったため看板に自動車をぶつけて壊してしまったらどうだろう。Bの不注意で，Aの看板が壊れてしまったのだから，AがBに修理代を当然に請求できる，と多くの人は考えるだろう。この例のような場合に対応するのが，不法行為制度である。すなわち，不法行為は，不注意などによって，他人の権利や法律上の利益を侵害して損害を与えた者に損害賠償責任を課すことで，損害を被った被害者の救済を図ること(被害者が不法行為という事実〔契約以外の原因〕によって生じた加害者に対する損害賠償請求権という債権〔契約外債権＝法定債権〕を取得する)を目的とする制度である。

　不法行為法が対象とする問題領域は広く，交通事故，医療事故，学校事故，詐欺的商法などの消費者被害，公害問題，名誉毀損やプライバシー侵害(新聞や週刊誌の誤報道，ネットでの中傷書き込みなど)，不倫問題(不倫者の配偶者から不倫の相手方に対する損害賠償)，環境問題(良好な街並みや景観が新築マンションによって阻害された)など多種多様である。

　そこで，本講では，まず，契約に基づいて生じる債権との対比において，不法行為と共に契約外債権あるいは法定債権に分類される，事務管理・不当利得について簡単に触れた上で，主に不法行為法の全体構造とその中心となる民法709条の一般不法行為責任の基本(要件・効果)を学習し，その後，民法上の特殊の不法行為(例えば，使用者責任・共同不法行為)などを概観する。

Ⅰ 事務管理・不当利得

1◆法定債権または契約外債権

　民法第 3 編「債権」は，第 1 章「総則」の後に「契約」「事務管理」「不当利得」「不法行為」と債権が発生する原因ごとに，要件・効果，発生する債権の性質に応じた特則などを規定している。

　契約では，当事者の申込みと承諾の意思表示の合致によって，原則として合意内容どおりの法律関係（ここでは債権）が成立するのに対し，事務管理・不当利得・不法行為では，一定の事実が民法の定める要件に該当すると当事者の意思にかかわらず債権が発生する。契約による債権が合意＝約束に基づくものなので「約定債権」（または「契約的債権」）と呼ばれるのに対し，事務管理・不当利得・不法行為は「法定債権」（または「契約外債権」）と呼ばれる。

2◆事務管理

　事務管理とは，義務なくして他人のために（その他人を「本人」という），事務の管理を始めた者（「管理者」という）が，その事務の性質に従い，最も本人の利益に適合する方法によって，その事務の管理をする義務を負わされるとともに（民 697 条 1 項），他方で，その管理にかかった費用等の償還請求権を付与される（同 702 条 1 項），という制度である。

　事務管理の主目的は，契約や不法行為のように債権債務関係を発生させることにはなく，相互扶助の精神から，委任契約等の他人の事務を行う義務，裏返せば権限，がないのに，自発的に他人の事務を管理し始めた者の好意に基づく行為を法的に正当化することにある（他人の財産等を本人の許可なく管理することは他人の権利の侵害＝不法行為になる可能性がある）。他人のために無償で尽くす道徳律（Do for Others）を実践する場合の法律関係を示したのが事務管理といってもよいだろう。

　Ａが長期不在中，台風で飛んで来た樹木の枝により所有する家屋の窓ガラスが割れた際に，隣家のＢが，善意からその窓ガラスを修理した場合を想定しよう。法的には，Ｂは，Ａと他人であってＡの財産を保護する義務も権利もないが，Ａ（本人）のためを思って（いわばお節介で），敷地に立ち入って業者

に窓ガラスの修理を依頼してその費用を支払った場合，B（管理者）を不法侵入し他人の財産を勝手に処分した不法行為者とするのは不合理である。むしろ，このような「お節介」を，本人の意思や利益に適うならば，積極的に奨励しようというのが事務管理である。この観点から，管理者は，本人の意思を知っていたとき，または推知できたときはその意思に従って管理しなければならないとされている（民697条2項）。

　事務管理が成立すると，管理者には，(1) 本人への事務管理を始めたことの通知義務（民699条），(2) 本人等が管理できるまでの管理の継続義務（民700条），(3) 事務の管理の点で類似する委任契約の規定（民645条〜647条が規定する受任者の報告・受取物引渡義務，受任者の金銭消費の責任）の一部準用があり（民701条），他方，本人に対する有益費の償還請求権がある（民702条）。この費用償還請求権に基づき，上の例で管理者Bは，本人Aのために立て替えたガラスの修理費用を本人に請求することができる。ただし，管理者の報酬（本人のために労力を提供した対価）は請求できないとされている。委任契約等で報酬を約束した場合と異なり，無償の行為を正当化するのが事務管理の目的だからである（もし報酬請求権が認められるとすると「庭に枯れ葉が沢山落ちていたので掃除しておきました。1万円申し受けます。」といった仕事の押し売りが可能になってしまう）。

3◆不当利得

(1) 民法703条の要件・効果と不当利得制度の考え方 ─────────

　例えば，(ア) A所有の土地をBが自己の土地と勘違いして自動車を駐車している場合，Bは，権原なく他人Aの土地を利用しているので，近隣の駐車場の料金に相当する価値をAの損失において利得しているといえる。また，(イ) AB間で家屋の売買契約が締結され，Aが家屋をBに引き渡し，BもAに代金3,000万円を支払い3か月間居住していたところ，この売買契約が錯誤により取り消された場合（民95条），契約は遡及的に無効となるので（民121条），Aは3,000万円を受領した根拠がなくなり，他方でBも3か月間の家賃を支払わずに当該家屋に居住したことになる。

　これらの場合に，民法703条は，法律上の原因なく他人の財産や労務によって利益を受け，そのために他人に損失を及ぼした者（受益者）は，その利益の

存する限度において，これを返還する義務を負う，と規定している。つまり，
受益者が得た利得を返還させるというもので，これを**不当利得**という。本条
は，特に事案を限定せず，法的根拠なく他人の財産等から利得した受益者に
その他人への利得返還を求めるための制度を規定し，一般不当利得と呼ばれ
ている。その要件は，①法律上の原因の不存在，②他人の財産・労務からの
「受益」，③他人の「損失」，④受益と損失の間の「因果関係」であり，効果は，
受益者に利益の存する限度での返還義務（損失者からは返還請求権）を発生させ
るものである。

（2）不当利得制度の考え方

　不当利得の考え方については，当初，不当利得を，契約や物権などの私法
の様々な制度により受益者と損失者の利害調整できない場合に衡平（公平）の
見地から統一的に同じ要件・効果のもとに当事者間の不均衡な利益の帰属を
解消する一般条項的制度と捉える考え方（**衡平説**）が主張されていた。しかし，
衡平説に対しては，他人の財貨からの不当利得（上記（1）の（ア）の例＝非給付
不当利得）と他人の給付による不当利得（上記（1）の（イ）の例＝給付不当利得）と
では，その返還の処理方法が異なるとの批判がなされた。そこで，近時は，
不当利得とされる現象の中には，目的や機能が異なるものが混在しているた
め，その類型ごとに目的，要件・効果を把握すべきであるとする考え方（**類型
論**）が有力となっていた。

　具体的には，類型論は，所有秩序上の不当な利益の返還が問題となる「**侵
害利得**」（例えば，上記（ア）の例のように他人の財貨からの利得）と，無効ないし取
り消された契約に基づき給付された代金や目的物の返還が問題となる「**給付
利得**」（例えば，上記（イ）の例）とでは，当事者間の利害関係や適用されるべき
ルールが異なると主張する。この類型論によれば，「給付利得」では，双務契
約の双方が履行済であった場合，返還請求権にも同時履行の関係（民533条の
類推適用）が認められるべきであり，民法703条の効果である「利益の存する
限度」での返還請求では当事者間の原状回復が達成できず妥当性を欠くなど
の理由で，給付利得に民法703条は適用すべきではないとする。つまり，類
型論は，給付利得の場合に民法703条を適用せず，契約が無効なのだから，
契約がなかった本来の状態に戻す＝原状回復するのが妥当な解決だと主張す

るわけである。

　そして，2017年の民法改正において，こうした考慮を前提に規定が新設されることとなった。すなわち，改正民法121条の2第1項は，無効な法律行為（契約）に基づく債務の履行として給付を受けた者は相手方を原状に復させる義務を負うと規定し，契約の無効・取消しと契約解除の効果（民545条1項）とを同じ扱いとした。したがって，改正民法の下では，給付利得については民法121条の2，それ以外の不当利得については，民法703条が適用されることになる。これは上記類型論の問題指摘に対応した立法といえる。

（3）不当利得の法的性質と悪意不当利得

　不当利得は，当事者の帰責性（故意・過失）を問題とせず，客観的に法律上の原因がない受益と損失の関係が存在する場合，受益者にその利益を返還する義務を発生させる制度である。受益者は通常受益が法律上の原因がないことを知らず，自分の財産だと信じて行動するため利益の存する限度で返還すれば足り（民703条），損失者の不当利得返還請求権は期限の定めのない債権（民412条3項）と解され，履行の請求があるまでは利息が発生しない。

　しかし，受益者が法律上の原因がないことに悪意の場合，受益の時から利息を付けて返還する義務を負い，損失者の損害賠償請求を妨げない（民704条）。受益者が悪意の場合は，他人の財産・利益であることを知りながらこれを保持していたのだから利用チャンスの対価としての利息を支払うべきであり，損失者の権利・利益の侵害に当たり帰責性があるからである。後述する不法行為の要件を充たせば，受益者は損害賠償義務も負う。

（4）特殊不当利得（不法原因給付）

　民法705条〜708条に特別の取扱いを必要とする給付利得について規定があるが，重要なのは，民法708条の**不法原因給付**である。

　民法708条本文は，不法な原因のために給付をした者は，その給付したものの返還を請求できない，と規定している。

　「不法な原因」とは，反社会性を持った法律行為（契約）を指し，適用される場合は，社会的妥当性を欠く契約が公序良俗違反により無効（民90条）となる場合と重なる。すなわち，公序良俗違反の契約は民法90条により無効となり，通常無効な契約に基づいて給付がなされていた場合には不当利得（給付利得）

として原状回復義務（民121条の2）が受益者に発生するはずであるが，この場合は，民法708条により損失者の給付が不法な原因によるものとして返還を求めることができなくなるのである。裁判の救済を求める者は，反社会的・反倫理的であってはならない，とする**クリーン・ハンズの原則**（clean hands doctrine：イギリス法の衡平法＝equityの法理に遡ることができる法原則）を具体化したものといわれている。

　例えば，AがBに殺人依頼をし着手金として500万円を支払った場合，この殺人契約は公序良俗に反して無効（民90条）であるが，AはBに対して支払った500万円について不当利得として返還を求めることができない。この結論は，Bが殺人の対価の一部である500万円を受け取ることを是認し，公序良俗違反で無効な契約に基づく給付を認める点で不当あるいは矛盾するように思える。しかし，民法708条は，不法な原因で給付を行った者には法は救済を与えない，裁判所はかかわらないという姿勢を示しているのである。裁判所は，反社会的な契約については，履行請求にも手を貸さないし（公序良俗違反で無効），返還請求にも手を貸さないというわけである（不法原因給付）。

　ただし，不法な原因が受益者にのみ存したときはこの限りでない（民708条ただし書）。すなわち，当事者の一方が不法な原因で給付を行ったと評価できるが，窮状や無知から契約をしてしまった場合には不当な契約の被害者であり，不法＝反社会的とはいえない。このように不法の原因が受益者にのみある（ないし給付者の不法が甚だ微弱な）場合は民法708条本文が適用されず，給付者からの不当利得返還請求が認められるというわけである。

Ⅱ　不法行為とは何か

　【本講のねらい】で紹介した，自動車を運転していたBが，Aのコンビニの駐車場に駐車しようとバックしていた際，後方をよく確認しなかったため看板に自動車をぶつけて壊してしまったというような事故の場合，加害者と被害者には通常契約関係はない。しかし，民法は，契約がない場合でも，一定の要件のもと，被害者が加害者に損害を負担させること，換言すれば，損害の填補を求めることを認めている。すなわち，合意がなくても，公平の見地

から，民法709条に基づいて加害者に損害の賠償を求める権利（損害賠償請求権）を被害者に認めたのが**不法行為制度**である。

　また不法行為制度には，上述のように，被害者に現実に生じた損害を公平の観点から加害者に負担させる損害填補機能のほかに，社会の構成員に他人の権利・利益を侵害しないよう行動する注意義務を課すことで損害の発生を予防する損害予防機能や被害者が加害行為への制裁として損害賠償を求める制裁機能も認められる。

Ⅲ　一般不法行為

1◆民法709条の位置づけ

　わが国の不法行為法の特徴は，一般不法行為規定を有していることである。一般不法行為規定とは，人，場所，時，事件の種類，損害の種類などを問わず，不法行為責任が発生する要件とその効果を一般的に規定している条文であり，民法709条がこれにあたる。これ以外にも不法行為責任の根拠となる条文は，民法にも（特殊の不法行為〔民714条〜719条〕），特別法（製造物責任法・国家賠償法など）にも存在する。しかし，これらの規定の多くは，民法709条の要件や効果の一部を修正するものであり，基本的な考え方や概念は民法709条を中心とした民法の一般不法行為規定のルールに従っている。

2◆要　　件

　民法709条は，「故意又は過失によって他人の権利又は法律上保護される利益を侵害した者は，これによって生じた損害を賠償する責任を負う。」と定めている。この条文は，わが国の不法行為による損害賠償の一般法であり，どのような場合に他人の生命や財産などに生じた損害を賠償すべきかの基本的な考え方を表している。すなわち，本条に基づき損害賠償を請求しようとする原告（被害者）は，裁判で，①故意または過失，②他人の権利または法律上保護される利益の侵害，③損害の発生，④侵害行為と損害との因果関係の4点（積極的要件）を立証しなければならない。これに対して，被告（加害者）は，⑤責任能力の不存在（民712条・713条），⑥違法性の不存在（正当防衛・緊急

避難〔民 720 条〕，正当業務行為，被害者の承諾など）のいずれか（責任阻却事由ないし違法性阻却事由：消極的要件）を立証することで責任を免れることができる。

　以下，各要件についてみてみよう。

（1）故意または過失 ─────────────────────────

　まず，**故意**とは，行為者（加害者）が侵害行為の結果発生を認識し認容することである。他人に損害を与えることを目的とする意図的行為に限定されないが，損害が生じても仕方ないと結果を認容していた場合には，故意が成立する（**未必の故意**）。他人の権利を顧みなかった倫理的非難が責任の根拠といえる。

　次に，**過失**については，(a) 緊張を欠いた主観的な精神状態ではなく，(b) 他人の権利や法律上の利益を侵害しないよう法律上要求される注意義務に違反する客観的行為と考えられている。責任の基礎を故意と同じように倫理的非難に求めるならば，(a) が過失の本質だといえるだろう。しかし，精神状態としての不注意は直接証明できないので，注意をすべきだったのにしなかったため結果が生じた，という客観的な事実を証明するしかない。つまり，成立要件としての過失は，個人の社会的立場に応じて課される注意義務違反（上記 (b)）として考えるべきである。

　さらに，注意義務違反の一般的な内容については，(ⅰ) 自分の行為の結果を予見することが可能であったのに予見できなかった結果予見義務違反とする立場，(ⅱ) 予見に基づいて結果を回避する措置をとるべきであったのにそれを怠ったために結果を回避できなかった結果回避義務違反とする立場がある。予見可能であっても避けられない結果について責任を問うことはできないので，結果回避可能性がある場合にのみ過失が成立する，とする (ⅱ) の立場が判例・通説であると一応いえる。

　ただし，結果回避可能性のとらえ方には注意が必要である。（大判大 5・12・22 民録 22・2474〔大阪アルカリ事件判決〕）は，化学工場からの煤煙で付近の農家に農作物被害が発生した事件で，原審が農作物被害の予見可能性があるので過失があるとしたのに対し，事業による損害発生予防のために相当の設備を施している限り過失がないとし，相当の設備の有無を審理させるため原審に差し戻した（差戻審では相当の設備を施していないとして原告の請求が認容された）。

これに対して，同じ工場操業の過失判断に関する（新潟地判昭46・9・29下民22・9＝10別冊1〔新潟水俣病事件判決〕）は，「最高技術の設備をもつてしてもなお人の生命，身体に危害が及ぶおそれがあるような場合には，企業の操業短縮はもちろん操業停止までが要請されることもある」と判示している。この2つの判例は，結果回避義務違反を過失ととらえるとしても，どのような行為をすれば結果を回避できたかは一律に定まるものではないことを示しているといえよう。

（2）他人の権利または法律上保護される利益の侵害

　民法制定当時は，「他人の権利」とのみ規定されていたが，権利を限定的に解釈して不合理と批判される判例もみられるようになった。そこで，「大学湯」という銭湯の「老舗（しにせ）」（顧客の信用・愛顧といった無形の経済的利益）の侵害が争われた（大判大14・11・28民集4・670〔大学湯事件判決〕）は，不法行為の「侵害対象は，厳密な意味での権利である必要はなく，法律上保護される利益」であれば足りるとした。この大学湯事件判決は，判例として定着し，当時の民法709条を修正・補充する解釈が現在の民法709条にとり入れられた（条文改正は2004年）。

　上記の判例を契機として，この要件を**違法性**と読み替え，どのような場合に不法行為が成立するかは，被侵害利益の性質と侵害行為の態様によって相関的に判断されるべきとする考え方が支配的となっている（**相関関係説**）。例えば，生命，身体等の重要な利益が侵害された場合は，利益の保護が優先されるので侵害行為の態様を問わず侵害だけで原則違法性があるが，ビジネスの過程で経済的損失が発生したとしても正当な競争手段ならば違法性はなく，意図的に被害者に不利な虚偽の情報を取引先に流すなど競争秩序に反する強い侵害行為が認められて初めて違法性を帯びることになる。

（3）損害の発生

　民法709条は，損害賠償責任を発生させるので，現実に損害が発生することが必要である。判例・通説によれば，損害とは，侵害行為がなかったならば存在したであろう利益状態と侵害がなされた現在の利益状態の差額である（**差額説**）。例えば，他人の土地を1度だけ断りなく通り抜ける行為は，故意で他人の所有権を一時的に侵害する行為だが，通常は所有者に具体的な損害を

与えないので損害賠償責任を発生させない。

（4）因果関係

　侵害行為と損害との間に因果関係が必要である。条文の文言によれば，「これによって生じた」損害でなくてはならない。判例は，基本的にこの因果関係を相当因果関係と解し，債務不履行の損害賠償の範囲に関する規定である民法 416 条を類推適用して，広範に不法行為が成立しないように相当因果関係内の損害に不法行為の成立および賠償の範囲を絞ってきた（〔大連判大 15・5・22 民集 5・386〔富喜丸事件〕]。**相当因果関係説**〔第 6 講 II 3 (2) 参照〕)。それに対して，有力説は，不法行為が成立するための因果関係の問題と，成立した後の効果の問題である損害賠償の範囲確定の問題とを区別している。いずれの説に立っても，最低限，自己の行為と損害との間に事実的なレベルで原因・結果の関係（**事実的因果関係**）があることが必要である。そこで，ここでは事実的因果関係について検討することにする（なお，賠償の範囲に関する問題は効果の箇所でまとめて検討する〔後記 3 参照〕)。

　一般に事実的因果関係は，侵害行為と損害との間に条件関係（「あれなければこれなし」の関係〔A という事実がなければ B という結果は発生しなかった，と判断できること〕）があったかどうかで判断される。侵害行為がなければ損害が発生しなかったことが必要になるので，侵害行為がなくても損害が発生したと考えられる場合は因果関係がないことになる。

　ところで，因果関係で主に問題となるのは，その立証についてである。被害者が因果関係の存在を証明できなければ因果関係の要件を充たさず，不法行為責任は認められない。しかし，厳格に自然科学的に疑いの余地のないところまで証明することを求めると，因果関係の証明が不可能あるいはきわめて困難な場合，常に被害者が敗訴することになってしまう。そこで判例は，「訴訟上の因果関係の立証は，一点の疑義も許されない自然科学的証明ではなく，経験則に照らして全証拠を総合検討し，特定の事実が特定の結果発生を招来した関係を是認しうる高度の蓋然性を証明することであり，その判定は，通常人が疑いを差し挟まない程度に真実性の確信を持ちうるものであることを必要とし，かつ，それで足りる」とした（最判昭 50・10・24 民集 29・9・1417〔**東大病院ルンバール・ショック事件**〕。なお，第 14 講 II 3 も参照）。最高裁は，被害者

の病状は一貫して軽快しつつあったのに施術の 15 分ないし 20 分後に発作が
突発したこと，髄膜炎の再燃する（再び症状が悪化する）蓋然性は通常低く当時
再燃する特別の事情も認められないことなどから，被害者の後遺障害がルン
バール施術によるものとして因果関係を肯定した。この証明ルールは，**高度
の蓋然性説**と呼ばれ，医療過誤だけでなく，公害事件など自然科学的証明が
困難な分野に適用され，判例法理として定着している。

（5）責任能力

　不法行為責任を問うためには，行為者が最低限一定の知能・判断能力を備
えていることが必要である。自分の行為が法的責任を発生させることを弁識
するだけの能力（**責任能力**）を備えていない者には，責任を問えない。未成年
者で責任能力がない場合（民 712 条），精神上の障害により責任能力がない場
合（民 713 条），行為者はいずれも免責される（これらについては加害者が証明責任
を負う）。もっとも，精神上の障害の場合は，自ら故意または過失でその状態
を招いたときは免責されない（例えば，飲酒や薬物使用により酩酊状態となり，自動
車事故を起こした場合など）。責任能力の有無は，知能の発育の程度や精神障害
の程度を対象に，個別具体的に裁判において判断される。責任能力の基準は，
一般に小学校高学年程度（12 歳あたり）に置かれていると考えられている。

（6）正当防衛・緊急避難

　他人の不法行為に対して，自己または第三者の権利，利益を防衛するため，
やむを得ず加害行為をした場合は，不法行為責任を負わない（**正当防衛**〔民 720
条 1 項〕。なお，他人の不法行為に対し，正当防衛となる加害行為によって被害を受けた第
三者がその他人に損害賠償請求することは可能である〔民 720 条 1 項ただし書〕）。他人の
物から生じた急迫の危難を避けるためその物を損傷した場合も責任を負わな
い（**緊急避難**〔民 720 条 2 項〕）。なお，刑法上の正当防衛，緊急避難とは概念が
異なることに注意が必要である（刑 36 条・37 条参照）。

　正当防衛・緊急避難にあたる場合，違法性が阻却され，不法行為は成立し
ない（これらについては加害者が証明責任を負う）。このような事由を一般に違法性
阻却事由といい，そのほかに正当業務行為（ボクシングなどのスポーツや医療行為
など）や被害者の承諾などがある。

3◆効　果

　民法709条が定める不法行為の効果は，加害者が損害賠償責任を負うことである。損害賠償の方法は，**金銭賠償**が原則である（民722条1項による同417条の準用）。このほかに，原状回復として名誉毀損の場合の名誉回復措置（民723条。裁判では謝罪広告の掲載がその手段として認められている）があり，これも不法行為の効果といえる。さらに，明文の規定はないが，権利や利益の侵害行為を禁止する差止めが民事裁判では認められており，この法的根拠を不法行為に求める学説も有力である。ここでは，不法行為の効果として損害賠償の概略を学ぶこととする。

（1）損害賠償請求の主体

　損害賠償を請求できる者は，原則，権利または法律上の利益が侵害され損害を被った被害者本人である。そこで，被害者が不法行為で死亡した場合，すでに発生している損害賠償請求権は相続の対象となるが，被害者の逸失利益や被害者本人の慰謝料請求権（精神的苦痛に対する損害賠償請求権。後記（2）参照）が相続されるかが問題となる。すなわち，被害者の生前に死亡による逸失利益を考えることはできず（厳密に考えると不法行為の時点あるいはその直後に被害者は権利能力がなくなっているから），また，慰謝料についても，実際に被害者本人がその請求の意思を表明することは困難であることが多いので，相続は問題となり得ないと考える余地があるからである。

　この問題について，判例，学説および他国の立法例において2つの考え方が展開されている。1つは，死亡した被害者に一度損害賠償請求権が帰属したと考え，これが死亡により遺族に相続されると考える，相続構成である。もう1つは，被害者が死亡したことにより，生計を支えてきた被害者を失ったことによる経済的損害や近親者を失ったことによる精神的損害が遺族に直接生じたと考える，固有損害構成である。

　わが国の判例は，一般に相続構成を採用しているといえる。すなわち，被害者の死亡逸失利益については，被害者が即死した場合でも，死亡までの間に観念上時間的間隔があるとして損害賠償請求権が相続されるとする（大判大15・2・16民集5・150）。また，被害者の慰謝料請求権については，被害者が損害発生と同時に慰謝料請求権を取得し，生前に請求の意思を表明しなくとも

相続の対象になるとする（最大判昭 42・11・1 民集 21・9・2249）。

　ところで，被害者が死亡した場合，被害者の父母，配偶者および子などの近親者は，財産権が侵害されなかった場合でも損害賠償が請求できる（民 711 条）との規定がある。判例によれば，上述の遺族に相続される被害者本人の慰謝料請求権とこの近親者の慰謝料請求権の保護法益（被害者死亡により近親者も重大な精神的苦痛を被る）とは異なり，近親者に固有のものとして発生し，両者は併存すると考えられている。もっとも，判例は，本条に列挙されていない近親者にも，重大な精神的損害を受けた場合（死亡した被害者の夫の妹が身体障害者で長年にわたり同居して被害者の庇護の下に生活を維持し，将来もその継続を期待していたなどの事情があった場合）には，本条を類推適用して慰謝料請求権を肯定する（最判昭 49・12・17 民集 28・10・2040）。また，被害者の傷害の場合にも，近親者が被害者の生命侵害の場合にも比肩し得べき精神上の苦痛を受けたとき（交通事故により 10 歳の少女の顔面に傷跡が残るような傷害のとき）は，民法 709 条と同 710 条に基づき近親者（母親）に慰謝料請求権を肯定している（最判昭 33・8・5 民集 12・12・1901）。

　なお，上記のような損害賠償請求権等の相続構成および民法 711 条の規定に照らすと，次のような事態も生じ得る。すなわち，被害者に子がいる場合，父母には相続権はない（民 889 条 1 項参照）ので，被害者に帰属した損害賠償請求権を相続することはできないが，民法 711 条に基づく慰謝料請求は可能である。一方，被害者に子がなく，父母が既に死亡している場合，被害者の兄弟姉妹に相続権があり（民 889 条 1 項 2 号），民法 711 条の近親者ではないのに被害者の損害賠償請求権を行使できることになる。したがって，長年連絡がなかった兄弟姉妹でも損害賠償を請求することができる点で（「笑う相続人」），相続構成に問題がないわけではない。それゆえ，こうした問題や被害者死亡以前にそもそも逸失利益の損害賠償請求権が発生しないことなどを理由に，相続構成を否定する固有損害説が主張されるというわけである。

（2）損害賠償の方法・算定

　損害賠償の方法としては，わが国では，すでに述べたように金銭賠償の原則を採用している。裁判実務では，原則として不法行為によって生じた賠償が認められる損害全体をまとめて 1 回で賠償するよう加害者に命じる，**一時**

金方式が採用されている。この方式では，交通事故で障害を負った被害者の
減収や継続的治療費などの将来発生する損害も判決の時点で仮定的に算定さ
れ，過去分の損害とともに一時金として賠償の対象となる。なお，近時，後
遺障害による逸失利益が問題となった事案で，損害賠償制度の目的と理念に
照らして相当と認められるときには定期金方式による賠償の方法も認められ
るとした判決が出された（最判令2・7・9裁時1747・14）。

　不法行為によって生じた損害は，金銭賠償のため，その額が計算・確定さ
れなければならない（損害賠償〔額〕の算定）。この点について，民法は具体的な
ルールを明文化していないが，一般に，①不法行為によって生じた損害事実
を確定（事実的因果関係の有無），②加害者が賠償すべき損害範囲の確定（不法行
為によって生じた損害すべてを賠償の対象とするのではなく，一定の基準で賠償すべき損
害を限定），③賠償すべき損害を金銭に見積もる（金銭評価），という3段階を経
て定まる。しかし，判例は，この3つの作業を明示的に区別せず，賠償の範
囲も金銭評価も相当因果関係の原則で処理をする。

　例えば，交通事故で被害者が入通院治療を受け，車椅子が必要となる後遺
症が残った例で考えてみよう。事故後に被害者が老朽化した家を建て替えた
としても，通常の居住に必要な部分は事故がなくても工事した部分であるか
ら，交通事故と当該損害との間に事実的因果関係はない。したがって，その
建替費用については，不法行為責任は生じない。他方，車椅子の生活に対応
するためバリアフリー化し，エレベーターを設置した場合は，事故で障害を
負わなければ行わなかった工事なのでこの部分には事実的因果関係がある。
ただし，車椅子の生活に対応するため行った工事費用のすべてが賠償の対象
となるわけではない。スロープに超高級品の大理石を敷き詰めたり，10人乗
りのエレベーターを設置したりするなど，裁判官が，障害をカバーする必要
を超える工事（費用）であると認定した場合には，その必要を超える部分は事
故との相当因果関係がないとして，損害賠償の範囲から除外されることにな
る（裁判例では，設置したエレベーターを家族も使用できることを理由に設置費用の一部
のみの賠償を認める例も多い）。

　金銭に見積もることができない損害も損害賠償の対象となる（民710条）。
例えば，名誉，プライバシーなどの人格的利益が侵害された場合や交通事故

で被害者が受けた痛みや不便さは，具体的に何円という経済的損失を発生さ
せるわけではないが，判決では，金銭に置き換えて賠償させざるを得ない。
このような金銭に見積もることができない精神的苦痛などに対する賠償を**慰
謝料**といい，経済的損失のように証拠によって何円と証明することも評価す
ることもできないので，慰謝料の額は裁判官の裁量により決められるとされ
ている（実際は，不法行為の類型や侵害の程度，特に生命・身体が侵害される人身損害で
は，年齢，家族関係，残った障害の程度などにより相場が存在し，定額化している）。民事
訴訟法 248 条は，慰謝料以外でも損害は発生しているが証拠によってその額
を証明することが困難な場合に，裁判官に全証拠に基づき相当な額を定める
裁量権を与えている。

　被害者に過失があった場合は，裁判所はこれを考慮して損害賠償の額を定
めることができる（**過失相殺**〔民 722 条 2 項〕。なお，被害者救済の見地から不法行為の
過失相殺は，債務不履行責任と異なり免責がない〔民 418 条参照〕）。裁判実務では，損
害発生についての加害者と被害者の過失割合を認定し，加害者の過失割合に
応じた賠償を認めている。例えば，A 運転の自動車と B 運転の自動車が衝突
して B に障害が残った事故において過失割合が 7：3，B の損害が 5,000 万円
だとすれば，A は，5,000 万円×0.7＝3,500 万円の賠償責任を負うことにな
る。過失割合が 3：7 で B の過失の方が大きい場合でも A は 5,000 万円×
0.3＝1,500 万円の賠償責任を負う。ちなみに A にも損害があった場合は，
別途 B の A に対する不法行為が成立することとなる。

　不法行為に基づく債権は，不当利得と同様期限の定めのない債権で本来は
請求により遅滞に陥るはずであるが（民 412 条 3 項参照），加害者の帰責性に基
づく責任であり，被害者救済の見地から損害を不法行為時から賠償する義務
が発生すると考え，原則不法行為時から遅滞に陥り，遅延損害金が発生する
というのが判例の立場である（最判昭 58・9・6 民集 37・7・901）。

Ⅳ　特殊の不法行為と特別法上の不法行為

1◆民法上の特殊の不法行為（民 714 条～719 条）

　民法は，一般不法行為規定である民法 709 条の特別法として特殊の不法行

為と呼ばれる責任規定を民法 714 条から同 719 条まで置いている。

（1）責任無能力者の監督者責任（民 714 条）───────────

　責任無能力者の行為は不法行為責任を発生させない（民 712 条・713 条。前記 Ⅲ 2（5）参照）が，法律の定めにより責任無能力者の監督義務を負う者は，責任無能力者が第三者に加えた損害を賠償する責任を負う（**責任無能力者の監督者責任**）。監督義務者とは，未成年者が責任無能力の場合は親権者，未成年後見人である。例えば，小学校低学年の子供が同級生を殴ってけがを負わせた場合，被害者は，殴った子供の親権者である親に民法 714 条に基づき損害賠償を請求することができる。このとき，被害者は，監督者の過失を立証する必要がない。監督義務者の責任は，監督義務者の方でその義務を怠らなかったこと，またはその義務を怠らなくても損害が生じたはずであることを証明したときに，免責される（民 714 条 1 項ただし書。**中間責任**）。

（2）使用者責任（民 715 条）・注文者の責任（民 716 条）───────

　事業のために他人を使用する者（使用者）は，事業の執行について使用されている者（被用者）が第三者に損害を与えた場合，損害賠償責任を負う。例えば，ある運送会社の従業員が荷物の配達中に運転を誤ってコンビニの看板を壊してしまった場合，コンビニの経営者は，民法 715 条に基づき，運送会社に対して損害賠償を請求できる。これを**使用者責任**という。一般に，民法 715 条の規定は，**報償責任の原理**（利益のあるところに損失もまた帰する）に基づき，使用者が被用者に代位して不法行為責任を負担するもの（代位責任）と理解され，被害者の救済に資するものといえよう。

　また，使用者は被用者の選任・監督に相当の注意をしたこと，あるいは相当の注意をしても損害が発生したことを証明できれば免責され（民 715 条 1 項ただし書。中間責任），使用者が第三者に損害賠償をした場合，被用者に対して求償することができる（同条 3 項）。しかし，被用者の行為により第三者に損害が発生した場合には，被用者個人というよりも事業遂行の過程で不法行為を行ったという側面が強い。例えば，銀行員がマニュアルどおりの説明をしてリスクの大きい金融商品を売ったところ顧客が損失を被ったという場合，説明をした銀行員個人にのみ責任があるのではなく，むしろ当該銀行員を使って銀行自体が不法行為を行ったとみるのが合理的であろう。このような場合

に，銀行が当該銀行員の選任・監督に相当な注意をしたからといって責任を免れ，当該銀行員のみが民法709条で個人的責任を負うのは妥当でないし，銀行が仮に使用者責任を第三者に負担したからといって会社の指示どおりに働いた銀行員に全額求償するのも妥当ではない。そこで，判例は，使用者の「相当の注意」を厳格に解釈し免責を認めない傾向にあり（無過失責任的運用），かつ，信義則により使用者の被用者に対する求償権（民715条3項）の行使を制限する傾向にある。この帰結は，被用者の行為を個人としての行為ではなく，企業組織の作用としてとらえ，使用者である企業自身の責任とする考え方（企業責任説）から説明できる。

（3）土地工作物責任（民717条）――――――――――――――――――

　土地の工作物の設置保存に瑕疵があることによって他人に損害が生じたとき，土地工作物の占有者や所有者は**土地工作物責任**を負う（民717条1項）。工作物とは土地に人為的に設置された構造物などを指し，建物がその典型例である。例えば，賃貸建物の壁からコンクリート片がはがれ落ちて通行人にケガをさせた場合，まず建物の占有者である賃借人は，通行人に対して土地工作物責任を負う（第1次的責任）。賃貸建物の賃借人が損害の発生防止に必要な注意をしたときは，当該賃借人は免責され（中間責任），最終的に賃貸建物の所有者が賠償責任を負う（民717条1項ただし書。第2次的責任〔補充的責任〕）。この場合，当該建物の所有者は必要な注意を払ったとしても賠償責任は免責されない（無過失責任）。この所有者の責任は，自分の行為や過失が結果を引き起こしていなくとも第三者に対して負うものなので，過失責任主義からは説明できず，土地とその工作物の持つ危険性が具体化した場合に所有者として責任を負うとする**危険責任の法理**に基づく制度であると理解されている。

　竹木の栽植や支持に瑕疵があった場合も工作物責任と同じ責任が発生する（民717条2項）。工作物責任に基づき損害賠償を負担した占有者あるいは所有者は，損害の原因に責任を負う者がいる場合にはその者に求償することができる（民717条3項）。

（4）動物占有者の責任（民718条）――――――――――――――――――

　動物を占有する者は，占有する動物が第三者に損害を与えたときに損害賠償責任を負う。危険責任の法理に基づき**動物の占有者の責任**を定めた規定で

ある。自分の飼い犬が他人や他人の犬を噛んでケガをさせたというのが典型
例である。占有者が動物の種類および性質に応じて相当の注意を持って管理
した場合は免責される（民718条ただし書。中間責任）。

（5）共同不法行為（民719条）─────────────────

　民法719条は，**共同不法行為**について，①複数人が共同して他人に損害を
与えた場合（同条1項前段），②複数人のうち誰が加害したのかが不明の場合（同
条1項後段），③他人の不法行為を教唆または幇助した場合（同条2項）の3つ
の類型を規定する（なお，③は一般に①に含まれるので注意的規定と解されている）。
いずれの場合も，不法行為に関与した者が連帯して被害者に損害賠償責任を
負う。連帯して責任を負う，という意味は，関与した者各自が損害全体につ
いて賠償義務を負うということである。例えば，ABCの3人が集団でDに
暴行を加え300万円の損害を与えた場合，Dは，民法719条1項に基づき
ABCに対してそれぞれ300万円の損害賠償請求をすることができる。もっ
とも，Dは，ABCの3人それぞれに300万円請求する権利を持つが，実際に
賠償を受けることができるのは損害を受けた300万円である。なお，共同不
法行為の加害者の間では，過失割合（または損害の発生に対する寄与の割合）に応
じた求償が認められる。

　共同不法行為は，立法時，集団暴行のように共同不法行為者に意思の連絡
がある場合を想定していたようである。しかし，社会の進展に伴い，交通事
故の多重衝突，交通事故と医療過誤の競合，複数の工場による大気汚染など，
様々な原因が競合して損害が発生する現象がみられるようになると，意思的
関連性がない場合でも競合する原因者間に連帯責任を負わせる根拠として用
いられるようになる（従来は，これを通常の連帯債務〔第11講Ⅱ3参照〕と対比して，
不真正連帯債務〔債務者間に主観的共同関係がない特殊な連帯債務〕と呼んできたが，
2017年の民法改正では，両者を区別せず，不真正連帯債務も連帯債務の規定の適用を受け
るという立場を基礎としつつ，民法719条のようにそれぞれの箇所で個別に規定した）。

2◆特別法上の不法行為規定

　個別分野での特別な権利義務関係を定めた法律（例えば，製造物責任法，国家
賠償法，自動車損害賠償保障法など）あるいは行政上の規制を目的とした法律（例

えば，水質汚濁防止法，大気汚染防止法など）の中に損害賠償責任規定を置くものがある。

　自動車損害賠償保障法 3 条は，自動車の**運行供用者**（当該自動車の運行支配，運行利益が帰属する者を指し，自家用車の運転者やタクシーの場合は事業者など）は，自動車の運行によって他人の生命・身体に損害を与えた場合は，①自己および運転者が自動車の運行に関して注意を怠らなかったこと，②被害者または運転者以外の第三者に故意または過失があったこと，③自動車に構造上の欠陥または機能上の障害がなかったこと，の 3 点すべてを証明しない限り，損害賠償責任を負う旨規定している。被害者に民法 709 条の過失の立証を求めず，加害者側に免責の立証を求めるものである。

　ほかに，被害者に過失の立証を求めない立法としては，製造物責任法 3 条がある（製造物の欠陥を立証すればよい）。また，水質汚濁防止法 19 条・大気汚染防止法 25 条は，公害による健康被害の深刻さを背景に立法化された生命・健康への被害についての事業者の**無過失責任**を定めた規定である。いずれも，企業活動に内在する危険によって，人の生命・身体や財産といった重要な法益が侵害されたのにもかかわらず，過失の立証の困難さによって被害者が救済されない事態を回避する立法として位置づけられる。

　また，国家賠償法は，憲法 17 条の国・公共団体の賠償責任を具体化させた制度である。同法 1 条 1 項は，故意または過失による公務員の公権力の行使により他人に損害を与えた場合（民法 709 条に要件が対応。公務員の行為について国・公共団体が責任を負う点で民法 715 条に類似），同法 2 条 1 項は，公の営造物の設置または管理の瑕疵によって他人に損害を与えた場合（民法 717 条の工作物責任に類似）の国または地方公共団体の損害賠償責任を規定している。

　さらに，失火責任法（失火ノ責任ニ関スル法律）は，失火の場合には，重過失がある場合に限って民法 709 条を適用するとする。木造建築が多いわが国では，類焼によって莫大な損害が発生するおそれがあり，個人に全損害を負担させるのが酷なことに配慮して責任を制約する特別法である。日本で火災保険が普及しているのは，失火責任法により失火の原因者に責任追及できないからだといわれている。

■コラム■　民法改正と不法行為法——生命身体損害の場合の消滅時効

　2017年の民法改正は，契約に関連する債権編，総則編の規定を主な対象としており，不法行為については主な検討の対象とされなかったが，消滅時効について民法724条が改正され，民法724条の2が追加された。(消滅時効については第8講III参照)

　改正前民法724条は，「不法行為による損害賠償の請求権は，被害者又はその法定代理人が損害及び加害者を知った時から3年間行使しないときは，時効によって消滅する。不法行為の時から20年経過したときも，同様とする。」と規定していた。

　第一の改正点は，①被害者側が損害と加害者を知った時から3年（主観的起算点），②不法行為の時から20年（客観的起算点），いずれも消滅時効の起算点であることと明示したことである。明文上は旧規定も上記のようにいずれも消滅時効のように読める（むしろ文脈上自然）ものであったが，通説・判例は，②については，時効の中断（改正民法では「時効の更新」）を認めない，除斥期間と理解してきた。どのような事情があっても客観的に不法行為時から20年経ったら不法行為責任は追及できないという理解である。

　現実には，鉱山での労働環境で粉じんに長期間暴露した労働者が長期間を経て発症する「じん肺」訴訟や，行方不明になっていた者が20年以上前に殺されていて加害者が自首して死体が発見された事件などで，裁判所が，被害者の症状の段階や状況の変化（行政認定，死亡など）に応じてその時々に「損害」が発生しその時が不法行為の要

件を充たすとして20年の起算点を遅くしたり，事件の特殊性から信義則により除斥期間の主張を制限したり，解釈適用上の工夫をすることで「不法行為の時から20年」を除斥期間とすることの不都合を回避してきた。

　今回の改正で，上記のような工夫に加え，不法行為の時から20年の間に時効の更新事由や時効の完成猶予事由（第8講IV2参照）を備えることで，原因行為から紛争の発覚と対応までに時間を要する不法行為類型や事例に，柔軟な対応をすることが可能となったといえる。

　第二の改正点は，人の生命・身体を害する不法行為の主観的起算点（知った時から）の消滅時効の期間を5年に延長した点である（民724の2）。改正民法167条も人の生命・身体の侵害による債務不履行に基づく損害賠償請求権の消滅時効について，客観的起算点を20年に延長し（なお，改正民166条1項2号では10年，主観的起算点については5年），不法行為であっても債務不履行であっても，人の生命・身体の侵害による損害賠償については，主観的起算点から5年，客観的起算点から20年の時効期間に統一した。

　人の生命・身体は重要な利益であって保護の必要性が高い一方，医療過誤や公害・環境問題，労働災害など専門的知識を必要とする訴訟準備や各種の公的認定を伴う制度（例えば，労働災害補償制度や自動車損害賠償責任保険制度の障害認定など）との関係で出訴までに時間がかかることが多い。改正民法724条の2は，これらの事情や実態を考慮

して，被害者が損害と加害者を知ってから請求までの期間制限を延長した。

　最高裁判所が最初に「安全配慮義務」を認めた判決（最判昭50・2・25民集29・2・143）は，自衛隊員が基地内での自動車に轢かれて死亡した事故について，遺族が国に損害賠償を求めることができないと誤信し弁護士への依頼が遅れ，不法行為の3年の消滅時効期間経過後に提訴した事案であった。原審では，不法行為（実際に適用されたのは自動車損害賠償保障法3条）の消滅時効完成を理由に原告の請求を認めなかったが，上告人（原告）側が消滅時効を回避するために，損害賠償の請求根拠として信義則上の安全配慮義務違反を挙げ，その消滅時効は一般債権の消滅時効10年であると主張した（改正前民167条）。最高裁はこの主張を認め，原審判決を破棄して差し戻した。

　今回の改正により，不法行為と債務不履行の消滅時効は統一されたため，時効を考慮して戦略的に適用条文を選択する必要がなくなった。ただ，このような実務上の工夫によって生命・身体侵害の消滅時効の問題点が広く認識され，時効期間の見直しに繋がったと評価することもできるだろう。

第11講　責任財産の保全と債権の担保

本講のねらい

　債務者が債務を弁済しないとき，債権者は債務者の財産に強制執行をかけて，債権の回収を図ることができる（第6講Ⅲ参照）。債権者にとって債務者の財産は，債権回収のための最後の砦（引当て）になっているということであり，このような財産を責任財産という。もちろん，責任財産も債務者の財産であるから，債務者は自由にこれを管理・処分することができる。しかし，責任財産が十分でないときに，債務者がこれを放置し，あるいは廉価・無償で第三者に譲渡してしまうと，債権者に不当な不利益が生ずる。そこで，民法は，債務者の責任財産を保全（維持・回復）するための制度として，債権者に，債務者の財産の管理・処分に介入することができる権利を認めている。これには，債権者代位権と，詐害行為取消権がある。

　ところで，債権者としては，債務者の責任財産が十分でないとき，または債務者が将来弁済資力を失ったときに備えて，自己の債権を確実に回収することができる措置があるなら，あらかじめそれを講じておきたいであろう。債権の担保がそれである。これには，強制執行の対象となる責任財産を，債務者の財産だけから，第三者の財産にも拡大するという人的担保（保証など）と，債務者または第三者の財産のうち所定の財産については，自分以外に債権者がいても，自分以外の債権者に優先して弁済を受けることができるという物的担保（抵当権など）がある。

　本講では，債権者の債権が金銭債権であることを念頭に置き，責任財産の保全と債権の担保に関する基本事項について学習する。

Ⅰ　責任財産の保全——債権者代位権，詐害行為取消権

1◆責任財産保全の意義

　債権者は，債務者が債務を履行しない場合，債務者に履行請求や損害賠償請求をすることができるが，債務者が履行や損害賠償をしないときには，債

務者の財産に強制執行をして債権を回収することになる。この債務者の強制
執行の対象（債権の引当て）となる財産を，**責任財産**という。責任財産は，債権
者にとり，債権の満足を受けるための最後の砦といえるが，債務者がこの責
任財産の管理を十分に行わない場合もある。このような場合に，民法は，債
権者に責任財産を保全するための制度として，債権者代位権と詐害行為取消
権の 2 つの権利を付与した。債権者代位権は，責任財産を維持するために，
債権者が債務者の権利を債務者に代わって行使する制度であり，詐害行為取
消権は，責任財産を回復するために，債務者が行った責任財産を減少等させ
る行為を取り消す制度である。

　なお，これらの制度は，責任財産の保全に加えて，実務上は，債権回収機
能も見出され，さらに事実上の優先弁済権まで付与されていた（後記 2 (4)，3
(4) 参照）。そこで，2017 年の民法改正の審議過程において，当初，この債権
回収機能を制限または否定する議論（本来の責任財産保全の機能に限定すべきとの
主張）が有力であったが，実務界からの反発を受け，結局，これらの制度は，
債権回収機能に配慮して存置することとされ，それまでの膨大な判例の集積
を踏まえて，確定的な判例法理を要件と効果に取り込んで明確化された。

2◆債権者代位権
（1）債権者代位権の意義
　債権者代位権とは，債務者が自らの権利を行使しない場合に債権者が債務
者に代わって行使することにより，責任財産の維持を図る権利である（民423
条以下）。例えば，A は B に 100 万円の賃金債権を有しているが，B は C に対
する 100 万円の売掛代金債権以外にめぼしい財産を有していない。しかし，
B は C に対する債権を長年放置していて，時効により消滅しそうである。こ
のような場合，A は，B に代わって C に弁済を請求し，B の C に対する債権
の消滅を防ぎ，これにより自らの債権 100 万円を回収することができる。債
権者代位権を行使する債権者（A）を**代位債権者**といい，債権者（A）が債務者
（B）に対して有する債権を**被保全債権**，債権者（A）により代位行使される債
務者（B）の第三債務者（C）に対する債権ないし権利を**被代位権利**という。

（2）債権者代位権の要件

　債権者は，「自己の債権を保全するため必要があるとき」に，債権者代位権を行使することができる（民423条1項本文）。すなわち，債権者が代位権を行使するための第1の要件は，その行使が債権者の債権を保全するのに必要であることである。これを保全の必要性といい，より具体的には，債務者の責任財産が債権者に弁済するのに十分でなく，債権者が代位権を行使しないと十分な弁済を得られないおそれがあることをいう。債務者に十分な弁済資力があるときは，債権者は代位権を行使しなくても十分な弁済を受けられるので，保全の必要性はなく，代位権行使は認められない。そこで，判例は，債権者が金銭債権を保全するために債権者代位権を行使する場合には，債務者の無資力を要件とするものと解してきた（大判明39・11・21民録12・1537等）。この場合には，保全の必要性は債務者の無資力と同義となる。

　第2の要件は，債務者が被代位権利を行使していないことである。この要件は明文で定められていないが，当然のことと考えられている（最判昭28・12・14民集7・12・1386）。債権者代位権は，債務者の私的自治の原則に対する例外をなすものなので，債務者への干渉は必要最小限に限られるべきだからである。したがって，債務者がすでに権利行使をしているときは，その方法や結果の善し悪しにかかわらず，債権者は代位権を行使できない。

　その他の要件として，被代位権利が，債務者の一身に専属する権利（扶養請求権や認知請求権など）でないこと，また，差押えを禁じられた権利（給料債権など）でもないこと（民423条1項ただし書），被保全債権の期限が到来していること（民423条2項本文），被保全債権が強制執行により実現可能であること（民423条3項）が必要である。

（3）債権者代位権の行使

　債権者代位権は，詐害行為取消権と違い，裁判上で行使する必要はなく，裁判外でも行使することができる（民423条・424条1項本文参照）。いずれにおいても，代位債権者は，債務者の代理人としてではなく，自己の名において，債務者の権利（被代位権利）を行使する。

　被代位権利が金銭の支払いまたは動産の引渡しを目的とする場合には，代位債権者は，代位権行使の相手方に対してその支払いまたは引渡しを，自己

に対してすることを求めることができる（民423条の3前段）。この場合におい
て，相手方が代位債権者にその支払いまたは引渡しをしたときは，これによ
り，被代位権利は，消滅する（同条後段）。

（4）債権者代位権行使の効果

　債権者は，自己の名で債権者代位権を行使するが，これは，債務者の権利
を行使するのであるから，代位権行使の効果は債務者に帰属し，代位債権者
を含む全ての債権者のために行われるものである。したがって，代位債権者
は，代位権行使により優先弁済権を取得するわけではなく，依然として，他
の債権者とともに債権の額の割合に応じた平等弁済を受けることができるに
とどまる。

　もっとも，代位債権者の被保全債権が金銭債権であり，かつ，代位債権者
が相手方から金銭の支払いを直接受けた場合には，状況は一変する。この場
合，代位債権者は，相手方から受領した金銭を債務者に返還しなければなら
ない（民703条）が，それと自己の債権とを相殺することができる（民505条）。
上記（1）の例によれば，Aは，Cから受領した100万円をBに返還しなけれ
ばならないが，それとBに対する100万円の債権とを相殺することができ
る。これにより，代位債権者は，事実上，他の債権者に優先して弁済を受け
たのと同様の結果を得ることができるのである（**事実上の優先弁済権**などと呼ば
れている）。このような帰結については，責任財産の保全という本来の制度目
的を超えて，抜け駆け的に債権回収に利用されているという指摘もある。し
かし，強制執行と異なり債務名義を必要としないなどの利点があることから，
債権者が簡便に債権回収を図るための方法として，実務上この制度は広く利
用されている（上記1参照）。

3 ◆詐害行為取消権

（1）詐害行為取消権の意義

　詐害行為取消権（2017年の民法改正前は債権者取消権とも呼ばれていた）とは，債
務者が債権者を害する行為（**詐害行為**）をした場合に，債権者がその行為の取
消しを裁判所に請求することにより，責任財産の回復を図る権利である（民
424条以下）。例えば，AはBに1,000万円の金銭債権を有しているが，Bは時

価 1,000 万円相当の土地以外にめぼしい財産を有していない。しかし，B は
その土地を友人 C に 400 万円で売却してしまった。このような場合，A は，
B の C に対する売却行為の取消しを裁判所に請求し，C から B に当該土地を
返還させることができ，これにより，責任財産の回復を図ることができる。
なお，債務者（B）の行為によって利益を受けていた者（C）を**受益者**という。

（2）詐害行為取消権の要件

　民法 424 条が，詐害行為取消権の要件を定めた基本規定である。次の 3 つ
が，主要な要件である。

　第 1 に，詐害行為取消権の対象となるのは，債務者がした「債権者を害す
る行為」（詐害行為）である（民 424 条 1 項本文）。ここに債権者を害するというの
は，その行為によって債務者の財産が減少し，これにより債権者の取り分が
減少してしまうことである（客観的要件）。上記（1）の例によれば，B の売却行
為により A の取り分は 1,000 万円から 400 万円に減少しているから，B の売
却行為は詐害行為にあたる。これに対して，債務者の財産が減少する行為で
あっても，債務者に十分な弁済資力があるため債権者の取り分が減少しない
なら，詐害行為にならない。例えば，1,000 万円の借金を負っている者が，自
己の総額 1 億円の財産のうち 5,000 万円相当を誰かに贈与したとしても，こ
の贈与は詐害行為でない（なぜなら，債務者にはまだ 1,000 万円の債務を弁済するに
足りる 5,000 万円の財産が残っているからである）。したがって，金銭債権を有する
債権者が詐害行為取消権を行使する場合には，債権者代位権の場合と同様，
債務者の無資力を要件とすることとなる。なお，財産権を目的としない行為
は，債権者を害するとしても，詐害行為取消権の対象にはならない（民 424 条
2 項）。例えば，婚姻，離婚，養子縁組などの家族法上の行為である。これらの
行為は，行為者の自由な意思に基づいてなされるべきもので，第三者の介入
を認めるべきではないと考えられているからである。

　第 2 に，債務者が行為をした時に，その行為が債権者を害することを知っ
ていたことが必要である（民 424 条 1 項本文。主観的要件）。これを債務者の**詐害
意思**というが，債権者を害することについての認識があれば足り，債権者を
害しようという意図までは必要ないと解されている。また，債務者が行為を
した時に，受益者が，その行為が債権者を害することを知っていたこと，す

なわち受益者の悪意も必要である。したがって，受益者が，その行為が債権者を害することを知らなかったときは，債権者は，その行為を取り消すことができない（民424条1項ただし書）。取引の安全に鑑み，善意の受益者を保護するためである。なお，その立証責任は受益者が負担すると解されている。

　第3に，被保全債権に関する要件として，被保全債権が債務者の詐害行為よりも前の原因に基づいて生じたものであること（民424条3項），およびその債権が強制執行により実現可能なものであること（同条4項）の2つを要する。前者は，債権者を害するというためには，被保全債権が詐害行為前に成立していなければならないからである。また後者は，債権者代位権と同様の趣旨による（民423条3項参照）。

　なお，2017年の民法改正により，詐害行為該当性に関する民法424条の4つの特則が明文化された。すなわち，相当の対価を得てした財産の処分行為（民424条の2），特定の債権者に対する担保の提供等（民424条の3），過大な代物弁済等（民424条の4），転得者（受益者から転売を受けた者など）に対する詐害行為取消請求（民424条の5）の各場合について，一定の要件のもと，これらの行為を詐害行為として取り消すことができると規定した。

（3）詐害行為取消権の行使

　詐害行為取消権は，債権者代位権と違い，必ず裁判上で行使しなければならない（民424条1項本文）。他人のした行為の取消しは重大な介入だからである。したがって，詐害行為取消権を行使しようとする債権者は，受益者を被告として訴えを提起しなければならない（民424条の7第1項1号）。

　債権者は，債務者がした行為の取消しとともに，その行為によって受益者に移転した財産の返還を請求することができる（**現物返還**の原則。民424条の6第1項前段）。ただし，受益者がその財産を転売するなどして返還が困難なときは，債権者は，その価額の償還を請求することができる（例外としての**価格賠償**。同条同項後段）。いずれにおいても，債権者が受益者に金銭の支払いまたは動産の引渡しを求める場合には，債権者は，受益者に対してその支払いまたは引渡しを，自己に対してすることを求めることができ（不動産については債権者への直接履行は請求できず，債務者への返還にとどまる），これに応じて債権者に対してその支払いまたは引渡しをした受益者は，債務者に対してその支払いま

たは引渡しをしなくてよい（民424条の9）。

（4）詐害行為取消権行使の効果 ─────────────────────

　詐害行為取消訴訟で債権者の請求を認容する判決が確定すると，この確定判決の効力は，訴訟当事者であった債権者および受益者に及ぶ（民訴115条1項1号）ほか，債務者およびその全ての債権者にも及ぶ（民425条）。

　すなわち，2017年の民法改正において，詐害行為取消権を行使した債権者は，総債権者の利益のために債務者の行為（詐害行為）を取り消したのであるから，取消権行使の効果は，債務者および取消債権者を含む全ての債権者に対しても及ぶことが民法425条に明文化されたのである（取消しの効果は相対的なもので，取消債権者とその相手方との間のみで生ずるとしていた民法改正前の判例・通説の考え方を修正したものである）。

　もっとも，判例は，取消しの結果取り戻すものが金銭または動産の場合，取消債権者は，受益者に対して自己に直接支払いないし引渡しを請求できるとしており（大判大10・6・18民録27・1168。債務者が受領しないと処置がないことを理由とする），また，2017年の民法改正により，この判例法理が明文化された（民424条の9）。詐害行為取消権制度（責任財産保全のための制度）の建前からは，取消債権者は，受益者から受領した金銭等を債務者に返還しなければならないが，実際には，それと自己の債権とを相殺することができる。これにより，取消債権者は，事実上，他の債権者に優先して弁済を受けたのと同様の結果を得ることができるというわけである（**事実上の優先弁済権**）。このことについての状況は，債権者代位権の場合と同様である（上記1および2（4）参照）。

　なお，受益者が債務者から財産を取得するために反対給付をしていた場合には，受益者は，債務者に対し，反対給付の返還（または価額償還）を請求することができる（民425条の2）。上記（1）の例でいうと，Cは，Bから土地を取得するために400万円を支払っていたので，Bに対し，400万円の返還を請求することができる。

Ⅱ 責任財産拡大による債権の担保
──保証・連帯保証・連帯債務

1◆保　証
（1）保証の意義

　保証とは，**人的担保**のうち最も基本的な制度で，債務者Bが債権者Aに債務を弁済しない場合に，第三者Cが債務者Bに代わって債務を弁済する責任を負うことをいう（民446条1項）。この場合のBを**主たる債務者**，Cを**保証人**といい，保証人が負う債務を**保証債務**という。保証があれば，主たる債務者が弁済資力を失った場合でも，保証人に弁済資力がある限り，債権者は自己の債権を確実に回収することができる。つまり，保証とは，債権者が債務者以外の第三者（保証人）の財産を債務の引当てとできる（強制執行の対象となる財産である「責任財産」を拡大する）ようにするための制度である。

（2）保証債務の成立

　保証債務は，保証人Cと債権者Aとの間の保証の合意（**保証契約**）によって成立する。多くの場合，保証人Cは主たる債務者Bの委託を受けて保証契約を締結しているが，委託がなくても保証契約を締結することができる。

　保証契約は，**要式契約**であり，書面または電磁的記録でしなければ無効である（民446条2項・3項）。保証人保護の観点から，保証人の意思が明らかな場合に効力を認め，軽率な保証を防ぐためである。さらに，2017年の民法改正により，事業にかかる債務についての個人保証については，契約締結日の前1か月以内に作成された公正証書で保証人になろうとする個人が保証債務を履行する意思を表示していなければ保証契約は無効とされた（民465条の6第1項・第3項。このような公正証書を**保証意思宣明公正証書**と呼ぶ。本講〈コラム〉参照）。

（3）保証債務の性質

　保証債務は，主たる債務を担保するものであることから，次の3つの重要な性質を持っている。

　①付従性　　付従性とは，保証債務は，主たる債務の存在を前提として，主たる債務に付き従うという性質で，より具体的には，主たる債務が成立しなければ保証債務も成立しない（成立における付従性），保証債務の内容は主た

る債務の内容と基本的に同一である（内容における付従性），主たる債務が消滅すれば保証債務も消滅する（消滅における付従性）という性質である。

　②**随伴性**　　随伴性とは，債権者 A が主たる債務者 B に対する債権を D に譲渡するなどして，主たる債務者 B に対する債権が D に移転すると，保証人 C に対する債権もこれに伴って D に移転するという性質である。

　③**補充性**　　補充性とは，主たる債務者が債務を弁済しない場合に初めて保証人が保証債務を履行しなければならなくなるという性質で，いわば主たる債務の 2 次的債務性とでもいうべき性質である。ただし，連帯保証（後記 2）には，この性質はない。

（4）保証債務の効力

①債権者・保証人間の効力（対外的効力）

（a）保証債務の内容　　保証債務の内容は，主たる債務と基本的には同一である（内容における付従性）。ただし，主たる債務者が 1,000 万円の債務を負っている場合に，当事者の特約により保証人がそのうち 800 万円のみを保証するというような**一部保証**は可能である。しかし，これとは逆に，保証債務の内容が主たる債務より重くなることはない。すなわち，保証人の負担が主たる債務より重いときは，保証人の負担は主たる債務の限度に減縮される（民 448 条 1 項）。主たる債務が 1,000 万円から 500 万円になれば，保証債務も 1,000 万円から 500 万円になる。また，主たる債務が加重されても，保証人の負担は加重されない（同条 2 項）。主たる債務が 1,000 万円から 2,000 万円に増えても，保証債務は 1,000 万円のままである。つまり，保証債務の重さは，保証人に有利な形で，主たる債務の減縮にのみ連動するのである。

　もっとも，保証が認められるべき主たる債務の種類に特に制限はなく，将来生ずべき債権でもよいとされ（付従性の緩和），さらに，継続的取引関係から将来生ずべき，一定範囲にある不特定の債務（額が未確定で増減する債務）を主たる債務とする保証契約も認められている（**根保証**）。個人が保証人となる根保証については，保証人保護の観点から責任等を制限する特別の規定が設けられている（民 465 条の 2 以下）。

　なお，保証人の負担は，主たる債務だけではなく，主たる債務に従たるもの（利息，違約金，損害賠償など）のすべてに及ぶ（民 447 条 1 項）。

（b）保証人の抗弁権　　保証債務の補充性から，保証人には次の 2 つの抗弁権が認められている。すなわち，債権者が主たる債務者に債務の履行を請求することなく，いきなり保証人に保証債務の履行を請求してきたときは，保証人は，まず主たる債務者に催告するように請求することができる（民 452 条。**催告の抗弁権**）。また，債権者が主たる債務者に催告した後であっても，主たる債務者の財産より先に保証人の財産について強制執行をしてきたときは，保証人は，主たる債務者に弁済資力があり，かつ，強制執行も容易であることを証明して，先に主たる債務者の財産について強制執行をするように主張することができる（民 453 条。**検索の抗弁権**）。

②主たる債務者・保証人間の効力（影響関係）

主たる債務者に生じた事由は，保証債務の内容における付従性から，保証人に対しても効力を生ずる。例えば，債権者が主たる債務者に対して裁判上の請求（民 147 条 1 項 1 号）をしたときは，主たる債務の時効だけでなく，保証債務の時効も完成しない（民 457 条 1 項）。これに対し，保証人に生じた事由は，弁済その他主たる債務を消滅させるものを除き，主たる債務者に対して影響を及ぼさない。例えば，保証人が保証債務の承認（民 152 条 1 項）をしても主たる債務の時効は更新されない（大判昭 5・9・17 新聞 3184・9）。

また，保証債務の内容における付従性から，保証人は，主たる債務者が主張することができる抗弁（同時履行の抗弁権［民 533 条］，消滅時効の完成［民 166 条〜169 条，同 145 条］，主たる債務の不成立や無効の抗弁など）をもって債権者に対抗することができる（民 457 条 2 項）。さらに，主たる債務者が債権者に対して相殺権，取消権，解除権を有するときは，これらの権利の行使によって主たる債務者が債務を免れるべき限度において，保証人は，保証債務の履行を拒むことができる（同条 3 項）。

（5）保証人の求償権

保証人が主たる債務者に代わって弁済することは，形式的には自己の保証債務の履行であるが，実質的には他人（主たる債務者）の債務の履行である。このため，保証人が主たる債務者に代わって弁済した場合には，保証人は，主たる債務者に対して，肩代わりして弁済した額の償還を求めることができる権利（**求償権**）を有するものとされている（民 459 条以下）。

　なお，保証人が主たる債務者の委託を受けていたか否かで，求償権の範囲は異なっている。また，委託を受けた保証人については，弁済等の債務消滅行為の後で求償できる**事後求償権**のほか，一定の場合には債務消滅行為をする前でも求償できる**事前求償権**も認められている（民459条1項・460条）。

（6）保証人に対する情報提供義務

　債権者は，委託を受けた保証人（法人保証を含む）から請求があったときは，遅滞なく，主たる債務の履行状況に関する情報を提供しなければならない（民458条の2）。また，主たる債務者が期限の利益を喪失したときは，債権者は，その利益喪失を知った時から2か月以内にその旨を保証人（個人保証に限る）に通知しなければならない（民458条の3第1項・3項）。

　事業にかかる個人保証については，契約締結時に，債権者ではなく，主たる債務者に委託を受ける者（保証人になろうとする者）への情報提供義務が課されている（民465条の10第1項・第3項）。主たる債務者がこの情報提供義務に違反し，委託を受けた者がその事項を誤認し保証契約を締結した場合，この情報不提供等の事実につき債権者が悪意・有過失のときは，保証人は保証契約を取り消すことができる（同条第2項）。

2 ◆連帯保証——特殊な保証

　連帯保証とは，保証人が主たる債務者と「連帯」して債務を負担する旨の特約のある保証をいう。主たる債務が商行為によって生じたものである場合や，保証が商行為である場合には，その旨の特約がなくても常に連帯保証となる（商511条2項）。

　連帯保証債務も，保証債務の一種であり，付従性・随伴性を有するが，通常の保証債務と異なり，補充性がないことが最大の特徴である。すなわち，連帯保証人は，催告の抗弁権も検索の抗弁権も有しない（民454条）。したがって，債権者は，主たる債務者に催告も強制執行もすることなく，いきなり連帯保証人に債務の履行を請求することも強制執行をすることもできる。また，連帯保証には，**分別の利益**がない。通常の保証では，1,000万円の主債務に2人の保証人がいれば，各保証人は，500万円（負担部分）についてのみ弁済の責任を負う（民456条，同427条）が，連帯保証人は，保証人が他にいても1,000

万円全額を弁済しなければならない（求償はできる）。このため，連帯保証人に
なるかどうかの判断は，通常の保証人になるかどうかの判断に比べて，特に
慎重に行う必要がある。

　なお，連帯保証人について生じた事由の影響関係については，連帯債務の
規定（民438条～441条。後記3参照）が準用される（民458条）。

3 ◆ 連帯債務

　連帯債務とは，債務の目的が性質上可分であって，かつ法令の規定（民719
条1項や商511条1項など）または当事者の意思表示によって，各債務者のそれ
ぞれが債権者に対し全部の履行をすべき債務を負担する場合をいう。連帯債
務では，複数の債務者が，同一内容の給付につき，各自独立に全部の給付を
すべき債務を負い，そのうちの1人が全部の給付をすれば，他の債務者も債
務を免れる。例えば，A銀行に対して1,000万円の連帯債務を共同事業者
BCDが負担することを約定したとき，そのうちのBが1,000万円を弁済す
れば，CDもAに対する債務を免れる。

　連帯債務にあっては，債権者Aは，連帯債務者BCDの1人または2人も
しくは全員に対し，同時にまたは順次に，1,000万円の全部または一部の履
行を請求することができる（民436条）。また，連帯債務者の1人について，弁
済，代物弁済，供託のほか，更改，相殺，混同の事由が生じたときは，他の
連帯債務者にもその効力が及ぶことになるが（**絶対的効力**［民438条～440条]），
これら以外の事由（履行の請求，時効の完成猶予・更新・完成，免除，連帯債務者の1
人の過失・遅滞など）については，他の連帯債務者には影響を及ぼさない（**相対
的効力の原則**［民441条本文]。ただし，当事者の合意により，相対的効力しか有しない事
由に絶対的効力を付与することは可能である［同条ただし書]。なお，履行の請求，免除，
時効の完成は，かつては絶対的効力事由とされていたが，2017年の民法改正により相対的
効力事由とされた）。さらに，連帯債務者間においては各自の負担部分が設定さ
れるのが通常であり，連帯債務者の1人が弁済等によって共同の免責（債務の
消滅または減少）を得たときは，その連帯債務者は他の連帯債務者に対してそ
の負担部分に応じて求償権を行使することができる（民442条1項）。

　このように，連帯債務は保証ではないが，連帯債務者の1人が無資力であっ

ても，他の資力ある連帯債務者がこれをカバーする（自己の負担部分を超える部分は他の債務者の負担部分を保証しているに等しい）という意味で，人的担保の機能を営むものである。

Ⅲ　優先弁済権の確保による債権の担保
──典型担保（担保物権）・非典型担保

1 ◆物的担保の意義・分類

（1）物的担保の意義

　人的担保が債務者の数を増やすことで債権回収をより確実にする手段であったのに対して，**物的担保**とは，一定の債権者が，債権者平等の原則を破って，債務者または第三者の有する物（不動産・動産）または権利（地上権・永小作権・債権など）の価値から，他の債権者に優先して弁済を受けることができる手段の総称である。例えば，BがAに1,000万円，Cに2,000万円の債務を負担しており，BがAに対してのみB所有の不動産（土地・建物）に担保権を設定している場合，Bが債務の支払期日にAおよびCに弁済をしなかったときは，Aは，裁判所にこの不動産の競売を申し立て，競売で得られた売却代金からCに優先して1,000万円の弁済を受けることができるというのが典型例（こうした担保権を抵当権という。後記3（2）②参照）である（仮にこの不動産が1,500万円で売却されたなら，Aは1,000万円の優先配当を受け，Cは500万円の配当を受ける）。また，第三者DがBの債権の担保のためD所有の不動産に担保権を設定することも認められており，この場合のDを**物上保証人**といい，こうした形態を**物上保証**という（Dが実際に保証債務を負担するわけではないが，Bの債務につきDの物で責任を負うことになるので，保証に類してそのように呼ばれる）。

（2）物的担保の分類

　民法典は，多数の物的担保のうち，主要な4つ（留置権，先取特権，質権，抵当権）を**担保物権**として規定し，これらは，物に対する全面的支配権たる所有権と対比して，物の価値に対する支配権として**制限物権**（他人の所有権を制限する物権）と位置づけられている（第9講【図表9-2】参照）。また，これらは，法律上の要件を充足すると当然に発生する**法定担保物権**（留置権，先取特権）と，債務

【図表 11-1】　担保制度の分類

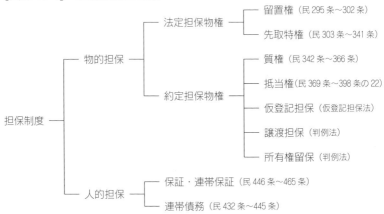

者または第三者 (設定者) と債権者 (担保権者) との間の合意 (担保権設定契約) によって成立する**約定担保物権** (質権，抵当権) に分類される。さらに，これらは，民法典の定める物的担保という意味で，**典型担保**と呼ばれる。これら以外の物的担保として，仮登記担保 (1978 年に「仮登記担保契約に関する法律」が制定され，制定法上の担保権となっている)，譲渡担保，所有権留保といった，取引社会の要請に応じて慣習法や判例法で生成・発展してきたものもある。これらの物的担保は，典型担保に対比して，**非典型担保**と呼ばれる (【図表 11-1】参照)。

2◆物的担保の性質・効力

　物的担保は，その種類に応じて，様々な性質・効力を有するが，ここでは物的担保に一般的に共通する性質・効力を紹介することとする。

(1) 物的担保に共通の性質

　①**付従性**　　付従性とは，物的担保の発生・成立には担保されるべき債権 (被担保債権) の存在を必要とし，また，被担保債権が消滅すれば物的担保も消滅するという性質である。

　②**随伴性**　　随伴性とは，被担保債権が譲渡されて第三者に移転すると，物的担保もこれに伴って第三者に移転するという性質である。

　③**不可分性**　　不可分性とは，担保権者は被担保債権の弁済を受けるまで

担保目的物の全部について権利を行使できるという性質である（民296条・305条・350条・372条）。例えば，抵当権者Aが1,000万円の被担保債権について債務者Bから800万円の弁済を受けたとしても，Aは依然としてBの抵当不動産の全部について抵当権を行使できる。

④物上代位性　　物上代位性とは，担保目的物の売却・賃貸・滅失・損傷によって債務者（目的物所有者）が受け取る金銭その他の物に対しても，担保権者は優先弁済権を行使できるという性質である。例えば，抵当不動産であるB所有の家屋がCの放火により滅失すると，抵当権は本来ならば消滅する（目的物の滅失は物権一般の消滅原因の1つ）が，その代償物としてBがCに対して取得する不法行為に基づく損害賠償請求権（民709条）について，抵当権の効力が及び，抵当権者Aは，その債権に対して優先弁済権を行使できる。このような性質は，優先弁済的効力を有する物的担保にしか認められないので，留置権には認められない（民304条・350条・372条）。

（2）物的担保に共通の効力

①優先弁済的効力　　優先弁済的効力とは，担保権者が債務の弁済を受けないときに，担保目的物を換価し，他の債権者に先だって弁済を受けることができる効力である。物的担保の中核的な効力で，先取特権・質権・抵当権にこの効力が認められる（民303条・342条・369条1項）。目的物を留置することにより間接的に弁済を促す留置権にはこの効力はない。

②留置的効力　　留置的効力とは，担保権者が債務の弁済を受けるまで目的物を手もとにとどめて，債務者に心理的圧迫を加えて債務の弁済を促す効力である。留置権・質権にこの効力が認められる（民295条1項・342条）。担保目的物の占有を債務者にとどめたままでその価値のみを把握する形態の先取特権・抵当権にはこの効力はない。

3◆典型担保——担保物権

（1）法定担保物権

①留置権　　留置権とは，他人の物を占有している者が，その物に関して生じた債権を有する場合に，その債権の弁済を受けるまで，その物を留置することができる権利をいう（民295条）。例えば，腕時計の修理を依頼された時

計店は，依頼主が修理代金を支払うまで，修理した腕時計の返還を拒むことができる。留置権は，同時履行の抗弁権（民533条）と同様，当事者間の公平の見地から認められたるものである（ただし，留置権は物権であることなどから，両者には様々な違いがある）。留置権には，付従性・随伴性・不可分性（民296条）があるが，物上代位性はない。

　留置権の成立要件は，(a)他人の物を占有していること，(b)その物に関して生じた債権（被担保債権）を有すること（被担保債権と物との密接な関係が必要であり，これは**牽連性**と呼ばれる），(c)その債権が弁済期にあること，(d)占有が不法行為によって始まったものではないこと，である（民295条1項・2項）。

　留置権の効力として，留置権者は債権の弁済を受けるまで目的物を留置することができるが，留置権は物権であるから，これを誰に対しても主張することができる（これに対し，同時履行の抗弁権は，双務契約の効力として認められるものなので，契約の相手方に対してしか主張できない。第5講Ⅴ1参照）。

　②先取特権　　**先取特権**とは，法律の定める一定の債権を有する者が，債務者の財産から，他の債権者に優先して弁済を受けることができる権利をいう（民303条）。法律が一定の債権を特に保護する理由は様々であり，公平の見地に基づくものや，社会政策的見地に基づくものなどがある。そして，先取特権には，付従性・随伴性・不可分性（民305条・296条）・物上代位性（民304条）のすべての性質がある。

　先取特権は，債務者の総財産（一般財産）を目的物とする**一般の先取特権**と，債務者の特定の財産を目的物とする**特別の先取特権**とに大別される。一般の先取特権は，共益費用，雇用関係，葬式費用，日用品供給の先取特権の4種類ある（民306条）。**雇用関係の先取特権**を例にとると，B社に勤める従業員Aが給料の支払いを受けていないときは，Aは，B社の総財産の中から，銀行などの他の債権者Cに優先して給料債権の弁済を受けることができる（民306条2号・308条）。この先取特権は，債務者の財産を従業員の比較的少額の給料債権と銀行の巨額の融資債権とで債権者平等の名のもとに按分すると，従業員はほとんどとるに足りない弁済しか受けられず，給料を拠り所として生活している従業員やその家族にとって酷な結果が生じてしまうので，これを回避するため，労働債権保護という社会政策的見地から認められている。

　特別の先取特権には，**動産の先取特権**と**不動産の先取特権**とがある。動産
の先取特権は，不動産賃貸，旅館宿泊，運輸，動産保存，動産売買，種苗ま
たは肥料の供給，農業労務，工業労務の先取特権の8種類があり（民311条），
不動産の先取特権は，不動産保存，不動産工事，不動産売買の先取特権の3
種類がある（民325条）。**動産売買の先取特権**を例にとると，AがBに宝石を
売り渡したのに代金支払いを受けていないときは，Aは，この宝石（今はBの
所有物）から，他の債権者に優先して代金債権の弁済を受けることができる（民
311条5号・321条）。この先取特権は，代金支払いを受けずに売主が買主に引き
渡した動産が，買主の他の債権者の債権の引当てにもなって売主も含めてす
べての債権者によって按分されるのは不公平との考慮から認められる。

（2）約定担保物権

　①質権　　質権とは，債権者が，債権の担保として債務者または第三者（物
上保証人）から受け取った物を，債権の弁済を受けるまで留置し，かつ，弁済
がないときには，その物から他の債権者に優先して弁済を受けることができ
る権利をいう（民342条）。質権には，目的物（質物）の種類に応じて，**動産質**，
不動産質，**権利質**の3種類がある。このうち動産質を例にとると，AがBに
5万円を貸す際に，その担保としてパソコンを受け取ったときは，Aは，5万
円の弁済を受けるまで，このパソコンを留置することができ，また，弁済が
ないときには，このパソコンから他の債権者に優先して5万円の弁済を受け
ることもできる。質権には，付従性・随伴性・不可分性（民350条・296条）・物
上代位性（民350条・304条）のすべての性質がある。

　質権は，債権者と債務者または物上保証人との間の合意（質権設定契約）に
加え，債権者に質物が引き渡されなければ，その効力を生じない（民344条。
要物契約）。この引渡しは占有改定によることはできない（民345条）。

　質権者は，債務者が債務の弁済をしないときには，裁判所または執行官に
質物の競売を申し立て（民執181条・190条・193条），競売で得られた売却代金か
ら優先弁済を受けることになる。なお，債務者が債務の弁済をしないときに
は質権者が質物の所有権を取得するという，いわゆる**流質契約**については，
民法は，質権者が弱い立場にある債務者の窮迫に乗じて債務額に比べて過大
な質物を自己に質入れさせるということを阻止するために，質権の設定時お

よび債務の弁済期前における流質契約を禁止している（民349条）。これに対して，商法上の質権や営業質屋の質権については，このような制限はない（商515条，質屋18条1項）。

②抵当権

（a）意義・性質　**抵当権**とは，債権者が，債権の担保として債務者または第三者（物上保証人）から占有を移さずして提供を受けた不動産（または地上権・永小作権などの用益物権）から，他の債権者に優先して弁済を受けることができる権利をいう（民369条）。抵当権には，付従性・随伴性・不可分性（民372条・296条）・物上代位性（民372条・304条）のすべての性質がある。

（b）抵当権の設定・公示方法　抵当権は，債権者と債務者または物上保証人との間の合意（抵当権設定契約）のみで設定することができるが，抵当権の設定も物権変動の1つであるから，**登記**によって公示しないと，第三者に対抗することができない（民177条）。

抵当権は，同一の不動産について，複数設定することができる。この場合，先に登記されたものから，1番抵当権，2番抵当権，3番抵当権という順位が付き，この順位に従って優先弁済を受けることになる（民373条）。この場合，仮に1番抵当権だけが債務者の弁済等により消滅したならば，2番抵当権は1番抵当権へと，3番抵当権は2番抵当権へと，後順位の抵当権の順位が上昇することになる（**順位上昇の原則**）。

（c）抵当権の効力　抵当権の被担保債権の種類に特に制限はなく，将来生ずべき債権でもよいとされ（付従性の緩和），さらに，継続的取引関係から将来生ずべき不特定の債権を担保するための抵当権設定も認められている（**根抵当権**。民398条の2以下）。これに対して，抵当権の被担保債権の範囲には制限があり，元本は全額含まれるが，利息等については，満期となった最後の2年分に限定されている（民375条1項本文）。この制限は，後順位の抵当権者や一般の債権者の利益も一定の範囲で保護すべきとの考慮による。

抵当権の効力は，抵当不動産自体のほか，抵当地の上に存する建物を除き，特約のない限り，抵当不動産に付加して一体となっている物（**付加一体物**）にも及ぶ（民370条）。これは，第1に，土地と建物は別個の不動産であるので，土地が抵当不動産の場合には，土地抵当権の効力は建物には及ばないこと，

第2に，特約のない限り，抵当不動産の付加一体物にも，抵当権の効力が及ぶことを意味する。

抵当権は物上代位性を有するが，判例は，抵当権自体が実行可能である場合でも目的物の賃貸による賃料債権に対する物上代位（最判平1・10・27民集43・9・1070）を認めるに至り，さらに賃料債権が第三者に譲渡された後でも，債権譲渡の対抗要件具備より先に抵当権設定登記によって物上代位が公示されていることを理由に，賃料債権に対する物上代位（最判平10・1・30民集52・1・1）を肯定しており，物上代位の認められる範囲を拡張している。

（d）抵当権の実行

抵当権の優先弁済権は，抵当権者自身の申立てによる抵当不動産の競売（**担保不動産競売**）において，または他の債権者の申立てによる競売（一般債権者による強制競売あるいは後順位抵当権者による担保不動産競売）に参加することによって，競売で得られた売却代金から優先順位に従って配当を受けるという方法で実現される（民執180条1号ほか参照）。また，2003年の担保・執行法の改正により，抵当不動産の賃料収入等から配当を受けるという**担保不動産収益執行**の制度が導入されている（民執180条2号ほか参照）。これらは，民事執行法に基づく**公的実行**の手続であるが，抵当権については，流質契約が禁止されている質権と異なり，当事者間の特約により，公的実行によらないで抵当不動産の所有権を取得し，あるいは任意にこれを処分（売却）して優先弁済にあてるという**私的実行**（流抵当・抵当直流）によることも認められている。

4◆非典型担保

民法典の4つの担保物権だけでは，金融取引社会の要請に応じきれない。例えば，企業活動や日常生活に不可欠な動産は，金融を得るために債権者にその占有を移すわけにもいかず，質権は使いがたい（債権者に占有を移さない動産の抵当権は，民法上認められていない）。また，不動産についても，競売手続は手間と費用がかかる割に，売却価格は低くなりがちである（通常の取引価格の7〜8割程度と言われており，時価売却されることは稀である）。これらの難点を回避するため，慣習法上または判例法上，新たな担保権（非典型担保権）が生み出されてきた。次の3つが代表格である。

（1）仮登記担保

　仮登記担保とは，債務が弁済されないときは不動産の所有権を債権者に移し，これにより債務の弁済に代えるということを約し，このことを仮登記によって公示しておくという形式の担保である。例えば，B の A に対する債務を担保するため，B に債務不履行があったときは B 所有の甲不動産を A に移転するということを約し（代物弁済予約や停止条件付代物弁済契約などにより），甲不動産について A 名義の仮登記をしておけば，その後，B に債務不履行があったときは，債務の弁済に代えて，甲不動産について A 名義の本登記を行う（名実ともに甲不動産が A の所有に帰する）ことにより，A は優先的満足を得ることができる。仮登記担保については，1978 年に法律の制定をみた（仮登記担保契約に関する法律）。

（2）譲渡担保

　譲渡担保とは，目的物（動産・不動産・債権を問わない）の占有を債務者のもとにとどめたままで，その所有権や債権の帰属を債務者から債権者に移し，その後，債務が弁済されたなら，その所有権や債権は債務者に復帰するが，債務が弁済されないときは，その所有権や債権が確定的に債権者に帰属し，これにより債務は弁済されたものとするという形式の担保である。譲渡担保権の機能としては，非占有担保手段，とりわけ動産譲渡抵当を実質的に承認すること，優先弁済権の実現を簡易・迅速に図れること，動産・不動産に限らず債権や老舗等の無形の財産権や動産・債権等の集合財産をもその目的物とすることができること等が挙げられる。近時は，工場・倉庫内の原材料や在庫商品の全部または一部を担保目的とする集合動産譲渡担保あるいは多数の債権を対象とする集合債権譲渡担保なども認められるに至っている。

（3）所有権留保

　所有権留保とは，割賦販売など商品は直ちに買主に引き渡すが代金は後払いでよいという売買契約において，代金が完済されるまで商品の所有権を売主に留保しておくという形式の担保である。後に代金が完済されたなら，商品の所有権は買主に移るが，代金が完済されないときは，売主は債務不履行に基づき売買契約を解除して所有権に基づき商品を取り戻すことにより代金債権の回収を図るという形式の担保である。自動車・建設機械・原材料・不

動産などの割賦販売で，売主の代金債権を担保するために利用されている。

■■コラム■■　保証人保護の方策の拡充——保証意思宣明公正証書

　2004 年の民法改正により，保証契約は，保証人の保護を理由として，書面または電磁的記録を必要とする要式契約とされた。

　しかし，それでも，情に流されて保証人になってしまう人や，保証契約を締結するリスクを十分に理解しないで保証人になってしまう人も少なくなかった。特に，事業にかかる債務についての保証契約は，保証債務が多額になりがちであり，保証人の生活が破綻してしまうケースもあった。

　そこで，2017 年の民法改正により，保証人保護の方策を拡充する一環として，事業にかかる債務について個人が保証人となる保証契約については，契約締結に先立ち，保証人になろうとする個人が保証債務を履行する意思（保証意思）を表示した公正証書（**保証意思宣明公正証書**）の作成が必要とされるに至った（民 465 条の 6 第 1 項・第 3 項）。

　保証意思宣明公正証書の事前作成が必要な保証契約としては，事業のために負担した貸金等の債務を主たる債務とする保証契約と，事業のために負担する貸金等の債務が主たる債務の範囲に含まれる根保証契約とがある。これらの保証契約については，契約締結日の前 1 か月以内に，保証意思宣明公正証書が作成されていることが必要であり，これが作成されていなかった保証契約は無効である（民 465 条の 6 第 1 項）。

　保証意思宣明公正証書は，公証人が作成した公正証書であって，保証人になろうとする者が保証債務を履行する意思を表示し

たものをいう。公証人が保証意思の確認を行って作成するもので，保証人になろうとする者が，主たる債務の債権者と債務者，主たる債務の元本・利息等の金額，主たる債務者が債務を履行しないときはその債務全額の履行意思を有していること等を，公証人に口授し（民 465 条の 6 第 2 項 1 号），公証人は，これを筆記し，保証人になろうとする者に読み聞かせまたは閲覧させ（同条同項 2 号），保証人になろうとする者が，筆記の正確さを承認した後，その者と公証人が，署名・押印する（同条同項 3 号・4 号），という方式で作成される。

　保証意思宣明公正証書の作成は，個人が保証人になる場合に必要なものであって，法人が保証人になる場合は不要である（民 465 条の 6 第 3 項）。また，個人保証であっても，主たる債務者が法人の場合に，その理事・取締役・執行役等，または支配株主等が保証人になるときや，主たる債務者が個人事業者の場合に，その共同事業者，あるいはその事業に現に従事している配偶者が保証人になるときは，保証意思宣明公正証書の作成は不要とされている（民 465 条の 9）。これらの者は，主たる債務者の事業の状況を把握できる立場にあり，保証のリスクを十分に理解しないで保証人になるおそれが低いと考えられたためである。もっとも，配偶者は，最も情に流されやすい（拒絶しにくい）立場でもあるため，配偶者を除外することについては，立法論として反対す

る見解もある。さらに，保証意思宣明公正証書の事前作成が必要な保証類型が限られている（個人保証は含まれていない）点や類似の方式を採用する公正証書遺言の運用実態における弊害（口授・読み聞かせの手続が形式的にしか行われていない）なども懸念されている。保証人保護を徹底するためには，さらに踏み込んだ改革が望まれよう。

第 12 講 　家族の法①——親族法

本講のねらい

　1898 年に公布・施行された民法典第 4 編親族および第 5 編相続は,「戸主」(こしゅ)の制度 (戸主〔家長〕を中心とする親族集団) と,「家督相続」(かとくそうぞく)の制度 (家産〔一家の財産〕は戸主から長男が単独相続する) を中核とし, 夫権の優位, 強大な親権, 男女の不平等などを特徴とする「家制度」を設けていた。これに対し, 第 2 次世界大戦を経て制定された新しい憲法は,「個人の尊厳」(憲 13 条) および「法の下の平等」(憲 14 条) を宣言し, とりわけ憲法 24 条は家族生活における個人の尊厳と両性の平等について具体的に規定した。それを受けて, 親族法・相続法部分は,「個人の尊厳」および「男女の本質的平等」の観点から, 1947 年に全面的に改正された (民 2 条参照)。

　夫婦や親子, その他の親族との間といった身分的生活関係 (ここでの身分は社会における世襲的・階級的な地位ではなく, 家族生活における当事者としての法的な地位を指す) とそれらの者の間に相互に生じる権利義務について規定するのが親族法である。また, それらの身分的地位と結びついた財産関係の承継や遺言について規定するのが相続法である (第 13 講参照)。そして, 親族法と相続法の両者を含めて, 家族法あるいは身分法というが, その性格は, 経済的生活関係を規律する財産法とはかなり異なっている。家族法においては, 個人の尊重, 男女平等, 子の福祉といった理念が特に重要となる。

　親族法が規定する対象は主に家族である。もっとも, その家族は, 家制度を前提として 3 世代以上が同居する大家族から, 夫婦・親子を中心とした親と未成熟子から成る小さな家族 (核家族) へと変化した。それに伴い, 親族法は, 少子化, 児童虐待や育児放棄, 高齢者問題などの新たな問題にも直面している。また, 近時, 成年年齢を 18 歳に引き下げる改正 (平 30 法 59) のほか, 特別養子制度や戸籍制度に関する改正が行われた (令元法 34, 令元法 2)。本講では, 親族法のうちで, 特に財産法と関連する部分を中心に学習することとする。

I　親　族

1 ◆親族の範囲

　民法は，①6 親等内の**血族**，②**配偶者**，③3 親等内の**姻族**を「**親族**」とする（民 725 条）。

　親等は，親族間の世代数を数えて定める（民 726 条 1 項）。例えば，本人（自分）からみて，親や子はそれぞれ 1 親等，祖父母や孫はそれぞれ 2 親等となる。このように，子や孫のような血縁関係でつながるタテの関係を**直系**という。これに対して，兄弟姉妹やいとこのように共通の始祖からつながりヨコに広がる関係を**傍系**といい，その傍系の親等については，いったん共通の始祖に遡ってからその者に下るまでの世代数を数える（民 726 条 2 項）。兄弟姉妹は 2 親等，おじ・おばやおい・めいは 3 親等，いとこは 4 親等となる（【図表 12-1】参照）。

　血族とは，父母と子，祖父母と孫，兄弟姉妹のように血縁関係にある者同士をいう。実際に血がつながっている場合（**自然血族**）と，養子縁組のように法律によってそれに準じた関係が作られる場合（**法定血族**）とがある。配偶者

【図表 12-1】　**本人からみた親族・親等図**

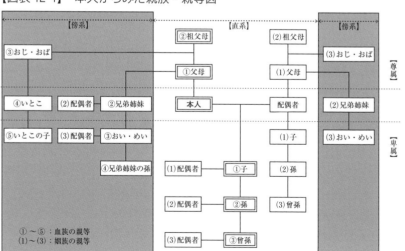

とは，婚姻の相手方，すなわち夫からみて妻，妻からみて夫をいう。夫婦間では親等はない。姻族とは，婚姻によって生ずる配偶者の血族との親族関係をいう。本人（自分）からみて，配偶者の親（いわゆる義理の父母）は1親等，配偶者の兄弟姉妹は2親等となる。

　なお，本人（自分）からみて，親や祖父母など上の世代を**尊属**，子や孫など下の世代を**卑属**という。実際の年齢は関係ない。兄弟姉妹やいとこのような同じ世代の者は尊属でも卑属でもない。

2◆親族関係の効果

　一定範囲の親族の間では，**扶養義務**が発生する。すなわち，①夫婦間には同居・協力扶助義務，婚姻費用分担義務（民752条・760条）が，②直系血族および兄弟姉妹間では相互に扶養義務（民877条1項）が生じる。さらに，③特別の場合には，3親等内の親族間で家庭裁判所の審判によって扶養義務を負わされることがある（民877条2項）。

　一定範囲の親族の間では，相続権が発生する（民887条・889条・890条・900条。詳細は後記第13講参照）。

　また，一定範囲の親族間では，婚姻が禁止される（民734条～736条。後記Ⅱ1(2)参照）。

Ⅱ　婚　姻

1◆婚姻の成立

　婚姻とは，社会制度として承認された男女の結合関係をいう。婚姻の成立には，実質的要件として①当事者間に婚姻をする意思（婚姻意思）が存在すること，および②婚姻障害事由が存在しないこと，さらに形式的要件として③届出が必要である。なお，「婚姻」を一般に「結婚」というが，結婚は法律用語ではない。

（1）婚姻意思───────────────────

　人は自分の自由な意思に基づいて法律関係を形成することができる。婚姻も例外ではない。婚姻をするには，当事者間に婚姻をする意思（**婚姻意思**）が

存在しなくてはならない。当事者に婚姻をする意思がなければ，その婚姻は無効である（民 742 条 1 号）。判例は，婚姻意思として，社会通念上夫婦という婚姻生活共同体を形成しようとする実質的意思が必要であるとする（最判昭 44・10・31 民集 23・10・1894）。なお，成年被後見人も成年後見人の同意なしに婚姻をすることができる（民 738 条）が，意思能力は必要である。

（2）婚姻障害事由の不存在

　当事者間に婚姻意思があっても，**婚姻障害事由**がある場合には，婚姻の届出は受理されない（民 740 条）。

　すなわち，婚姻が成立するためには，異性間であること（わが国では同性婚は認められていない），男 18 歳，女 16 歳の婚姻適齢に達していること（民 731 条。2022 年 4 月 1 日より，女性の婚姻開始年齢が 18 歳に引き上げられて男女の婚姻開始年齢は統一される。第 4 講〈コラム〉参照），重婚でないこと（民 732 条），再婚の場合には女性の再婚禁止期間が経過していること（民 733 条。女性にのみ待婚期間が定められているのは，嫡出推定の重複により生まれてくる子の父親が不明確となる事態を避けるためといわれている。そのため，父性推定に混乱が生じないケースでは，民法 733 条の適用は排除される），近親婚にあたらないこと（民 734 条～736 条）などをクリアーしなくてはならない。

（3）届　出

　婚姻意思を有していて，婚姻障害事由が存在しなければ，市町村の役場に婚姻届を提出して受理されることにより，婚姻が成立する。法的な意味の婚姻には**届出**が受理されることが必要である（民 740 条）。具体的な手続は，民法の特別法である戸籍法に規定されている（民 739 条 1 項参照）。

2◆婚姻の無効・婚姻の取消し

　婚姻意思がなければ，婚姻の届出が受理されたとしても，婚姻は無効である（民 742 条 1 号）。

　婚姻障害事由のある婚姻については，前述のように，届出は受理されないはずである（民 740 条）が，それが受理されてしまった場合には取消しの対象となる（民 743 条～749 条）。なお，婚姻の取消しの効力は将来に向かってのみ生ずる（民 748 条 1 項）。

3◆婚姻の効果

（1）夫婦間の効力

　夫婦は原則として同居し，相互に協力・扶助する義務を負う（民752条。なお，同居義務があるといっても，その履行を強制することはできない）。婚姻費用については夫婦で分担しなくてはならない（民760条）。また，夫婦は相互に**貞操義務**を負う（民770条1項1号参照）。

　夫婦は夫または妻の氏を称する（民750条）。つまり，婚姻すると同じ氏となる（夫婦の一方が必ず氏を改めなければならない）。どちらの氏を称するかは婚姻の際に定め，変更することはできない。この点に関連して，1996年には，法制審議会が，夫婦が望む場合には，婚姻後も夫婦がそれぞれ婚姻前の氏を称することを認める**選択的夫婦別氏制度**（**選択的夫婦別姓制度ともいう**）の導入を提言した（ただし，この制度は，いまだに導入・実現されていない）。

（2）対外的効力

　民法761条は，夫婦の一方が日常の家事に関して第三者と法律行為をしたときは，他の一方は，これによって生じた債務について，連帯責任を負うと定めている。この規定は，夫婦の一方が負担した債務が，夫婦としての共同生活を維持していくための日常的な家事に関するもの（**日常家事債務**）である場合に，債務の履行に関して夫婦に連帯責任を負わせることにより，取引の相手方を保護しようとするものである（日常家事に関する代理権は夫婦双方に付与されている）。例えば，電気料金の支払い，家賃の支払いなどは日常家事に該当する。ここで，夫婦の一方が行う法律行為は，日常家事に該当するものでなくてはならない（問題となった取引と当該夫婦の職業・社会的地位・資産・収入などとの相関関係により，日常家事該当性が判断される）ので，他方の特有財産（夫婦の一方が単独で有する財産）としての不動産を処分するような行為は，一般に，日常家事には該当しない。ただし，当該行為が日常家事に関する法律行為にあたらないとされると，取引の相手方が不測の損害を被ることがあるので，判例は，相手方からみて当該法律行為が日常家事に関する法律行為の範囲内に属すると信ずるにつき正当な事由がある場合に限って（民法761条の代理権を基礎として広く一般的に民法110条の表見代理が成立するというわけではなく），民法110条の趣旨を類推適用してその相手方の保護を図るとしている（最判昭44・12・18民

集 23・12・2476)。

なお，民法は，未成年者が婚姻した場合に，成年に達したものとみなす規定を置いているが（民 753 条。成年擬制），成年年齢が 18 歳に引き下げられ，男女とも婚姻開始年齢が 18 歳とされることに伴い，この規定は削除されることとなった（平 30 法 59。2022 年 4 月 1 日から施行）。

4 ◆夫婦財産制

民法は，夫婦の所有する財産に関する法律関係につき，夫婦の自由な契約によって内容を決定する**夫婦財産契約**（民 755 条〜759 条）と，夫婦財産契約が締結されなかったときに適用される**法定夫婦財産制**（民 760 条〜762 条）とを定めている。わが国の民法は，フランス民法にならって，夫婦財産契約制度を導入し，それを原則としている。しかし，この制度については婚姻の届出提出前に登記をしなければ夫婦の承継人および第三者に対抗することができず（民 756 条），また婚姻の届出以降は変更できない（民 758 条 1 項）などの制約があり，実際にはほとんど使われていない。結局，わが国では，例外であったはずの法定夫婦財産制の適用される場面が多くなっている。

法定夫婦財産制による場合，婚姻前から有する財産および婚姻中自己の名において得た財産はその名義人に固有の財産（**特有財産**）として帰属し，帰属不明の財産は夫婦の共有に属するものと推定される（民 762 条）。婚姻費用については，すでに述べたとおり，夫婦で分担する（民 760 条）。

5 ◆離　婚

婚姻関係の終了を婚姻の解消といい，婚姻解消原因には，配偶者の一方の死亡（配偶者に失踪宣告がなされたときも含む）と**離婚**がある。離婚は，法律上有効に成立した婚姻を，夫婦が生存中に人為的に解消する手段である。どのような場合に（離婚原因），どのような手続で離婚できるのかは，法律で規定されている。

離婚の方法として，裁判所が関与しない**協議離婚**（民 763 条以下）と，裁判所が関与する**調停離婚**（家事 268 条），**審判離婚**（家事 284 条参照），**裁判離婚**（民 770 条以下）がある。

　民法は，離婚の方法として，**協議離婚**（民 763 条以下）と**裁判離婚**（民 770 条
以下）を規定している。前者は，夫婦が離婚に合意して届け出ることによりそ
の効果が生じる。これに対して，後者は，法律上定められている離婚原因に
基づいて夫婦の一方が他方を相手方として裁判所に離婚の訴えを提起し，判
決によって認められると離婚が成立する（離婚の訴えは家庭裁判所の管轄に属し
〔人訴 4 条 1 項参照〕，家事事件手続法が適用される）。なお，家事事件手続法では**調
停前置主義**が採用されているため（家事 257 条。本講〈コラム〉参照），離婚の訴え
を提起しようとする者は，まず，家庭裁判所に調停を申し立てなければなら
ず，この調停により成立する離婚を**調停離婚**という（家事 268 条）。次いで，調
停不成立の場合に，家庭裁判所が相当と認めるときは職権で離婚の審判を行
うことができ，これを**審判離婚**という（家事 284 条参照）。そして最後に，**裁判
離婚**という順序に従うことになる。

（1）協議上の離婚（協議離婚）

　協議上の離婚とは，裁判所が関与せず，夫婦の話合いによる合意で離婚す
る場合をいう。夫婦はその協議で離婚することができ（民 763 条），届出により
離婚が成立する（方式は婚姻の届出に準じる〔民 764 条による同 739 条の準用〕）。ただ
し，夫婦の間に未成年の子があるときには親権者を定めなくてはならず（民
819 条 1 項），この定めをしていないと，離婚の届出は受理されない（民 765 条 1
項）。

　協議離婚は簡便な手続であり，離婚全体の 90％ 程度を占める。ただし，協
議離婚をするためには，夫婦の双方が離婚に合意していなくてはならず（一
方の意思に反して他方が勝手に離婚届を提出したようなケースでは，離婚の合意がないた
め，離婚は成立しない），夫婦の間で合意が成立しない場合は，裁判上の離婚に
よるほかない（前述のとおり，その前に調停離婚，審判離婚の手続を踏む必要がある）。

（2）調停離婚

　協議離婚で離婚の合意に至らない場合に，裁判離婚を求めて離婚訴訟をい
きなり提起することはできず，必ず調停を経なければならない（家事 257 条 1
項。調停前置主義。本講〈コラム〉参照）。家庭裁判所の調停の場で，すなわち裁判
官と 2 名以上の調停委員（最高裁から任命された民間人の男女 2 名以上）からなる
調停委員会による，離婚するかどうか，未成年子の親権の帰属・養育費の取

決め，財産の取扱い等の提案・あっせんに基づき，当事者間で合意が成立して離婚する場合が**調停離婚**である（調停離婚は，協議離婚の次によく使われる制度で，離婚全体の10%程度を占める）。そして，当事者間に離婚の合意が成立して調書にこれが記載されると，確定判決と同一の効力を有する（家事268条1項）。

（3）審判離婚

　離婚の調停が成立しない場合，家庭裁判所は，当該調停委員会を組織する家事調停委員の意見を聴き，当事者双方のため衡平に考慮し，一切の事情を考慮して，職権で，当事者双方の申立ての趣旨に反しない限度で，離婚などの必要な審判（**調停に代わる審判**〔284条審判〕）をすることができる（家事284条1項。本講〈コラム〉参照）。これによって成立する離婚を**審判離婚**という。ただし，調停に代わる審判で離婚を命じられても，当事者が2週間以内に異議を申し立てれば，その審判は効力を失うことになる（家事286条5項）ので，家庭裁判所が審判を行うことは少ない（一方当事者の離婚拒絶の意思が明確な場合には審判は無意味なので）といわれている。

（4）裁判上の離婚（裁判離婚）

　夫婦の一方は，①配偶者に不貞な行為があったとき，②配偶者から悪意で遺棄されたとき，③配偶者の生死が3年以上明らかでないとき，④配偶者が強度の精神病にかかり，回復の見込みがないとき（以上①〜④を**具体的離婚原因**という），⑤その他婚姻を継続し難い重大な事由があるとき（**抽象的離婚原因**），のいずれかに該当する場合に限り，家庭裁判所に離婚の訴えを提起することができる（民770条1項各号。**裁判離婚**。なお，離婚の訴えは家庭裁判所の管轄に属し〔人訴4条1項参照〕，家事事件手続法が適用される）。

　裁判離婚では，協議や調停で話合いがととのわなかった当事者を最終的に離婚させることになるから，離婚が認められるためには，上記の法定の離婚原因が必要となる。なお，離婚訴訟が開始した後であっても，裁判所は，裁判上の和解により（和解離婚。人訴37条1項），または被告による認諾により（認諾離婚。人訴37条1項），離婚を成立させることができる。

　ところで，離婚を認めるにあたり，夫婦関係の破綻を理由に離婚を認める**破綻主義**（これに対し相手方が有責である場合にのみ離婚を認める有責主義という考え方もある）をどの程度まで貫くべきであろうか。この点に関連して，夫婦のう

ち婚姻関係を破綻に導いた責任のある側（**有責配偶者**）から，婚姻を継続し難い重大な事由（民770条1項5号）があるとして離婚請求することが認められるかが問題となった。この問題に対して，判例は，原則としてこうした離婚請求は認められないが，夫婦の別居が相当長期間にわたり，その間に未成熟の子がなく，離婚しても相手方配偶者が精神的・社会的・経済的に過酷な状況に陥らないような場合には，例外的に有責配偶者からの離婚請求が認められるとしている（最大判昭62・9・2民集41・6・1423。条件付積極的破綻主義）。

（5）離婚の効果

　離婚が成立すると婚姻関係は解消する。姻族関係も終了する（民728条1項）。離婚によって婚姻から生ずる身分関係・財産関係は将来に向かって消滅することになる。当事者は再婚することができるようになる（ただし，女性には再婚禁止期間あり。民733条）。婚姻によって氏を改めた夫または妻は婚姻前の氏に復する（民767条1項）が，一定の手続により離婚の際に称していた氏を引き続き称することもできる（同条2項）。また，夫婦の間に未成年の子がいる場合には，夫婦の協議または家庭裁判所の審判により，一方を親権者に定めなくてはならない（民765条・819条1項）。面会交流や養育費の支払い（離婚して，親権者にならなかったとしても，子に対する扶養義務は存続する），その他の子の監護について必要な事項は，子の利益を最も優先して，夫婦の協議または審判で定められる（民766条）。

　離婚した当事者の一方は，他方に対し**財産分与**を請求することができる（民768条1項）。その請求内容としては，夫婦財産の清算，離婚後の扶養，離婚に伴う損害賠償請求の3つの要素があるといわれている。なお，当事者間で協議がととのわないときには，夫婦がその協力によって得た財産の額その他一切の事情を考慮して，家庭裁判所が，分与の可否・額・方法等を定める（民768条3項）。

6◆内　縁

　内縁とは，婚姻意思を有していて，夫婦としての共同生活を営んでいるものの，届出をしていないために法律上夫婦と認められない男女の関係をいう。婚姻意思はあるが共同生活の実体がない**婚約**や，婚姻意思がなく共同生活の

実体がある**同棲**とは異なる。内縁の効果として、婚姻の効果のうち、夫婦共同生活の実体を前提に認められた効果（同居義務、協力・扶助義務、婚姻費用の分担義務、日常家事債務の連帯責任など）については内縁関係にある男女にも準用が認められている。他方、届出がされていることを前提に認められた効果（氏の共通、姻族関係、配偶者相続権、配偶者居住権など）については、内縁関係にある男女には認められるべきでない。

　上記も含め、最近では、当事者の主体的な意思により届出を行わずに共同生活を営む**事実婚**（近時、内縁からこの事実婚を分離し、再構築する動きが出ている点も留意すべきである）や、**同性婚**など、多様なスタイルの婚姻以外のパートナーシップがみられるようになってきているが、現時点では、これらについて正面から規定する法律は存在しない。

Ⅲ 親　子

1◆実　子

（1）嫡出子 ─────────────

　法律上の婚姻関係にある夫婦の間に生まれた子を**嫡出子**（嫡出である子）という。母子関係は懐胎・分娩という事実により容易に定まるが（ただし、近時は生殖補助医療の発展に伴い、人工授精、代理出産など新しい問題が生じている）、父子関係を確定することが困難な場合がある。そのため民法は、妻が婚姻中に懐胎した子を夫の子と推定し、婚姻成立の日から200日後または婚姻の解消もしくは取消しの日から300日以内に生まれた子は婚姻中に懐胎したものと推定している（民772条。**嫡出推定**）。嫡出推定を覆すような事実があるときは、夫は、**嫡出否認の訴え**を提起することができる（民774条・775条）が、この訴えは、夫が子の出生を知ったときから1年以内に提起しなければならない（民777条・778条）。なお、夫が子の出生後、その嫡出子であることを承認したときは、その否認権を失う（民776条）。また、父が認知した子は、婚姻によって嫡出子の身分を取得する（これを準正という。民789条1項）。

　ところで、婚姻成立の日から200日以内に生まれた子は、嫡出推定を受けない。なぜなら、民法772条は婚姻後の懐胎を前提としているからである。

しかし，判例は，内縁関係が婚姻に先行して存在していた場合には，前婚の解消から 300 日以内でない限り，民法 772 条の要件を充たさない子も嫡出子として扱うとしている（大連判昭 15・1・23 民集 19・54。これを「**推定を受けない嫡出子**」という）。そこで，戸籍実務においては，婚姻成立後に出生した子はすべて嫡出子として扱うこととされている。他方，嫡出推定される期間内に生まれた子であっても，夫の子でないことが明白である場合（例えば，夫婦が長期間別居状態にあるとか，夫が行方不明であるなど）には，子は，嫡出の推定を受けない（最判昭 44・5・29 民集 23・6・1064。これを「推定の及ばない子」と呼ぶこともある）。

（2）非嫡出子

法律上の婚姻関係にない（婚姻届を出していない）男女の間に生まれた子を**非嫡出子**（嫡出でない子）という。かつて，嫡出子との大きな違いは，非嫡出子の法定相続分が嫡出子の 2 分の 1 とされるところにあった（民旧 900 条 4 号ただし書。この規定は憲法 14 条 1 項・24 条 2 項との関係で問題とされたが，最大決平 7・7・5 民集 49・7・1789 はこれを合憲としていた）。しかし，この民法旧 900 条 4 号ただし書の規定のうち嫡出でない子の相続分を嫡出子の相続分の 2 分の 1 とする部分は憲法違反であるとした最高裁の違憲決定（最大決平 25・9・4 民集 67・6・1320）を受けて，民法の一部を改正する法律が成立し（平 25 法 94），嫡出でない子の相続分は嫡出子の相続分と同等になった（2013 年 12 月 11 日公布・施行。第 13 講Ⅳ2 参照）。

非嫡出子とその親との間に法律上の親子関係を発生させることを**認知**といい，「父又は母」がこれをできると規定されている（民 779 条）が，母子関係については，母の認知をまたず，分娩の事実により当然発生するとされている（最判昭 37・4・27 民集 16・7・1247）。

他方，父子関係について，非嫡出子とその父との間に法律上の親子関係を発生させるためには，認知が必要である。認知は届出または遺言によって行い（民 781 条），認知の効力は出生の時に遡る（民 784 条）。父が自ら親子（父子）関係を認めるのが**任意認知**であり，これにより認知した父と非嫡出子の間に法律上の親子関係が成立する（民 779 条）。任意認知がなされない場合，子，その直系卑属またはこれらの者の法定代理人は，認知の訴えを提起して裁判上で親子（父子）関係を確認してもらうことができる（民 787 条。これを**強制認知**と

いう）。なお，判例は，虚偽の嫡出子出生届に認知の効力を認めている（最判昭
53・2・24民集32・1・110）。

2◆養　子

　養子縁組という方法により，自然的血縁による親子関係がない者の間に，
法的な親子関係を人為的に作り出すための制度が養子制度である。縁組によ
り親になる者を養親，子になる者を養子という。養子制度には「**普通養子**」
と「**特別養子**」の制度がある。

（1）普通養子

　普通養子縁組は契約型の養子縁組であり，その成立のためには，実質的要
件（縁組意思の合致，縁組障害事由の不存在）および形式的要件（縁組の届出）が満た
されなくてはならない。これらの要件に関しては，婚姻の場合と同様の問題
がある。

　縁組障害事由がないといえるためには，養親となる者は成年者でなくては
ならない（民792条）。また，配偶者のある者が未成年者を養子にするには，配
偶者の嫡出子を養子とする場合または配偶者が意思を表示できない場合を除
き，配偶者とともにしなくてはならない（民795条）。

　養子となる者が15歳未満である場合は，法定代理人による縁組の承諾が
必要である（民797条1項。このような縁組を**代諾縁組**という）。養子となる者が15
歳以上である場合は，その者が未成年者であっても，意思能力を有していれ
ば，養子縁組に法定代理人の同意は不要である（この場合，法定代理人の代諾によ
る縁組はできない）。なお，未成年者を養子にする場合には，原則として家庭裁
判所の許可が必要である（民798条本文）。

　養子縁組が成立すると，その効果として養子は縁組の日から養親の嫡出子
としての身分を取得し（民809条），養子と養親およびその血族の間には，法定
血族関係（縁組によって形成される，血族間におけるのと同一の親族関係）が発生する
（民727条。なお，養親と養子の血族の間に親族関係が生ずることはない）。普通養子に
おいては，養子と実の父母やその親族（実方）との親族関係は存続する。した
がって，普通養子では，養子は2組の親（実親と養親）をもつことになり，養子
と実親との間では，扶養義務・相続は従前どおりであり，他方，養親と養子

も互いに扶養義務を負い（民877条1項参照），養子は養親に対しても相続権を有する（第一順位の血族相続人となる）ことになる。また，養子は養親の氏を称する（民810条本文）。

　養子縁組を解消することを**離縁**という。離縁により，養子縁組により生じた親族関係は消滅する（民729条）。離縁は，縁組当事者の協議による**協議離縁**（民811条）が原則であるが，協議が成立せず，調停や審判でも決着しない場合には，離縁を希望する縁組当事者の一方は，民法814条1項各号の事由に該当するのであれば，離縁の訴えを提起することができる（判決による離縁を**裁判離縁**という）。このように，離縁の基本的な枠組み（協議→調停→審判→裁判）は，離婚と同様である。ただし，離縁については，縁組当事者の一方が死亡した後に生存当事者が家庭裁判所の許可を得て離縁することができる**死後離縁**という特別な制度が設けられている点にも留意すべきである（民811条6項）。

（2）特別養子

　特別養子制度は，1987年に新設された，幼い子の養育目的に特化した養子制度である。原則として15歳未満の子について（後述のように，この年齢要件は2019年の民法改正により大きく変更された），家庭裁判所の審判によって養子縁組を成立させるもので，縁組の成立により養子と実方との親族関係は終了する。戸籍には養親のみが記載され，養子であることが一目では分からないよう配慮されている。

　特別養子の場合には，普通養子縁組の要件に加えて，以下のような要件が加重される。養親となる者は，配偶者のある者でなければならず（民817条の3第1項），少なくとも一方は25歳以上でなくてはならない（民817条の4）。養子となる者は，2019年の民法改正前は原則として6歳未満でなくてはならなかった（民旧817条の5）が，今般の改正により，特別養子縁組の対象年齢を原則6歳未満から原則15歳未満に引き上げる改正が行われた（2019年6月に改正法が成立した〔令元法34。2020年4月1日施行〕。改正民817条の5第1項前段）。特別養子縁組は，実の父母の同意があり（民817条の6），実の父母による監護が著しく困難または不適当であるといった特別の事情があって，子の利益のために特に必要であると認める場合に（民817条の7），養親となる者の請求により，家庭裁判所が審判によって成立させる（民817条の2第1項）。

　特別養子縁組が成立すると，養子と実方との親族関係は，原則として終了する（民 817 条の 9 本文）。養子にとっては養親が唯一の親となる。したがって，実方との扶養・相続関係が終了する点が，普通養子と大きく異なる。

　特別養子縁組では，離縁は，原則としてできないが，例外的に家庭裁判所の審判があれば，離縁が認められる（民 817 条の 10）。

Ⅳ　親　　権

1 ◆ 親　　権

　親権とは，子の利益のために，子を監護教育し，子の財産を管理し，子に代わって法律行為を行う，親の権利・義務をいう（民 820 条参照）。かつて親権は親が子の養育について他から干渉されないという意味での支配権（権利）として捉えられていたが，戦後になり，親権は子が健全に育つよう国家が親に課した義務として考えられるようになっている。

　成年に達しない子は，父母の親権に服する（民 818 条 1 項）。なお，未成年者も婚姻すると成年に達したものとみなされ（民 753 条〔この規定は，2022 年 4 月 1 日に，成年年齢が 18 歳に引き下げられるとともに，女性の婚姻適齢が 18 歳に引き上げられることにより，削除される〕。成年擬制），その場合には親権から離脱する。

　親権は，父母の婚姻中は父母が共同行使する（民 818 条 3 項本文）が，父母の一方が死亡した場合や親権を行使することができない場合には，他の一方が単独で親権を行使することになる（同項ただし書）。父母の双方が死亡した場合や親権を喪失した場合には，**未成年後見**が開始する（民 838 条 1 号）。養子の場合には，実親の親権ではなく養親の親権に服する（民 818 条 2 項）。

　父母が離婚をする場合には，父母の一方を親権者と定める（民 819 条 1 項・2 項）。協議離婚ないし父が子を認知したとき，父母の協議で親権者が決まらないというような場合（民 819 条 1 項・3 項ただし書・4 項）には，家庭裁判所が審判で親権者を決定する（同条 5 項）。子の出生前に父母が離婚した場合には，原則として，母が親権を行う（民 819 条 3 項本文）。

2◆親権の内容

（1）身上監護権

　親権者は，子の利益のために，**身上監護**（「監護」であって看護ではない），つまり子の監督保護と教育を行う権利を有し義務を負う（民820条）。民法は，この身上監護を実現するために，**居所指定権**（民821条），**懲戒権**（民822条。同条は，親権者に「子の監護及び教育に必要な範囲内で」の懲戒を認めているのであり，児童虐待が懲戒権を理由に正当化されることはない），**職業許可権**（民823条）についての規定を置いている。なお，民法820条は，監護・教育に関する包括的・抽象的な規定であり，民法821条以下の3つの権利義務に関する規定は，身上監護を実現するための権利義務の例示と考えられている。またこれら以外にも，子の養育に必要な行為として，命名，医療行為への同意，子の引渡請求，面会交流などの行為が身上監護の態様としてあげられる。

（2）財産管理権

　親権の内容として，親は，財産管理，つまり子の財産を管理し，財産に関する法律行為につき全面的にその子を代表（代理）する（民824条本文）。ただし，子の行為を目的とする債務を生ずる場合は，その子本人の同意を得なければならない（同条ただし書。例えば，子の労働契約を親が代わって締結することや賃金を代理受領することなどを制限する趣旨であったが，これらは労働基準法により禁じられた〔労基58条1項・59条〕ので，今日では問題となることは少ない）。

　また，親権者が，例えば子の財産を親権者自身に贈与するといったように，親権者にとっては利益となるが子にとっては不利益となる行為（**利益相反行為**）をしようとする場合には，親権者はその子のために特別代理人を選任することを家庭裁判所に請求しなくてはならない（民826条1項）。特別代理人が選任されず，利益相反行為が行われた場合については明文の規定を欠いているが，その行為は無権代理行為と解され，子が成年に達した後で追認しなければ，その行為の効果は子には帰属しない。なお，利益相反行為に該当するか否かの判断基準につき，判例（最判昭37・10・2民集16・10・2059）・通説は，行為の外形に照らして客観的に判断すべき（親権者の動機・目的等を考慮せず）との外形説に立脚している。

3◆親権の喪失・停止

　親権は義務的な性格を有する権利なので，父母に親権を行使させるのが相当でない場合には，親権を制限する必要がある。そこで，「父又は母による虐待又は悪意の遺棄があるときその他父又は母による親権の行使が著しく困難又は不適当であることにより子の利益を著しく害するとき」は，家庭裁判所は，子，その親族，未成年後見人・未成年後見監督人または検察官の請求によって，**親権喪失の審判**をすることができる（民834条）。親権喪失の審判がなされると，①親権者は親権に属する権利（身上監護権・財産管理権・代理権）を失い，②共同親権の場合には単独親権となり，③単独親権の場合には未成年後見が開始する（民838条1号）。

　もっとも，親権喪失の審判は，その要件が厳格で，かつ親権を無期限に失わせる効果を生じるので，いわば最終手段ということができる。そのため，虐待などのケースで親権喪失の審判がされることは少なかった。そこで，2000年に成立した「児童虐待の防止等に関する法律」では，虐待されている子を救出するための危機介入，救出された子の支援，虐待が疑われる場合の強制調査等についての規定が置かれ，その後も改正強化された。また，「児童福祉法」に基づき，親権者の意思に反していても子を親権者から離し，児童養護施設に入所させることもできるとされたが，民法の親権に関する規定は改正されないままであった。

　そして，ようやく2011年になって，親権を喪失させることまでは必要ないと考えられるケースで，予め2年以内の一定の期間を定めて親権を制限することができるとする制度が導入された（**親権停止**。2011年6月創設〔平23法61〕）。すなわち，「父又は母による親権の行使が困難又は不適当であることにより子の利益を害するとき」には，家庭裁判所は，2年以内の期間を定めて**親権停止の審判**をすることができるようになったわけである（民834条の2）。

　なお，親権の喪失・停止のほかに，身上監護権は残して財産管理権のみを喪失させる制度もある（**管理権喪失の審判**。民835条）。

Ⅴ 後見・保佐・補助

　後見には，親権者がいない，または親が管理権をもたない未成年者を保護する制度（**未成年後見**）と，**成年被後見人**を保護するための制度（**成年後見**）があり，これらの者に付される保護者を**後見人**という。民法上，判断能力が不十分な成年者を保護するための制度として成年者に対する後見以外に，保佐・補助の制度（それぞれ，要保護者を**被保佐人・被補助人**という）が設けられているが，未成年後見との対比で，これらも含めて成年後見ということがある（なお，第4講Ⅲ1も参照）。

1◆未成年後見

　未成年者には，保護者として法定代理人が付される。未成年者の法定代理人は，まず親権者であり（民818条），親権者がいないときまたは親権者が管理権を有しないときは**未成年後見人**が選任される（民838条2号）。

　未成年者に対して最後に親権を行う者は，遺言により未成年者の後見人を指定できる（民839条1項）。指定がない場合には，未成年被後見人またはその親族その他の利害関係人の請求により，家庭裁判所が未成年後見人を選任する（民840条1項）。未成年後見人を指定できる者の遺言による指定によって，または必要な場合には家庭裁判所により，未成年後見人を監督する未成年後見監督人が置かれることがある（民848条・849条）。

　未成年後見人は，親権者とほぼ同一の権利義務を有するが，一定の事項（例えば，親権者が定めた教育方法や居所の変更，営業の許可・その取消しまたはこれを制限することなど）については，未成年後見監督人がいる場合にはその同意が必要となる（民857条）。なお，従来，未成年後見人は1人でなくてはならないとされていたが（民旧842条。2011年6月の改正〔平23法61〕により削除），現在では複数の未成年後見人を選任することも可能となっている（民840条2項。未成年後見人が複数いる場合，原則としてその権限を共同して行使する〔民857条の2〕）。また，法人も未成年後見人に就任することができる（民840条3項）。

2◆成年後見

（1）後　見

　家庭裁判所は，精神上の障害により事理弁識能力を欠く常況にある者に対し，一定の者からの請求を受けて，後見開始の審判をすることができる（民7条）。成年被後見人には保護者として，成年後見人が付される（民8条）。成年後見人は複数であってもよい（民843条3項）。また，必要に応じて，被後見人その親族もしくは後見人の請求により，家庭裁判所は，後見人を監督する**成年後見監督人**を選任することもできる（民849条）。なお，民法上，成年後見人を指定する仕組みはないが，2000年に施行された「任意後見契約に関する法律」が規定するところの任意後見契約を利用することにより，より自分のスタイルに合致した援助を受けることが可能となった。

　すでに第4講でみたように，成年後見人は，取消権を有し（民9条），代理権も有する（民859条）。成年後見人の職務は，成年被後見人の生活と療養看護および財産に関する事務を行うことであるが，その職務を行うにあたっては，成年被後見人の意思を尊重し，その心身の状態および生活の状況に配慮しなくてはならない（民858条）。なお，成年後見人が，成年被後見人の居住用不動産を処分しようとする場合には，家庭裁判所の許可を要する（民859条の3）。

（2）保　佐

　家庭裁判所は，精神上の障害により事理弁識能力が著しく不十分な者に対し，一定の者からの請求を受けて，保佐開始の審判をすることができる（民11条）。**被保佐人**には保護者として，**保佐人**が付される（民12条）。保佐人は複数であってもよい（民876条の2第2項による同843条3項の準用）。

　保佐人は，民法13条1項各号所定の行為につき，同意権・取消権を有する（保佐人の同意を必要とする行為は民法13条2項で追加が可能とされている）。また，審判があれば，特定の法律行為につき代理権も有する（民876条の4第1項）。

（3）補　助

　家庭裁判所は，精神上の障害により事理弁識能力が不十分な者に対し，一定の者からの請求を受けて，補助開始の審判をすることができる（民15条1項。なお，本人以外の者からの請求による場合には，本人の同意が必要とされている〔民15条2項〕）。**被補助人**には保護者として，**補助人**が付される（民16条）。補助人

は複数であってもよい（民876条の7第2項による同843条3項の準用）。

　補助人の権限としては，補助開始の審判とは別個の同意権付与審判または代理権付与審判により，民法13条1項各号所定の行為の一部について同意権・取消権（民17条1項）が付与される場合，特定の行為について代理権（民876条の9第1項）が付与される場合，または上記の同意権・取消権と代理権の双方が付与される場合の3つのパターンがある（第4講Ⅲ1（4）参照）。

Ⅵ 扶　養

　高齢や疾病，失業などにより独立して生計を維持することができない者がいる場合に，民法は，一定範囲の親族に対して扶養義務を課している（民877条）。扶養義務を負うのは，第一に直系血族および兄弟姉妹であり（民877条1項），第二にそれ以外の3親等内の親族で，家庭裁判所が特別の事情があるとして扶養義務を負わせた者である（同条2項）。

　ここでの扶養義務は，夫婦間や親の未成熟子に対する扶養のような自己と同程度の生活を相手方に保障することまでを意味しておらず，余裕がある範囲で相手方が最低限度の生活を営むことができるよう金銭的援助を行うことで足りる（扶養の順位・程度・方法等は，当事者間の協議によることになるが，協議がとのわないときには，家庭裁判所が一切の事情を考慮して審判によって決定することになる〔民878条・879条・880条〕）。

コラム　家族関係の紛争解決手続

　家族関係の紛争（**家事事件**という。家事審判に関する事件と家事調停に関する事件に分かれる）に対しては，通常の財産法上の紛争を解決する民事裁判の手続とは異なる司法機関（＝**家庭裁判所**）によること，およびその手続が定められている。これは，家事事件が，夫婦や親子など，個人の生存や社会生活の基盤となっている家族的身分関係の存否や

形成に関する紛争であり，その解決にあたっては，通常の民事事件や刑事事件と異なり，裁判所が後見的な役割を果たすことが期待されていることによる。

　家事事件手続法が家庭裁判所の家事審判，および家事調停の手続に関する通則的規定を定めている。

　家庭裁判所の裁判を**家事審判**という。家

事審判は，1 人の裁判官または裁判官の合議体が，原則として参与員の意見を聴き，様々な資料に基づいて判断し，決定する家庭裁判所の手続である。家事審判手続には，原則として本人が出頭し（家事 51 条 1 項），その審理は非公開で行われ（家事 33 条），**職権探知主義**（裁判所が判断するにあたり，自ら訴訟資料の探索・収集をするという考え方）がとられている（家事 56 条 1 項）。審判の対象となる事項は，家事事件手続法の別表第一および別表第二に掲げられている事項ならびに同法第二編の定める事項である（家事 39 条）。

別表第一には，後見・保佐・補助の開始・取消し，養子縁組・特別養子縁組，親権の喪失・停止，未成年後見，相続の承認および放棄，遺言の検認や遺言執行者の選任，任意後見監督人の選任，氏の変更，性別の取扱いの変更など，争訟性のない公益に関する事件が含まれ，直ちに審判がなされる。この際，職権探知主義がとられ，当事者には協力義務が課される（家事 56 条 2 項）。

他方，別表第二には，夫婦間の協力扶助，婚姻費用の分担，子の監護，離婚の場合の財産分与，親権者の指定・変更，遺産の分割，寄与分の認定など，争訟性の高い事件が含まれ，調停による処理が可能である（調停前置主義はとられていないが，家庭裁判所はいつでも職権で調停に付することができる〔家事 274 条 1 項〕）。

また，家庭裁判所は，別表第一に掲げる事項を除く人事に関する訴訟事件（人事訴訟）その他の家庭に関する事件について，

家事調停を行うことができる（家事 244 条）。これらの事件について訴えを提起しようとする者は，まず家庭裁判所に調停の申立てをしなければならない（**調停前置主義**〔家事 257 条 1 項〕）。家事調停は，原則として裁判官と最高裁から任命された調停委員 2 人以上で構成される調停委員会が，当事者双方からその言い分を十分に聴きながら，話合いを行う家庭裁判所の手続である。調停手続において当事者間に合意が成立し，これが調書に記載されると，調停が成立し，確定判決（または確定審判）と同一の効力を有する（家事 268 条 1 項）。また，家庭裁判所が，合意に相当する審判や調停に代わる審判を行うこともある（家事 277 条・284 条）。

調停が不成立に終わった場合，別表第二の事件については家事審判手続に移行することになるが（家事 272 条 4 項），離婚や認知などそれ以外の事件は基本的に終了し，事件の性質によっては訴訟手続に紛争解決を委ねることができる（婚姻や親子など基本的身分関係に関する訴訟手続は，人事訴訟法に規定されている）。

人事訴訟法は，婚姻，親子関係，養子縁組など，身分関係の形成や存否についての争いを処理する民事訴訟法の特別法である（人訴 2 条参照）。家庭裁判所での調停が不成立に終わったり，調停に付するのが適当でない場合に利用できる。人事訴訟手続では，家事事件手続と異なり，裁判所（第一審の管轄は家庭裁判所である）の判断が判決として示される。

第13講　家族の法②──相続法

本講のねらい

　人（自然人）は，生まれた以上，遅かれ早かれ死ぬこととなる。そして，人は死亡すると権利能力を失う。人が死亡した場合に，死亡した人に帰属していた財産（権利や義務）を，その者と一定の身分関係にあって生きている別の人に承継させることを相続という。そして，その方法，すなわちある人が死亡した場合に，財産上の権利義務を承継させるルール（誰が，どのように承継するか）を定めているのが相続法である。したがって，相続は，契約や不法行為などと同じく権利義務の取得原因であり，また財産の私的所有を前提とする，財産法と深い関連を有するシステムである。もっとも，相続法は，家族の法としての性格も色濃い。

　家族法は，経済的生活関係を規律する財産法とは異なり，家族的生活関係を規律するもので，当事者の感情や意思が決定的に重要とされる場面が多い。また，その規定の多くは強行規定である。さらに，倫理観，宗教観などの影響も強く，風俗や習慣，社会通念などを，後追い的に法律で規定する傾向にある。

　近年，わが国では，高齢化・晩婚化・少子化・婚姻率の低下・離婚の増加・核家族化の更なる進展に伴い，人々の生活スタイルや考え方が変化し，新たな問題が生じてきている。例えば，相続開始時点での相続人（特に配偶者）の年齢が従前より高齢化している（相対的にみると，配偶者の生活保障の必要性が高まる一方で，子の生活保障の必要性が低下した）こと，要介護高齢者の増加や高齢者の婚姻の増加により法定相続分に従った相続では相続人間の実質的な公平を図れないケースが少なくないことなどがある。こうした変化を受け，2018年7月に改正相続法が成立し（平30法72），これにより，相続法は，約40年ぶりに大幅に見直された（以下，この改正を「2018年相続法改正」とし，また改正による条文について，必要に応じて「改正民○○条」として引用する）。本講では，家族の法のうち，相続法を，特に財産法と関連する部分を中心に学習することとする。

Ⅰ 相続とは

　相続とは，死亡した人（**被相続人**）の財産法上の地位または権利義務を，その者の死亡と同時に，一定範囲の近親者（**相続人**）に当然かつ包括的に承継させることをいう。

　相続は，被相続人の死亡により開始する（民 882 条）。相続の対象となるのは，被相続人の財産に属した一切の権利義務である（民 896 条本文。**積極財産**〔プラスの財産〕だけではなく，**消極財産**〔債務などマイナスの財産〕も承継する）。この相続の対象となる財産を**相続財産**または**遺産**という。ただし，被相続人の一身に専属するものは，相続の対象とはならない（民 896 条ただし書）。例えば，扶養請求権や生活保護受給権，身元保証契約における保証債務などは一身専属的なもの（**一身専属的な権利義務**）であると考えられている。また，祭祀に関する権利も，相続の対象とはならない（民 897 条 1 項）。したがって，相続の対象となる相続財産とは，相続開始時に被相続人に属していた一切の権利義務から，被相続人の一身に専属したものと祭祀に関する権利を除外したものといえる。

　相続には，相続法の規定に従って被相続人の財産を一定の親族に相続させる「**法定相続**」と，被相続人がその意思によって法定相続とは異なる指定を遺言（法律用語としては，一般に「いごん」と読む）により行う「**遺言相続**」とがある。ある人が死亡した場合に，当然に相続が開始し，相続財産は，遺言があるときにはそれに従って配分され（指定相続），遺言がないときには民法の規定に従って相続分が決定される（法定相続）。遺言相続と法定相続のどちらを原則と考えるかについては争いがあるが，わが国では遺言書が作成されるケースがそれほど多くなかったため，法定相続が一般的で，遺言相続が例外的になっているのが実情である。

Ⅱ 相続人

1◆相続人の種類と相続順位

　民法は，相続人の範囲を法律で定める法定相続制を採用し，配偶者と血族

相続人を相続人としている。

　まず，配偶者（法律上の配偶者に限られる。内縁の夫や妻には法定の相続権はない）は，他の相続人の存在と関係なく，常に相続人となる（民890条）。血族相続人がいるときは配偶者と血族相続人とが同順位で，血族相続人がいないときは配偶者のみが単独で相続人となる。

　次に，どの血族が相続人になるかは，法定されており，第1順位が子，第2順位が直系尊属，第3順位が兄弟姉妹である（民887条・889条）。先順位の相続人がいれば，後順位の者は相続人とならない。

　ところで，相続人は，被相続人死亡時に，権利能力を有していなくてはならない（**同時存在の原則**）。ただし，これには胎児の**出生擬制**と**代襲相続**という2つの例外がある。すなわち，胎児は相続については既に生まれたものとみなされるので相続権がある（民886条1項。生きて生まれることが前提〔大判昭7・10・6民集11・2023〔阪神電鉄事件〕〕で，死んで生まれたときは相続できない〔民886条2項〕。第4講Ⅰ2参照）。また，代襲相続とは，被相続人の子またはその兄弟姉妹が相続人となるケースで，相続人となるべき者（被代襲者）が相続開始以前に死亡等により相続権を失った場合に，その被代襲者の子（被相続人の孫あるいは甥姪）が，被代襲者に代わって同一順位で相続人となり，被代襲者の受けるはずであった相続分を承継するものである（民887条2項・889条2項）。公平の観点から認められる。

2◆相続欠格と相続人の廃除

　相続人となるべき者（推定相続人）について相続制度の基盤を破壊する一定の事由がある場合に，民法は，法律上当然にその者の相続権を剥奪して相続資格を失わせたり（**相続欠格制度**），被相続人の請求または遺言により家庭裁判所がその者の相続権を失わせる制度（**相続人廃除制度**）を設けている。

　まず，相続欠格制度について，故意に被相続人や先順位の相続人を死に至らしめ，または死に至らしめようとして刑罰を受けたり，詐欺や強迫によって被相続人に遺言をさせたりした者は，相続人となることができない（民891条）。相続欠格に該当する事由があれば，その者は，被相続人との関係では法律上当然に相続資格を失うこととなる（何らの手続きも要しない）。

　次に，相続人廃除制度は，相続欠格事由に該当しない場合でも，一定の場合に被相続人の意思により推定相続人の相続資格を失わせるものである。遺留分を有する推定相続人（遺留分を有しない相続人には，遺言を書けばよいので必要なし）が被相続人に対して虐待をしたり，重大な侮辱を加えたり，または著しい非行があったりしたときには，被相続人はその推定相続人を相続人から廃除するよう家庭裁判所に請求することができる（民 892 条）。被相続人が遺言で廃除の意思を表示したときは，遺言執行者が廃除の請求を行う（民 893 条）。

3◆相続人の不存在

　相続人の存在が明らかでないケースでは，相続財産は法人（**相続財産法人**）となり（民 951 条），家庭裁判所が，利害関係人または検察官の請求によって，相続財産の管理人を選任し，その旨の公告をする（民 952 条）。その後，相続人の捜索公告期間満了までに相続人が現れなかった場合，清算が開始される（民 957 条）。清算手続を行ってもなお財産が残った場合，特別縁故者への財産分与（民 958 条の 3）を経て，残余財産は最終的に国庫に帰属することになる（民 959 条）。

Ⅲ　相続の承認および放棄

1◆総　論

　相続により，被相続人に属していた一切の権利義務は相続人に承継される（民 896 条）。相続は，全財産を承継する**包括承継**であるから，被相続人が生前に借金を負っていた場合には，その負債（借金を返済する債務）も相続財産に含まれ，相続人に承継される（当然包括承継の原則）。借金が莫大であるような場合には，相続財産を全体としてみると，プラスではなくマイナスであるようなこともある。このような場合にも，相続人は当然に相続しなくてはならないのであろうか。民法は，当然包括承継の原則をとりながらも，相続人に自己決定の機会を与えて，一定期間に限り，相続についての選択の自由を与えている。すなわち，相続人が①相続を全面的に受け入れる**単純承認**，②相続によって得た財産の限度で被相続人の責任を引き受ける，つまり相続財産の

範囲内で債務を支払うことを条件に権利義務を承継する**限定承認**，あるいは
③相続を全面的に拒否する，つまり被相続人の権利義務をまったく承継しな
い**相続放棄**のいずれかを選択することを認めている（民915条）。相続人は，**熟
慮期間**のうちに，すなわち自己のために相続の開始があったことを知ったと
きから3か月以内（事情によっては伸長が認められるがその申立てもこの期間内に行
わなければならない）に，相続について単純承認，限定承認，または放棄の選択
をしなくてはならない（同条1項）。

2◆相続の承認

（1）単純承認

　単純承認をすると，相続人は無限に被相続人の権利義務を承継する（民920
条）。なお，相続人が相続を承認する意思を示さなくても，相続人が相続財産
の一部または全部を処分した場合や，熟慮期間を経過した（相続を知ったときか
ら3か月以内に限定承認または相続放棄をしなかった）場合などには，単純承認の効
果が生じる（**法定単純承認**〔民921条〕）。

（2）限定承認

　限定承認をすると，相続人は相続によって得た財産の限度においてのみ，
被相続人の債務および遺贈を弁済すべき義務を負う（民922条。相続財産を限度
とする物的有限責任）。限定承認は，相続開始を知った時から3か月以内に，相
続財産の目録を作成して家庭裁判所に提出し，限定承認する旨を申述しなけ
ればならない（民924条。要式行為）。相続人が複数いる場合には，全員が共同し
てのみ限定承認をすることができる（民923条）。

3◆相続の放棄

　相続の放棄は，相続開始を知った時から3か月以内に家庭裁判所に対する
申述によってなされなければならない（民938条。要式行為）。相続の放棄をす
ると，その者はその相続に関しては初めから相続人でなかったとみなされる
（民939条）。したがって，相続放棄をした者に何らの権利や義務も承継される
ことはなく，放棄者に直系卑属がいても代襲相続は起こらない（直系卑属が放
棄者を代襲しない）。

Ⅳ　相続分

　相続分とは，共同相続において，各共同相続人が相続すべき権利義務の一定割合，相続財産全体に対する各相続人の持分をいい，2 分の 1 や 3 分の 1 のようにあらわされる（遺産分割を経た最終的な遺産の取得額は具体的相続分として区別する）。

1◆指定相続分

　相続分は，被相続人の意思（遺言）によって決めることができる。被相続人は，遺言により，共同相続人の相続分を定めることや第三者に相続分の指定を委託することができる（民 902 条。**指定相続分**という）。なお，相続債権者との関係で，被相続人（遺言者）は，相続債務の承継割合を決める権限はないと解されている。相続債務の分割を含む相続分の指定がなされている場合，相続債務は指定相続分で分割されるが，相続債権者から法定相続分に従った相続債務の履行を求められたときは，相続人はこれに応じなければならない（最判平 21・3・24 民集 63・3・427。改正民 902 条の 2）。ただし，相続債権者は指定相続分に応じた権利行使も認められる（同条ただし書）。

2◆法定相続分

　遺言による相続分の指定がない場合，各相続人の相続分は，以下のようになる（民 900 条・901 条）。

　被相続人に配偶者がいる場合，血族相続人全体と配偶者とで，それぞれどの割合ずつ相続するのかが決まる（被相続人の配偶者は常に相続人となる〔民 890 条〕）。すなわち，第一に，被相続人に子がある場合には，子（民 887 条 1 項）と配偶者が相続人となり，それぞれ 2 分の 1 ずつを相続する。第二に，被相続人に子や孫がいない場合には，直系尊属（民 889 条 1 項 1 号）と配偶者が相続人となり，直系尊属が 3 分の 1，配偶者が 3 分の 2 を相続する。第三に，被相続人に子や孫，直系尊属もいない場合には，兄弟姉妹（民 889 条 1 項 2 号）と配偶者が相続人となり，兄弟姉妹が 4 分の 1，配偶者が 4 分の 3 を相続する。

　同順位の血族相続人が複数いる場合には，それらの者の相続分は均等であ

る（**均分相続の原則**。民900条4号）。例えば，子3人と配偶者が相続人である場合，子はそれぞれ，子の相続分である2分の1を3名で均分した6分の1ずつを相続することになる。このとき，実子か養子か，未婚か既婚か，氏を同じくしているか否かは関係がない。ただし，父母の一方のみを共通とする兄弟姉妹（半血の兄弟姉妹，例えば，母の連れ子）が，他の兄弟姉妹の相続人になる（例えば，父母がすでに死亡し，被相続人に子がいない）場合には，その相続分は，父母の双方を共通とする兄弟姉妹の相続分の2分の1となる。

　ところで，2013（平成25）年12月の法改正まで，非嫡出子の相続分は，嫡出子の2分の1とされていた（民旧900条4号ただし書）。この規定は，法律婚主義の尊重および沿革的理由から規定されたものであるが，その後の議論においてその合憲性が問題とされていた（判例は，最近までその合憲性を承認していた〔最大決平7・7・5民集49・7・1789，最決平21・9・30家月61・12・55など多数）。しかし，2013年に，最高裁は，この規定が法の下の平等を定める憲法14条1項に違反し無効であるとの決定をした（最大決平25・9・4民集67・6・1320）。これを受けて，違憲とされた規定を改める改正が必要となり，2013年12月5日，民法の一部を改正する法律（平25法94）が成立し，法定相続分を定めた民法の規定のうち嫡出でない子の相続分を嫡出子の相続分の2分の1と定めた部分（民旧900条4号ただし書前半部分）が削除され，嫡出でない子と嫡出子の相続分は同等とされるに至った（同月11日公布・施行）。

　なお，配偶者がいない場合には，血族相続人のみが相続人となる。

3◆具体的相続分の算定

（1）特別受益の持戻し

　共同相続人の中に，被相続人から遺贈を受けたり，被相続人から婚姻，養子縁組のため，もしくは生計の資本としての贈与を受けたりした者（このような者を**特別受益者**という）がある場合には，それらを考慮せずに相続分を計算すると，特別受益者は二重に財産を得ることになり，不公平である。そこで，民法はそのような場合に，特別受益者には相続分が先に渡されたものと考え，共同相続人間の公平のため，それらを相続財産に持ち戻し，被相続人が相続開始の時に有していた相続財産の価額に，特別受益とみられる遺贈・贈与の

価額を加算したものを相続財産とみなすこととした（民903条1項。**みなし相続財産**）。そして，特別受益者が受益をした分はその者の相続分から控除され，遺贈・贈与の価額が相続分の価額に等しい，またはそれを超えるときは，特別受益者は相続分を受け取ることができないとした（民903条2項）。

（2）寄与分の控除

　共同相続人の中で，被相続人の財産の維持・増加に寄与・貢献した者がいた場合，こうした寄与等を考慮し，当該相続人に特別に与えられる金額または遺産総額に関する持分割合（相続財産から一定額のプラスを取り分けたもの）を**寄与分**という（民904条の2）。

　もともと，わが国の民法は寄与分についての規定を設けていなかったが，1980年に民法904条の2が新設され，寄与分制度が創設された。同時に，家事審判法（現行の家事事件手続法）その他の法令によって手続に関する規定も創設された。

　共同相続人の中に，被相続人の事業に関して労務の提供や財産上の給付を行ったり，被相続人の療養看護を行ったりした者がいる場合に，そのような特別な寄与・貢献により被相続人の財産が維持され，または増加したのであれば，それらを相続分に反映させるのが公平である。そこで，このような場合には，これらの寄与を相続人間の協議または家庭裁判所の審判で金銭的に評価して寄与分を控除したものが相続財産とされる（民904条の2第1項。みなし相続財産）。そして，寄与分を加算したものがその者の相続分とされる。ただし，寄与分は遺贈に劣後するので遺贈された財産に対しては主張できない（民904条の2第3項）。

（3）特別寄与料の請求

　従来，相続人以外の親族がした寄与については，考慮されなかった（民904条の2参照）。例えば，被相続人の長男の配偶者が長年にわたり被相続人の介護に尽くしたとしても，長男の配偶者は相続人ではないため，独自の「寄与分」は認められず，相続財産を取得することはできなかった。そこで，2018年相続法改正において，親族間の公平を図るため，相続人以外の親族が特別な寄与・貢献を行った場合に配慮した制度が創設され，手続に関する規定も整備された。その結果，相続人以外の親族が無償で被相続人の療養看護など

を行い，被相続人の財産の維持または増加に「特別の寄与」をした場合，相続の開始後，その者（特別寄与者）は相続人に対して寄与に応じた額の金銭（**特別寄与料**）の支払いを請求することが可能となった（改正民 1050 条 1 項）。

Ⅴ　遺産の共有とその分割

1◆遺産共有

相続人が 1 人である場合，相続財産はすべてその相続人の単独所有となる。これに対し，相続人が複数いる場合，相続財産は複数の相続人の「共有」＝共同所有に属し（民 898 条。この状態を**遺産共有**という），各共同相続人はその**相続分**に応じて被相続人の権利義務を承継する（民 899 条）。この共同所有関係は，相続財産が分割される手続（これを**遺産分割**という）が行われるまでの過渡的・暫定的な形態であり，遺産分割により相続財産が具体的に誰に承継されるのかが決まる。

遺産共有の性質について，判例は，基本的には物権法上の「共有」（民 249 条以下）と同様であると解している（最判昭 30・5・31 民集 9・6・793）。ただし，遺産分割前の財産であることから分割の自由が制限されている（民 907 条）など，異なる取扱いを受ける部分もある。

2◆遺産分割

（1）遺産分割の対象とならない財産 ────────────

遺産分割の対象となるのは，相続財産である。しかし，共同相続人が包括承継した遺産（相続財産）のすべてが遺産分割の対象となるわけではない。

可分債権（民 427 条。例えば，損害賠償債権，賃料債権，貸金債権など）は，相続開始と同時に法定相続分に従って当然に分割され（最判昭 29・4・8 民集 8・4・819），各共同相続人は相続分に応じて権利を承継し（分割承継の原則），単独で行使できる。そのため，可分債権は遺産分割の対象とならない。可分債務も同様である。

上記と関連して，以下の 2 点に注意が必要である。第一に，被相続人の預貯金債権は，可分債権ではあるが，相続開始と同時に相続分に従って当然に

分割されるのではなく，遺産分割の対象となる（最大決平28・12・19民集70・8・2121）。もっとも，遺産分割前は預貯金債権の払戻しを一切認めないというのでは不便である。そこで，2018年相続法改正において，改正法は，遺産分割前の各共同相続人に，相続開始時の預貯金債権の額×3分の1×当該相続人の法定相続分によって算定された金額（150万円が上限）までの払戻しを認めることとした（改正民909条の2）。第二に，連帯債務者の1人である被相続人が死亡した場合，各共同相続人はその相続分に応じて被相続人の連帯債務を分割承継し，その範囲で他の連帯債務者と共に連帯債務者となる（最判昭34・6・19民集13・6・757）。例えば，被相続人Aが，Bとともに債権者Eに対して1000万円の連帯債務を負っていたとする。Aが死亡してその子C・DがAを相続した場合には，C・Dは，それぞれ500万円の限度でBと連帯して債務を負うことになる。Eは，もともとはAにも，Bにも1000万円全額を請求できたにもかかわらず，A死亡後は，Bには1000万円請求できるが，C・Dにはそれぞれ500万円の限度でしか請求できない。このケースでは，連帯債務の担保力が弱められる結果となっている。

　遺産分割では，対象となる相続財産が相続開始時と遺産分割時に存在する必要があるが，2018年相続法改正により，遺産分割前に遺産に属する財産が処分された場合であっても，共同相続人全員の同意により，当該処分された財産を遺産分割の対象に含めることができるとされた（改正民906条の2第1項）。当該処分をした相続人の同意は必要ない（同条2項）。相続人間の公平を図るためである。

（2）遺産分割の方法

　被相続人は，遺言により，遺産の分割方法を定めたり，これを第三者に委託したりすること，また相続開始の時から5年以内の期間について遺産分割を禁止したりすることができる。こうした遺言がない場合，共同相続人は，いつでも，その協議で遺産の分割をすることができる（民907条）。

　遺産分割の方法としては，①被相続人の遺言によって分割方法が指定される**指定分割**（民908条），②共同相続人の協議により相続財産の分割を行う**協議分割**（民907条1項），③共同相続人間で協議がととのわない場合に家庭裁判所の審判によって相続財産の分割を行う調停分割・審判分割（裁判分割）があ

る（同条2項，家事244条）。遺産分割方法の指定があればこれに従い，指定がない場合や指定にかかわらない部分は遺産分割協議による（ここでは，共同相続人の自由な意思が尊重されており，遺産分割方法の指定に反する分割も可能である）。遺産分割協議がととのわない場合には，調停または審判によって分割されることとなる。

　ところで，遺産分割における指針として，民法は，遺産に属する物または権利の種類および性質，各相続人の年齢，職業，心身の状態および生活の状況その他一切の事情を考慮して遺産の分割を行うとしており（民906条），遺産の分割は遺産と相続人に関する諸般の事情を考慮して行われるべきものといえよう。

（3）遺産分割の効力 ————————————————————————

　遺産分割には遡及効があり，遺産分割が行われると，相続開始時に，被相続人から相続人にその承継した個別の財産が直接移転したものと取り扱われる（民909条本文。ただし，この遡及効は第三者の権利を害することができない〔同条ただし書〕）。

Ⅵ 　遺 　言

1◆総 　論

　私的自治の原則から，人は自分の死亡後の財産のあり方についても，原則として自由に決定することができ，それを実現するための制度が**遺言**である。遺言は，死後の法律関係を定める遺言者の意思表示であり，民法は，遺言者の自由な最終的意思を尊重してこれに法的効果を認めている。遺言は，遺言者が死亡して初めてその効力を生じる（民985条1項）。したがって，遺言では，効力発生の時点で遺言者が存在していない（死亡している）ので，遺言者の意思の真意性を確証するために，厳格な方式が要求されている（民960条）。

2◆遺言の方式

　民法960条は，「遺言は，この法律に定める方式に従わなければ，することができない。」と規定する。これは，死者の最終的な意思を正確に把握すると

ともに遺言書の偽造や変造を防ぐ趣旨の規定であり，民法は遺言の方式を厳格に定めている。遺言は要式行為であり，民法の定める方式に従わない遺言は無効である。

　15歳に達した者は，遺言をするときにおいて遺言をするのに必要な能力（**遺言能力**）を有していれば，遺言をすることができる（民961条。制限行為能力者制度は遺言には適用されない〔民962条〕）。なお，遺言も法律行為であるから，意思能力のない者のした遺言は無効である（民3条の2）。また，遺言は，2人以上の者が同一の証書ですることができない（民975条。共同遺言の禁止）。

　遺言の方式は，普通方式と特別方式に大別でき，普通方式には自筆証書遺言，公正証書遺言，秘密証書遺言があり（民967条以下），特別方式には死亡危急者の遺言などがある（民976条以下）。

（1）普通方式

　普通方式の遺言は通常時にすることができる遺言であり，自筆証書・公正証書・秘密証書のいずれの方式によるかを選択することができる。

　①**自筆証書遺言**は，遺言者が自分で作成する遺言である。遺言者は，遺言書の全文，日付および氏名を自書し，押印する必要がある（民968条1項）。そのいずれかが欠けても無効となる。そのため，パソコンで作成してプリントアウトされた遺言は，自書の要件を満たさず，自筆証書遺言としては認められない。しかしこれでは，多くの財産に関する遺言を作成しようとする場合などに不便である。そこで，2018年相続法改正において，自筆証書に一体のものとして相続財産の全部または一部の目録を添付する場合，その目録については自書によらないことを許容するとされた（改正民968条2項。自書によらない目録の毎葉に署名押印が必要）。これにより，例えば，パソコン等で作成した目録を添付したり，銀行通帳のコピーや不動産の登記事項証明書等を目録として添付したりすることが可能となった。なお，自筆証書遺言は，遺言者が誰の手も借りずに作成することができ，最も簡便な方法であるが，遺言書を紛失したり，他人により隠匿・破棄される危険性，あるいは遺言書が発見されなかったり，偽造・変造されたりする危険性が大きいことが指摘されていた（自筆証書遺言は遺言者自身の責任において保管するのが原則であり，遺言者の死亡後には，検認の手続をとらなくてはならない）。そこで，遺言の利用を促進し，かつ相

続をめぐる紛争を防止する観点から，指定法務局（遺言書保管所）において自
筆証書遺言にかかる遺言書を保管する制度が新たに設けられることになった
（法務局における遺言書の保管等に関する法律〔平30法73。以下，「遺言書保管法」とい
う〕。遺言書保管法は，2020年7月10日から施行され，この日以降に法務局に対して遺言
書の保管を申請することができるようになった）。保管の申請の対象となるのは自筆
証書による遺言書のみで，法務省令で定める様式に従って作成された無封の
ものでなくてはならない（遺言保管4条）。そして，遺言者の死亡後，相続人や
受遺者などの関係相続人は，遺言書保管所に遺言書が保管されているかを調
べたり，遺言書の閲覧や写しの交付を請求したりすることができる。また，
遺言書保管所に保管されていた遺言書については，家庭裁判所による遺言書
の検認手続（民1004条1項）は不要である（遺言保管11条）。

　②**公正証書遺言**は，公証人に作成してもらう遺言である。まず，証人2名
以上が立ち会い，遺言者は遺言の趣旨を公証人に口授（口頭で伝えること）し，
公証人がそれを筆記して遺言者と証人に読み聞かせ，または閲覧させる。次
に，遺言者と証人が筆記の正確なことを承認した後に署名押印したものに，
公証人が公正証書遺言の方式に従って作成したものであることを付記し，署
名押印する（民969条）。口がきけない者が公正証書によって遺言をする場合
については特則がある（民969条の2）。公正証書遺言は，手続が面倒であると
ともに，作成費用がかかることおよび遺言の存在と内容を秘密にしておく
ことができないなどのデメリットもあるが，専門家である公証人の関与により
方式の不備が回避され，遺言書は公証役場に保管されるので偽造・変造のお
それが少なく，最も確実な方法といえる。

　③**秘密証書遺言**は，遺言者が自分で書くか他人に書かせて署名押印した証
書を封じ，証書と同じ印で封印した封書を公証人および証人2人以上の前に
提出し，公証人が，定められた事項を封紙に記載した後に遺言者および証人
とともに署名押印する遺言である（民970条）。この方式による遺言のメリッ
トとしては，自書能力がなくとも遺言書を作成でき（パソコンによる作成やコ
ピー，代筆などでもよい），方式が自筆証書遺言より厳格でない，遺言の存在を
明らかにできるため隠匿・破棄の危険が少ない，遺言内容を秘密にできるな
どがある。ただし，遺言をしたという事実が明らかになってしまう，遺言内

容を第三者に知られるおそれが大きい，費用がかかる，公正証書遺言に比べ
ると方式不備により無効になる可能性があるなどのデメリットもある。

（2）特別方式

　特別方式の遺言には，死亡危急者遺言（民 976 条），伝染病隔離者遺言（民 977
条），在船者遺言（民 978 条），船舶遭難者遺言（民 979 条）がある。死亡の危急
に際し，遺言者自身が署名押印できなかったり，遺言者が社会と隔絶された
場所にいるため普通方式の遺言ができなかったりする場合に認められる遺言
で，普通方式に比べ要件や手続が簡略化されている。

3 ◆遺言の効力

　遺言の効力は，遺言者が死亡した時に初めて発生する（民 985 条 1 項）。

　遺言できる事項は，原則として法定されている（法定遺言事項）。例えば，認
知（民 781 条 2 項），未成年後見人の指定（民 839 条 1 項），相続分の指定（民 902
条），遺産の分割の方法の指定（民 908 条），遺贈（民 964 条），遺言執行者の指定
（民 1006 条 1 項），遺言信託（信託 3 条 2 号）などである。

4 ◆遺言の検認と執行

　遺言には，その内容を実現するために，誰かがそれに必要な特別の手続（認
知，推定相続人の廃除・その取消しなど）をしなくてはならないものがある。遺言
が効力を生じた後に，その遺言内容の法的実現に必要な処理をすることを**遺
言執行**という。

　遺言執行のためには，まず，その準備手続として，遺言書の保管者が相続
の開始を知った後（遺言書の保管者がいない場合には，相続人が遺言書を発見した後），
遅滞なく家庭裁判所にこれを提出して**検認**を得なくてはならない（民 1004 条
1 項。なお，公正証書遺言は検認の必要がない〔民 1004 条 2 項〕。また，この規定は遺言書
保管所に保管されている遺言書については，適用されない〔遺言保管 11 条〕）。検認は遺
言書の現状を検証する手続で，遺言の開封・内容確認の後，調書が作成され
る（家事 211 条）。なお，検認は証拠保全手続にすぎないので，遺言が遺言者の
真意に基づくものであるか否か，遺言書の有効・無効とは関係がない。その
ため，明らかに無効な遺言でも検認を得ることはできる。

　遺言者は，遺言により，1人または複数の**遺言執行者**を指定したり，遺言執行者の指定を第三者に委託することができる（民1006条1項）。遺言執行者の指定がなかったり，遺言執行者が死亡・解任などによりいなくなったりした場合，利害関係人は家庭裁判所に遺言執行者の選任を申し立てることができる（民1010条）。また，遺言執行者を置かなくてはならないと明文で規定されている場合もある（子の認知〔民781条2項，戸籍64条〕など）。遺言執行者は，相続財産の目録を作成して相続人に交付しなくてはならない（民1011条）。そして，遺言執行者は相続財産の管理その他遺言の執行に必要な一切の行為をする権利を有し，義務を負う（民1012条1項）。遺言執行者がいる場合，相続人が相続財産の処分などを行うことは禁止されている（民1013条）。

5 ◆遺言の撤回

　遺言者は，いつでも，遺言の方式に従って，その遺言の全部または一部を自由に撤回することができる（民1022条）。もっとも，遺言は遺言者の最終意思を尊重するものであるから，死亡時により近いものが優先され，前の遺言と後の遺言とで内容が抵触する場合（民1023条1項）または前の遺言とその後の生前処分などとが抵触する場合（同条2項）には，その抵触する部分については前の遺言は撤回されたものとみなされる。また，遺言者が遺言書や遺言の目的物を故意に破棄したときにも撤回とみなされる（民1024条）。なお，遺言が撤回されると遺言は初めから存在しなかったこととなるが，先行遺言がある場合にもその効力が復活することは原則としてない（民1025条）。

6 ◆遺　贈

　遺贈とは，遺言によって自己の財産の全部または一部を受遺者（遺贈を受ける者）に与える遺言者の意思表示である（民964条）。遺言者は，遺言によって，相続財産を受遺者（法定相続人に限られない）に贈与することができる。遺贈は，単独行為であり，遺言者の一方的な意思表示により法律効果が発生する。

　遺贈には，全部または2分の1といったように相続財産の割合（ただし，遺留分に関する規定に違反することはできない）を示して遺贈を行う**包括遺贈**と，相続財産のうち特定の財産を示して遺贈を行う**特定遺贈**とがある。包括遺贈で

は，包括受遺者は，相続人と同一の権利義務を有することになる（民990条）。なお，受遺者は，遺言者の死亡後，いつでも遺贈の放棄をすることができる（民986条1項）。

　ところで，遺贈に類似した制度として**死因贈与**がある。死因贈与は贈与者の死亡を停止条件とする贈与で，被相続人（贈与者）が，受贈者との間で生前に締結する契約である。これに対し遺贈は遺言者の一方的な意思表示によって成立し，遺言者の死亡と同時にその効力が発生する単独行為であり，その性質は異なる。しかし，機能としては類似しているため，民法は原則として，死因贈与に対して遺贈に関する規定を準用することとしている（民554条）。

Ⅶ　配偶者の居住の権利

1◆制度創設の趣旨

　「配偶者の居住の権利」は，2018年相続法改正で創設された制度である。

　配偶者の一方（被相続人）が死亡しても，他方配偶者（生存配偶者）にはその後の人生がある。超高齢社会の進展に伴い，被相続人死亡後の生存配偶者の人生が長期間にわたる場面や，被相続人死亡時に生存配偶者が高齢である場面は少なくない。そして，被相続人の配偶者が高齢である場合，特に，可能な限り住み慣れた住環境で日常生活を送りたいと希望することが多い。こうしたニーズに応えるために2018年相続法改正により創設されたのが，**配偶者居住権**（改正民1028条〜1036条）と**配偶者短期居住権**（改正民1037条〜1041条）の制度である。

2◆配偶者居住権

　被相続人の配偶者は，相続開始時に居住していた被相続人所有の建物（居住建物）を対象として，以下のいずれかの場合に，その居住建物の全部を，原則として終身の間，無償で使用・収益する権利（配偶者居住権）を取得する（改正民1028条1項。被相続人が相続開始時に配偶者以外の者と共有していた場合には，配偶者居住権は成立しない〔同項柱書ただし書〕）。1つは，遺産分割（遺産分割協議・調停のほか家事審判も含む）で配偶者居住権を取得するものとされた場合（改正民

1028 条 1 項 1 号・1029 条）で，もう 1 つは，配偶者居住権が遺贈・死因贈与の目的とされた場合（改正民 1028 条 1 項 2 号）である。

　配偶者居住権は，配偶者の居住権を保護するために認められた**帰属上の一身専属権**である。そのため，生存配偶者には，使用・収益権のみが認められ（改正民 1032 条 1 項），これを譲渡することはできない（同条 2 項）。また，配偶者居住権の法的性質は，一般に賃借権類似の法定の債権であると考えられている。もっとも，配偶者居住権には，生存配偶者が，居住建物の所有者に対し，原則として終身の間（遺産分割協議・調停，家事審判や遺言で一定の期間を定めることもできる〔改正民 1030 条〕），すなわち配偶者居住権の存続期間中は，賃料相当額の金銭を支払う義務を負わないなど，賃借権とは異なる性質もみられる。なお，生存配偶者が配偶者居住権を取得した場合には，遺産分割手続において配偶者居住権の財産評価に相当する金額を相続したものとして扱われる。

　配偶者居住権は，居住建物の全部に及ぶ（改正民 1028 条 1 項）。生存配偶者は，居住建物を従前の用法に従い，善管注意義務をもって使用・収益しなくてはならず（改正民 1032 条 1 項），配偶者居住権を譲渡したり，無断で増改築や第三者に使用・収益させたりすることはできない（同条 2 項・3 項）。また，生存配偶者は，居住建物の使用・収益に必要な修繕をすることができ（改正民 1033 条），居住建物の通常の必要費を負担する（同 1034 条）。

　配偶者居住権は登記することができ，登記された場合には，居住建物について物権を取得した者その他の第三者に対抗することができる（改正民 1031 条 2 項）。

　このように，配偶者居住権制度の創設により，遺産分割における選択肢の一つとして，被相続人の遺言等により，生存配偶者に配偶者居住権を取得させることができるようになり，生存配偶者は自宅（居住建物）での居住を継続しながらその他の財産も取得できるようになった。

3 ◆配偶者短期居住権

　配偶者が相続開始時に被相続人所有の建物に居住していた場合，多くのケースでその配偶者は，相続開始前は被相続人の占有補助者として居住建物を使用していると考えられる。しかし，被相続人が死亡して相続が開始する

とその資格を失い，居住建物を無償で使用するには新たな占有権原が必要となる。この問題につき，判例（最判平8・12・17民集50・10・2778）は，相続人の1人が被相続人の許諾を得て被相続人所有の建物に同居していた場合には，特段の事情のない限り，被相続人とその相続人との間で，相続開始時を始期とし，遺産分割時を終期とする使用貸借契約が成立していたものと推認されるとの判断を示した。しかし，第三者に居住建物が遺贈されてしまった場合や被相続人が反対の意思を表示した場合には使用貸借が推認されず，配偶者の居住は短期的にも保護されないことになってしまう。そこで，被相続人の意思にかかわらず生存配偶者の短期的な居住権を保護するために，配偶者短期居住権の制度が創設されたというわけである（この配偶者短期居住権も帰属上の一身専属権である）。

　配偶者短期居住権は，生存配偶者が，相続開始時に，被相続人の建物（居住建物）に無償で居住していた場合に，以下の期間に限って，認められる。その期間は，第一に，配偶者が居住建物の遺産分割に関与するときは，居住建物の帰属が確定する日までの間（ただし，最低6か月間は保障），第二に居住建物が第三者に遺贈された場合や，配偶者が相続放棄をした場合には，居住建物の所有者から消滅請求を受けてから6か月間を経過する日までの間である（改正民1037条）。つまり，最低6か月間は配偶者が居住できることが保障されているのである。なお，配偶者短期居住権は，第三者に対抗できない（居住建物取得者がその居住建物を第三者に譲渡等して，配偶者がこれを使用できなくなった場合には，居住建物取得者に対して改正民法1037条2項違反に基づく損害賠償請求をできるにとどまる）。他方，配偶者短期居住権の譲渡禁止，居住建物の修繕等および費用負担については，配偶者居住権と同様である（改正民1041条による同1032条2項・1033条・1034条の準用）。

Ⅷ　遺留分

1◆遺留分

　遺留分とは，一定の相続人が，相続について法律上取得することを保障されている相続財産の一定の割合である。民法は，被相続人の財産処分の自由

と相続人の保護という要請の調和のために（遺族の生活を脅かしたり，相続人の潜在的持分に対する正当な期待を裏切ることがないように），相続財産の一定割合を相続人に留保する遺留分制度を置いている。遺留分制度は，遺言の自由に対する重大な例外をなすものといえる。

　法定相続人のうち，兄弟姉妹以外の相続人である配偶者・子・直系尊属には，遺留分が認められている（改正民1042条1項。遺留分権を有する者を**遺留分権利者**という）。遺留分の割合は，直系尊属のみが遺留分権利者である場合には被相続人の財産の3分の1，その他の場合には2分の1である（改正民1042条1項1号・2号）。遺留分権利者が複数いる場合には，遺留分の割合に各人の法定相続分の割合を乗じたものが，その者の遺留分の割合となる（改正民1042条2項）。この制度も，2018年相続法改正により，大きな変更を受けた。

　遺留分の算定にあたっては，被相続人が相続開始の時において有した財産の価額（積極財産＝プラスの財産）に，その贈与した財産の価額（贈与は基本的には相続開始前の1年間にしたものに限られる〔改正民1044条〕）を加えた額から，債務の全額を控除したものが基礎財産となる（同1043条1項。遺留分算定の基礎財産＝相続開始時の財産＋贈与財産－債務全額）。

2◆遺留分侵害額請求

　被相続人による遺贈や贈与などにより遺留分を侵害された遺留分権利者とその承継人は，受遺者または受贈者に対し，遺留分侵害額に相当する金銭の支払いを請求することができる（改正民1046条。改正前は，贈与などの侵害行為の効力を侵害割合だけ消失させるという意味で，「遺留分減殺請求権」といったが，これによると，遺留分減殺請求権の行使（意思表示）をすると，その限度で贈与・遺贈の効力が失われることとなるので現物返還が原則と考えられていた。そのため，例えば，不動産の贈与を減殺する場合，結果として受贈者と遺留分権利者の共有を生じるなど不都合〔企業承継や被相続人の意思に反するなどの障害〕が生じるので，今般の改正によって，金銭の支払いによる解決〔**遺留分侵害額請求権**〕という方策に改められた）。遺留分侵害額請求権の行使は相手方に対する意思表示によってする（必ずしも裁判上の請求によらなくてよい。改正前の判例であるが，最判昭41・7・14民集20・6・1183参照）。複数の遺贈と贈与がある場合には，まず受遺者が遺留分を負担し，それでも不足する

ときには受贈者が遺留分を負担する (改正民 1047 条 1 項 1 号)。遺贈については，遺贈の目的の価額の割合に応じて負担し (改正民 1047 条 1 項 2 号)，贈与については，相続開始時により近い受贈者から，順次，その前の受贈者が負担する (同項 3 号)。

遺留分侵害額請求権が行使されると，受遺者や受贈者はその負担額に応じた金銭債務を負うこととなる。なお，裁判所は，遺留分額を負担する受遺者や受贈者からの請求により，その支払いについて相当の猶予を与えることができる (改正民 1047 条 5 項)。

遺留分侵害額請求権は，相続開始時に発生する。これは，相続開始後に初めて，遺留分権利者であること，および遺留分侵害の事実が明らかになるからである。そして，遺留分権利者が，相続の開始および遺留分を侵害する贈与または遺贈があったことを知った時から 1 年間これを行使しないときは，時効によって消滅するとされ (改正民 1048 条前段)，相続開始の時から 10 年を経過したときも同様である (同条後段)。

■ コラム ■　家族法のホットトピック——児童虐待・無戸籍者問題

現在，家族法の分野では，夫婦別姓，女性の再婚禁止期間の見直し，離婚が認められるのに必要な別居期間の設定，内縁，子が生殖補助医療により出生した場合の親子関係 (精子提供，卵子提供，借り腹，代理母など)，LGBT，非嫡出子の相続分，後継ぎ遺贈，子や高齢者に対する虐待への対応など，問題となっている点を挙げるのに遑がない。各自興味を持ったテーマについて調べて考え，自分の意見をまとめてほしい。その際には，価値観の多様性に配慮することが大切である。

2019 年 6 月 20 日，法制審議会の臨時の総会が開催され，2 つの検討課題について新たな諮問がなされた。

第一は，児童虐待防止のための懲戒権に関する規定の見直しである。親権者の行為が民法の懲戒権の行使として許容されるのはどの範囲までであるのか。見直しするとして，具体的にどのように見直すのがよいのか。懲戒権に関する規定が児童虐待を正当化する口実に利用されているとの指摘や，懲戒権に関する規定を見直した場合に親権者による正当なしつけもできなくなるのではないかという懸念があることなども考慮して考えてみよう。

第二は，いわゆる無戸籍者問題に対応するための嫡出推定制度の見直しである。無戸籍者は，日本国民として生活しているにもかかわらず，その存在が公的に登録され

ていないことから社会生活上の不利益を受けることが多い。無戸籍者と嫡出推定制度の関係を不思議に思う者もいるかもしれないが，法務省によると，無戸籍者の数は，2019年6月10日現在で830名で，無戸籍者の母等が出生届を提出しない理由につい

ての調査結果では，そのうちの649名（約78%）が「（前）夫の嫡出推定を避けるため」と回答している。どのように繋がるのか，どういう解消方法が考えられるのか，検討すべき点は多岐にわたるが，自分自身で考えてみよう。

第 14 講　民事裁判の概要

本講のねらい

　これまでの講においては，「民法」がわれわれの日常生活における人と人との生活関係に深くかかわっているものであることを学んだ。われわれの日常生活が円滑に営まれているのも，行為規範としての「民法」を，われわれ一人ひとりが知らず知らずのうちに遵守しているからといっても過言ではない。とはいえ，この市民生活を送るすべての人が，自らの負っている民法上の義務を必ずしも履行しているとは限らないし（借りたお金を返さない，物を買ったにもかかわらずその代金を支払っていないなど），家族関係をめぐっても円満な家庭ばかりとは限らない（離婚問題を抱える夫婦や，相続分をめぐって争う相続人同士など）。このように市民生活において，われわれには民事法上の「紛争」に巻き込まれる可能性が少なからず存在する。それでは，「紛争」が生じた場合にはどうすればよいのだろうか。「紛争」はやはり解決されるべきであるというのはいうまでもないと思われるが，いかにして紛争が解決されるべきなのか，ここに紛争を解決するための「手続」が必要とされるのである。本講では，紛争解決のために用意されている手続の代表格である「民事裁判」の概要について学習するとともに，民事裁判において「民法」がいかに用いられることになるのか——民事裁判と民法とのかかわり——について学習することとする。

I　民事紛争解決のための諸制度

1◆裁判によらない紛争解決

　市民相互間において，民法を代表格とする実体私法上の権利義務や法律関係の存否をめぐって生じた紛争を民事紛争という。このような民事紛争を解決するための手続としては，【本講のねらい】でも紹介した「民事裁判」というものが存在するが，すべての民事紛争が必ず民事裁判によって解決されな

ければならないかというと，そうではない。例えば，交通事故の際の被害者
に対する損害賠償をめぐるトラブルなどにおいても，裁判によらずに保険会
社を交えた「示談」という形で解決が図られているといったことにもみられ
るように，この社会には裁判によらない紛争解決手段（和解・調停・仲裁など）
が多種多様に存在している。このような裁判によらない紛争解決手段を総称
して，「**裁判外紛争解決手段**」ないしは「**ADR**（Alternative Dispute Resolution の
略称)」と呼ぶ。

　一般に，ADR は裁判に比べ，迅速・安価に紛争を解決することができると
ともに，実体法の適用に必ずしもよることなく条理に適った柔軟な紛争解決
が期待できる，といった利点があるとされる。近年では，紛争解決手段とし
ての ADR の有用性に着目し，「裁判外紛争解決手続の利用の促進に関する
法律」（通称：ADR 促進法）が制定され，ADR 機関として実績のある機関に対
して国家が認証を与えるという認証 ADR 制度が 2007 年 4 月からスタート
している。他方で，国家権力を背景としない ADR による紛争解決は，多く
の場合においてその紛争解決策の内容の履行確保手段が欠如しているといっ
た欠点がある。

　このように，目の前に発生した民事紛争をどのような方法によって解決す
べきかについては，紛争当事者が裁判と ADR との長所短所を勘案しつつ，
適切な解決手段を選択することが必要となってくる。いずれにせよ紛争解決
手段の取捨選択が紛争当事者の意思に委ねられているのは，近代民事法の大
原則である「私的自治の原則」に由来するものである。

　そして，紛争解決手段のうちの 1 つである民事裁判においては，「訴えなけ
れば裁判なし」という法格言にも表されるように，当事者による訴えの提起
（民訴 133 条）という行為がない以上，裁判所の方で勝手に手続を開始するこ
とはできず，これを**処分権主義**（後記 2 (2) ①参照）という。

2 ◆民事裁判

(1) 民事裁判の特徴 ────────────────────

　民事紛争を解決するための手続の中核的制度と位置づけられるのが民事裁
判であり，民事裁判という手続の進め方について規定した法律が「民事訴訟

法」である。

　上述した ADR とは異なり，民事裁判には以下のような特徴がみられる。
第1に，中立的紛争解決機関として，裁判所が手続を主宰する。紛争解決を
求める当事者（原告）から訴えの提起（申立て）を受けた以上，裁判所は，それ
についての判断をする責任を負う。第2に，紛争解決基準としては，民法を
はじめとする民事実体法が適用される。したがって，民事訴訟において審判
の対象となるのは，民事実体法の適用によって解決が可能な，法律上の権利
義務をめぐる争いである。第3に，相手方である当事者（被告）の側は，訴え
が提起されたことによって，裁判に応じる意思（応訴の意思）の有無にかかわ
らず，手続（訴訟法律関係）に取り込まれる。

（2）民事訴訟の基本理念

　民事訴訟の目的は，適正かつ迅速な紛争解決を図るべく，裁判所が判断を
下すことにある。現実の裁判においては，この目的は，当事者や裁判所の訴
訟行為を通じて実現されることから，かかる訴訟行為をいかなる指導理念の
もとに規律するのかが，目的実現にとって重要となってくる。ここでは，あ
るべき民事訴訟の基本理念についてみておこう。

　①当事者意思の尊重　　民事訴訟において審判の対象となる私人間の権利
義務は，原則として，当事者の意思に基づく処分に委ねられる（私的自治の原
則）。民事裁判という手続においては，当事者間の争訟の対象（**訴訟物**）の処分
権能に関する処分権主義（訴えを提起するか否かは当事者の意思に委ねられる），事
実の主張や立証に関する**弁論主義**（後記Ⅱ3・4参照）という形で現れる。

　②手続の公益性　　訴訟手続の運営にあたっては，手続の安定という要請
が求められる。すなわち，訴訟手続の運営は，当該当事者の利益のためだけ
ではなく，他の潜在的な当事者（国民全般）の利益にも影響を及ぼすことから，
裁判によって，ある訴訟行為が有効と判断されたり無効と判断されたりする
ことがないようにしなければならない。

　③手続の適正　　①でも述べたように，民事訴訟における審判の対象たる
権利関係は，原則として私的自治の原則に服するものであり，当事者の自由
な処分に委ねられるものである。とはいえ，裁判を受ける権利（憲32条）が実
質的に保障されるためには，当事者としては争いとなっている事実について，

収集し得る最大限の証拠に基づいて可能な限り真実に近い事実認定がなされることを期待するし，民事訴訟制度を支える納税者もまた，納得し得る裁判という観点から，可能な限りの真実発見を期待する。このように真実発見の要請に資するような訴訟制度の設計も，重要な指導理念となってくる。

　もっとも，民事訴訟において真実発見の要請が重要であるとしても，当事者の双方に公平かつ十分に主張・立証の機会が与えられないままに事実が認定されたとあっては，おおよそ当事者の納得を得られるものではない。ここに両当事者に対する十分な手続上の機会の保障（**手続保障**）という視点も重要な指導理念となってくる。

　④手続の迅速性　　多くの場合，当事者にとって紛争は経済的・心理的負担であるところ，訴訟による紛争解決が長引けば長引くほど，当事者の負担は増大する。また，「遅れた救済は画に描いた餅に等しい」ともいわれるように，紛争解決があまりに遅延したものであると，そもそも有効な解決機能をもたないといった事態にもなる。さらに，裁判所の人的・物的資源も有限であることから，1つの訴訟が長期化することは，本来裁判所が他の訴訟に費やし得る時間の圧迫をもたらし，長期間放置される紛争も増えるといった社会的不安を引き起こし，納税者全体にも不利益を及ぼす。このように，手続の迅速性の要請も，訴訟手続運営にあたっての重要な指導理念とされ，争点中心の集中審理方式を採用する現行民事訴訟法は，この理念に比較的重点を置いた制度設計をしているといえる。

Ⅱ　民事裁判と民法のかかわり

1◆紛争の発生

　民事裁判というものをイメージしやすくするために，ここで簡単な事例を1つ挙げてみることとする。

　[事例] Xの言い分

　　長年の友人であるYの事業がうまくいっていないことを知った私（X）は，当面の事業の運転資金として1,000万円をYに融通してあげた。このお金を元手として，Y

の事業は次第に回復のきざしをみせはじめ，経営状況も改善するようになったので，Yに自分が融通してあげた1,000万円を返すよう求めたところ，Yはこれに応じてくれなかった。

　ここでまず，［事例］におけるXの立場に立ってみると，彼が今抱いている不満は，「Yにお金を貸したのに返してもらっていない」ということであろう。ここにおいて，XY間に民事法上の「紛争」が発生したということになるが，何をもって民事法上の「紛争」ということができるのか，その意味合いを明らかにしておこう。

　［事例］におけるXの言い分が，法的にはどのような意味合いをもつものか（Xの法的主張がいかなるものか）について考えてみると，「XY間においては，金銭消費貸借契約（民587条）が締結されていたところ，弁済期が到来してもなおYが1,000万円を返還しないので，XとしてはYに対して有する貸金返還請求権を行使・実現したい」というものである。このように，ここでいう「紛争」とは，「法的に保護されるべき何らかの権利があるにもかかわらず，その権利が実現されていない状況」と説明することができる。そして，Xに法的に保護されるべきどのような権利があるのかを探求するためには，民法を代表格とする民事実体法を参照する必要が出てくる。

　なお，［事例］以外にも，われわれの日常生活においては，①モノを売ったにもかかわらず代金を支払ってもらっていない，とか，②アパートを貸しているのに賃料の不払いが続いている，とか，③車ではねられてケガをしたのに治療費等の支払いに応じてもらえない，等々，日々の生活圏に密着したところでのいわば「紛争」がいたる所で発生しているが，これらの各例においても，それぞれ，売買契約（民555条）に基づく代金支払請求権，賃貸借契約（民601条）に基づく賃料支払請求権，不法行為（民709条，自賠3条）に基づく損害賠償請求権，といった権利が実現されていない状況ということになる。

2◆民事裁判の存在理由

　とはいえ，民法にも規定されている「権利」が自分には認められるからといって，それを現実のものとすべく（すなわち，現金としての1,000万円を回収すべ

く），「借りたものは返すのが人としての道理！」とばかりに，Xが，「権利行使」の名のもとに，自らの力でYから1,000万円を回収することは，原則として認められない。なぜならば，わが国をはじめとする近代国家においては，**自力救済の禁止**という近代市民法の大原則が採用されており（自力救済を認めてしまうと，力の強い者が勝つという無法状態を引き起こすこととなり，「法の支配」という近代国家の理念に沿わない），権利があるからといってそれを自力で権利実現することは国家によって禁止されているからである。

　それゆえ，国家としては，権利があるにもかかわらずそれが実現されていない者に対しては，その権利実現を図る制度（手続）を別途用意する必要があるということになる。この制度（手続）こそが，ここで問題としてとり上げている「民事裁判」なのである（権利保護請求権説）。この民事裁判においては，裁判官は究極的には，「ある者が主張する権利（訴訟物）の存否」について審理し判断を下すということになる。なお，民事裁判では，訴えを起こした側の当事者を**原告**，起こされた側の当事者を**被告**と呼ぶ。

3 ◆民事裁判における審理の内容

　［事例］において，「貸金返還請求権」という権利を行使・実現したいと考え，かつ自力救済は禁止されているということを知ったXは，裁判所におもむき，訴えを提起して自らの権利主張をしさえすれば，裁判所によって自動的にその権利を認めてくれるということになるのであろうか。これでは，いわば「言った者勝ち」といった事態を招くだけであり，何の紛争解決にもなっていない。

　Yの立場に立ってみると，1,000万円をXに支払わない何らかの法的にも根拠を伴った理由が，Yにあるのかもしれない。仮に［事例］における，Yの側の言い分が以下のようなものであるとする。

　［事例］Yの言い分

　　事業がうまくいかなくてXから1,000万円という大金を融通してはもらったが，このお金は，長年の旧友であるXが，私の窮状をみるにみかねて寄付してくれたものである。

　このYの言い分のように，Xから受け取った1,000万円が「寄付してもらったもの」であれば，YはXに対して1,000万円を返す必要はないことになる。なぜならば，Yの言い分を前提とすると，1,000万円に関してXY間で締結された契約は贈与契約（民549条）ということになり，YはXに対して1,000万円の返還義務を負わないということになるからである。

　ここで，XからYに渡された1,000万円が貸し付けられたものなのか，それとも贈与されたものなのか——換言すると，XY間の契約が，「消費貸借契約（民587条）」なのか「贈与契約（民549条）」なのか——を判断する必要が生じてくる。とはいえ，この問題をXとYの2人だけで解決させようとしても，各自の言い分はいつまでも平行線をたどり続けるかもしれない。このように，両者の言い分に食い違いがある場合には，どちらの言い分が正しいのかを，中立的な立場に立つ第三者が判断しなければならない。民事裁判においては，この判断をする者こそが裁判官ということになる。

　［事例］における両者の言い分を前提として，裁判官は，XのYに対する1,000万円の「貸金返還請求権」という権利がXに認められるのかを，裁判における審理という過程を通じて，最終的には判決という形でその判断をすることになる。とはいえ，「権利」というものは目にみえるものではない以上，生身の人間である裁判官としてはいかにして，その存否を判断することになるのであろうか。民事裁判もまた，およそ司法権という国家権力の発動である以上，いいかげんな判断が許されるわけではない（前述の民事訴訟の基本理念である手続の適正〔真実発見の要請〕が果たされなければ，国民は裁判という制度自体を信頼しなくなってしまうことになりかねない）。

　ここで再び参照とすべきは，民法を代表格とする民事実体法ということになる。すなわち，民事実体法とは，いかなる条件（法律要件）が充足されれば，どのような権利義務が発生するのか（あるいは，権利義務に変更が生じるのか，権利義務が消滅するのか）という効果（法律効果）について規定した法律を意味するところ，「法律要件」に該当する「事実」をみてとることができれば，あとは民事実体法を適用して，問題となっている権利の存否（訴訟物の存否）を判断すればよい，ということになるのである。すなわち，民事裁判において裁判官が行うべきは，法律要件にあたる「事実」の有無を判断（事実認定）したうえ

で，民事実体法という法を適用して，訴訟物の存否についての判決（**本案判決**）を下すという作業である。

　［事例］に沿って説明をすると，Xに「貸金返還請求権」という権利が認められるかどうかについては，「貸金返還請求権」の発生について定めた民法587条という民事実体法の条文を手がかりとすることから始まる。民法587条は，「消費貸借は，当事者の一方が種類，品質及び数量の同じ物をもって返還することを約して相手方から金銭その他の物を受け取ることによって，その効力を生ずる。」と規定しているところ，この文言を参考にすると，①返還の約束，②金銭の交付，という2つの事実を条件（法律要件）として契約が交わされた場合に，金銭消費貸借契約が成立するということになる。契約が成立することによって，債権債務関係の発生という法律効果が生じることから，XY間において金銭消費貸借契約が成立していれば，XにはYに対する「貸金返還請求権」という権利が認められることになる。

　［事例］における，XY双方の言い分によると，この両者の間において1,000万円という金銭がXからYへ交付されたという事実については，XY双方ともに認めているところである。このような事実を「**争いのない事実**（自白された事実）」といい，これについては後述する証拠調べの対象とはならない（民訴179条）。すなわち，XY両者間においては，「金銭の交付」という「法律要件」は充足されているということになる。

　他方，この1,000万円という金銭が交付された際に，XYの二者間において，「返還の約束」がなされていたかどうか，という点については問題が残る。この「返還の約束」という事実の存在を，裁判官が認定することができれば，XY間において金銭消費貸借が成立したこととなり，Xには「貸金返還請求権」という権利が認められることになる。

　それでは，事実認定はいかにして行われることになるのであろうか。これもXYの双方に「返還の約束はあった」「いや，なかった」と言い争わせるだけでは，一向に埒があかない。日常的な口喧嘩のレベルにおいてすら，「そこまでいうのなら，証拠をみせろ」といった言い回しがなされることがあろうが，同様に裁判においても，「返還の約束」という当事間において争いのある事実の有無を認定するにあたっては，裁判官は当事者からその証拠となるべ

【図表 14-1】　民事裁判の審理

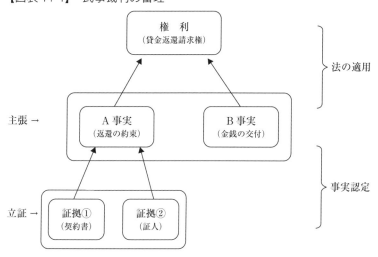

きもの（例えば，契約締結の際に契約書が交わされていたのであればその契約書であった
り，1,000 万円の金銭交付の場に誰か別の第三者が立ち会っていたというのであれば当該
第三者の証言など）を提出してもらい（当事者による立証活動），裁判所は証拠の取
調べを行ったうえで，それらの証拠を評価して裁判官は自由な心証により**事
実認定**を行うことになる（民訴 247 条）。なお，証拠からある事実の有無を認定
するに際しての証明は，1 点の疑義も許されない自然科学的証明ではなく，
通常人が疑いを差し挟まない程度に真実性の確信を持ち得るもので足りる程
度の証明（高度の蓋然性）でよいとされている（最判昭 50・10・24 民集 29・9・1417
〔東大病院ルンバール・ショック事件〕参照）。
　以上のように，民事裁判の審理においては，当事者には，判決の基礎とな
る資料（事実および証拠）の収集および提出の役割が課されており（これを**弁論主
義**という），他方，裁判所には，争いのある事実につき証拠調べを通して事実
認定を行い，法（実体法）を適用して訴訟物の存否についての判決を導くとい
う役割が課されている（【図表 14-1】参照）。

4 ◆弁論主義の根拠とその補完

　3で述べたように，民事裁判においては，原告や被告といった当事者は，自らの主張する法律要件に相当する事実を主張し，証拠調べの対象となるべき事実について立証活動を展開する役割を負うという弁論主義が原則として採用されているが，このことについて直接定めた明文の規定は民事訴訟法上存在しない。私的自治の原則が妥当する民事法の領域においては，ある事実を主張するか否か，ある証拠を提出するか否かについても，当事者の意思が尊重されるべきであり，かかる見地から民事裁判において弁論主義が採用されるのは，近代民事法を継受するところにおいてはむしろ当然のことということになる（弁論主義採用の根拠論としての本質説）。逆にいうと，ある事実を主張しないまま，あるいはある証拠を提出しないまま，仮にその裁判に負けてしまった当事者がいたとしても，主張・立証の機会が十分に保障されていた限りは，かかるリスクを自ら甘受しなければならないということにもなるが，これは当事者に主張・立証の自由意思を保障したことの裏返しとしての自己責任ということになる。

　この弁論主義のもとでは，当事者から主張されない事実を裁判所が勝手に認定することはできず，また，裁判所の方で勝手に証拠を蒐集（しゅうしゅう）してくるといったこともできない。そうだとすると，裁判の場に現れてくる「事実」や「証拠」は，当事者から提出されたものだけに限られ，裁判官はそれらだけを材料（訴訟資料）として審理をし，判決を下すことが求められることから，もしかすると判決で示される判断も，常に真実を反映した結果であるとは限らないおそれもでてくる。仮に，かかる事態が生じたとしても，それは当事者意思を尊重した結果であって，それはそれで仕方のないことと割り切ることができるだろうか。とりわけ，わが国の民事裁判では，当事者のいずれか一方ないし双方が弁護士に仕事を依頼することなく当事者本人で訴訟追行をしている（**本人訴訟**という）ことが多いという実態があり，一般市民たる当事者が，民法を代表格とする民事実体法の構成要件に相当する事実を過不足なく主張できているかどうか，はなはだ怪しいことも往々にしてあるのに対し，裁判官はいわば法律のプロであることから，裁判官の目線からは，「○○といった事実を主張してほしい」「△△といった証拠を提出してほしい」と思うことも

多々あり得る。裁判官がそのような印象を抱いているところでは，最終的に
でてくる判決も，おおよそ「真実」からはかけ離れたものとならざるを得な
いこととなるが，弁論主義の裏返しとしての自己責任ルールを楯に，かかる
状況をそのまま放置しておくというのは，民事訴訟の基本理念でもある真実
発見の要請（前記 I 2 (2) ③）の見地からも問題があろう。

　そこで，民事訴訟法では，このような当事者からの主張や証拠の提出の不
足を補うべく，裁判官も必要に応じてそれらの提出を促すことができるとさ
れており，かかる裁判官の権限を，**釈明権**（民訴 149 条）という。

5 ◆証明責任

　II 3 でも述べたように，裁判所としては，争いのある事実について証拠調
べを通じてその事実の存否を認定する必要があるが，この証拠調べにあたっ
ては，弁論主義の要請から当事者から提出された証拠のみに基づいて行われ
るのが原則である。とはいえ，原告・被告のいずれの当事者がより積極的に
証拠を提出すべき責任を負うことになるのであろうか。もちろん，現実の裁
判においては，原告は原告で，被告は被告で，自らの主張する事実に有利な
認定をしてもらおうと，それぞれで立証活動を行うことにはなろう（この意味
での証明責任を，主観的証明責任という）。

　しかしながら，争いのある事実をめぐっての両者の立証活動が尽きた場合
においてもなお，裁判官が，十分に心証形成できず，当該事実の存否につい
ての判断ができない（**真偽不明**［**ノン・リケット**］）こともあり得る。このような
場合であっても，裁判所としては，裁判を拒否することは許されない。そこ
で，法適用の前提となる事実について，真偽不明の状態が生じた場合に，当
該事実を不存在とみなすことで，その法律要件に対応する法律効果の発生を
認めないという一種の擬制が必要となる。このような，一方当事者に課せら
れる不利益を**証明責任**（客観的証明責任）という。証明責任は，裁判官の自由心
証が尽きた場合に初めて問題となる。

　このような一方当事者に課される不利益の負担は，どのような基準でもっ
て原告・被告に分配されることになるのか，これが**証明責任の分配**の問題で
ある。この点につき，裁判実務や学説の多数説は，自己に有利な法律効果の

発生を定める実体法の要件に該当する事実について証明責任を負うものとする（**法律要件分類説**）。具体的には，①売買契約（民555条），即時取得（民192条）など，権利の発生を定める規定（権利根拠規定）の要件に該当する事実については，その権利を主張する者が証明責任を負う，②弁済（民473条），消滅時効（民166条）など，いったん発生した権利関係の消滅を定める規定（権利滅却規定）の要件に該当する事実については，権利を否定する義務者の方が証明責任を負う，③意思表示の錯誤（民95条）など，権利根拠規定に基づく法律効果の発生の障害を定める規定（権利障害規定）の要件に該当する事実については，その法律効果の発生を争う者に証明責任がある，ということになる。

　［事例］に即して考えてみると，貸金返還請求権という権利を主張したいXとしては，金銭消費貸借契約（民587条）の成立のために要求される要件である，①返還の約束，②金銭の交付，という2つの事実に関する証明責任が課されることとなる（民587条は，貸金返還請求権という権利の発生の根拠となる権利根拠規定であるため）。Yの方で，返還の約束はなかったと主張するのであれば，Xとしては返還の約束があったということを証明できない限り，自らに不利な判断が下されることとなるのである。このように証明責任が一方当事者に課される結果，厳密には，裁判所としては，消費貸借契約が成立していたか否かのみを判断すればよく，XY間での1,000万円のやりとりがYの主張するような贈与契約であったか否かという点まで判断する必要はないということになる。

　なお，［事例］では，②金銭の交付という事実については，XY間で争いがないので，Xとしては証明をする必要はないが（民訴179条），①返還の約束という事実については，争いのある事実となっており，証明責任が課されているXとしては，この事実についての立証活動を行い，裁判官にこの事実が存在したとの心証を抱いてもらえない限りは，この裁判には勝てないということになる。［事例］のような契約型の紛争においては，契約書といった文書の存在が勝敗を左右することが多く，真正に作成された契約書だと裁判官も認める場合には，Xが勝訴する可能性が極めて高いといえよう。

6◆ゼロサム的な紛争解決としての民事裁判

　裁判所は，当事者間で争われていた事実について，証拠調べを通じて十分に事実認定ができたという状態（「訴訟が裁判をするのに熟したとき」）になると，問題となっていた訴訟物の存否につき判決を下すこととなる（民訴243条1項）。「裁判で白黒をつける」などと俗によくいわれるが，民事裁判における判決は，原告が主張する訴訟物が存在することを認める**「請求認容判決」**と，認められないとする**「事請求棄却判決」**のいずれかであり，まさにゼロサム的な紛争解決がなされるのである。事案によっては，「足して2で割った」的な紛争解決の方が，望ましい場合もあるかもしれないが，判決によってはそのような柔軟な紛争解決策を導くことはできない。

　もっとも，当事者たちがそれぞれの言い分を譲り合って，中間的な紛争解決を目指したいというのであれば，そのような彼らの意思を尊重すべきである。そこで民事訴訟法上も，**訴訟上の和解**（民訴267条・89条）という制度が用意されている。このように，私的自治の原則の訴訟法上の現れである処分権主義は，一度裁判の場にもちだした訴訟物をどのような形で処分するのか，すなわち，判決によらない訴訟の終了方法の選択という場面でも妥当するのである。

Ⅲ　実体法と手続法

　実体法と手続法の関係は，しばしば「車の両輪」の関係によく例えられるが，Ⅱでも述べたように，民事裁判という手続を使いこなすには，民法や商法（会社法）といった民事実体法に関する知識（とりわけ法律要件に相当する事実とそれに対応する法律効果）が不可欠であるということを，常に念頭に置いておく必要がある。実体法だけあるいは手続法だけといった，どちらか一方だけの知識だけでは法体系を十分に理解することはできないということを，学年の若いうちからしっかりと意識しておいてもらいたい。

コラム　民事裁判の IT 化

　現在，民事裁判のあり方をめぐって大きな転換期を迎えている。それが，「民事裁判の IT 化」というテーマであり，民事裁判にかかわる者にとっては長年の悲願であったといってもよいだろう。

　「民事裁判の IT 化」というフレーズを見て，なかには，生身の裁判官に代わって AI（人工知能）が裁判を行うといった手続をイメージする人もあろうかと思うが，それはまだまだ先の話題かもしれない。ここにいう「IT 化」とは，これまで通り生身の裁判官が手続を主宰し裁判を行うが，そのプロセスおいて Web 会議などの IT 機器を活用することで，手続のオンライン化を図ることを目指している（ちょうどオンライン授業みたいなものをイメージしてもらえればよいだろう）。

　すでに海外の多くの国（欧米諸国のみならずシンガポールや韓国などは，この分野での先行事例としてよく挙げられる）では，このような制度が早くから導入されており，わが国はこの点では大きく出遅れているといった状況にあった。国際的な競争力を高めるためにも，手続の迅速化と利便性を図ることは急務といえるのである。そのため，2018 年 3 月，内閣官房に設置された裁判手続等の IT 化検討会によって「裁判手続等の IT 化に向けた取りまとめ─『3 つの e』の実現に向けて」という報告書がまとめられ，その検討結果として，2019 年 12 月には「民事裁判手続等 IT 化研究会報告書」が提出され，

今後の民事訴訟法改正に向けた準備が着々と進められている（2020 年 2 月 21 日の法制審議会において，民事裁判の IT 化に向けた民事訴訟法の改正が諮問された）。

　現時点で構想されている IT 化は，上記の「3 つの e」で示されているものである。具体的には，① e 提出（訴状をはじめとする各種書面についてのオンライン提出の促進等），② e 法廷（証拠調べに代表される法廷での手続について，Web 会議などを用いて主張立証を行わせる等），③ e 事件管理（争点整理手続の実施にあたり，電話会議システム〔民訴 170 条 3 項等〕の利用に加えて，電子メール・チャット等の機能を活用したり，事件の進行状況をオンラインで確認したりする等），といったことが検討されている。

　「民事裁判の IT 化」が促進されることで，当事者等にとっては裁判所への出頭が不要となり，またペーパーレス化が図られることから，より一層の迅速な審理の実現に資することに加え，当事者の利便性も高まるといったメリットが大いに見いだされる。他方で，IT リテラシーに乏しい当事者へのサポートや，大規模停電などによるシステムダウンへの対応等の運営面での環境整備といった実践的課題に加え，口頭弁論の諸原則（公開主義・口頭主義・直接主義等）との関係をどのように考えるべきかという理論的課題も残されており，これらの検討はまさに急務といえよう。

文献案内

※基本的に比較的最近のものや改正法対応のもの〔◎を付した〕を中心に取り挙げた。以下は現時点の版であるので，最新版があればそれを利用のこと。

1．入門書（ないしは民法全体のコンパクトな概説書）

◎新井誠・岡伸浩編著『民法講義録（改訂版）』日本評論社（2019）
◎池田真朗『民法への招待（第5版）』税務経理協会（2018）
◎遠藤研一郎『民法［財産法］を学ぶための道案内（第2版）』法学書院（2018）
◎潮見佳男『民法（全）（第2版）』有斐閣（2019）
◎潮見佳男・中田邦博・松岡久和編著『18歳からはじめる民法（第4版）』法律文化社（2019）
◎道垣内弘人『リーガルベイシス民法入門（第3版）』日本経済新聞社（2019）
◎野村豊弘『民事法入門（第8版）（有斐閣アルマ Basic）』有斐閣（2019）
◎松尾弘『民法の体系（第6版）』慶應義塾大学出版会（2016）
◎松久三四彦・遠山純弘・林誠司『オリエンテーション民法』有斐閣（2018）
◎宮本健蔵編著『新・コンダクト民法』嵯峨野書院（2020）
◎米倉明『プレップ民法（第5版）』弘文堂（2018）
◎我妻榮・良永和隆（遠藤浩補訂）『民法（第10版）』勁草書房（2018）
・内田貴『民法改正　契約のルールが百年ぶりに変わる』ちくま新書（2011）
・二宮周平『家族と法』岩波新書（2007）
・星野英一『民法のすすめ』岩波新書（1998）
・米倉明『民法の聴きどころ』成文堂（2003）
・我妻榮著・遠藤浩・川井健補訂『民法案内〈1〉私法の道しるべ（第2版）』勁草書房（2013）

2．民法全体（少なくとも財産法全体）についての代表的な体系的教科書
(1)　単一の著者によるシリーズ

◎新基本民法シリーズ（大村敦志）有斐閣
　『新基本民法1 総則編 基本原則と基本概念の法（第2版）』(2019)，『新基本民法2 物権編 財産の帰属と変動の法（第2版）』(2019)，『新基本民法3 担保編 物的担保・人的担保の法』(2016)，『新基本民法4 債権編 契約債権の法（第2版）』(2019)，『新基本民法5 契約編 各種契約の法（第2版）』(2020)，『新基本民法6 不法行為編 法定債権の法（第2版）』(2020)，『新基本民法7 家族編 女性と子どもの法』(2014)，『新基本民法8 相続編 遺産管理の法』有斐閣（2017）
◎コア・テキストシリーズ（平野裕之）新世社
　『コア・テキスト民法Ⅰ民法総則（第2版）』(2017)，『コア・テキスト民法Ⅱ物権法（第2版）』(2018)，『コア・テキスト民法Ⅲ担保物権法（第2版）』(2019)，『コア・テキスト民法Ⅳ債権総論（第2版）』(2017)，『コア・テキスト民法Ⅴ契約法（第2版）』(2018)，『コア・テキスト民法Ⅵ事務管理・不当利得・不法行為（第2版）』新世社（2018）

◎DROIT CIVIL（平野裕之）日本評論社
　『民法総則』（2017 年），『物権法』（2016），『担保物権法』（2017），『債権総論』
　（2017），『債権各論 I 契約法』（2018），『債権各論 II 事務管理・不当利得・不法
　行為』日本評論社（2019）
◎内田貴の民法シリーズ　東京大学出版会
　『民法 III　債権総論・担保物権（第 4 版）』東京大学出版会（2020）　※『民法 I
　総則・物権総論（第 4 版）』（2008），『民法 II　債権各論（第 3 版）』（2011），『民
　法 IV　親族・相続（補訂版）』（2004）は今のところ改正法に未対応。
◎民法講義シリーズ（近江幸治）成文堂
　『民法講義 I 民法総則（第 7 版）』（2018），『民法講義 II 物権法（第 4 版）』（2020），
　『民法講義 III 担保物権（第 3 版）』（2020），『民法講義 IV債権総論（第 4 版）』
　（2020），『民法講義VI事務管理・不当利得・不法行為（第 3 版）』成文堂（2018）
　※現時点では，『民法講義 V 契約法（第 3 版）』（2006），『民法講義VII親族法・相
　続法（第 2 版）』（2015）は改正法に未対応。
※その他に現時点で改正法に対応していないが，代表的な基本書のシリーズとして
　川井健の民法概論シリーズ（有斐閣），加藤雅信の新民法大系シリーズ（有斐閣）
　等々もある。
　(2)　複数の著者によるシリーズ
◎NBS（日評ベーシック・シリーズ）日本評論社
　原田昌和・寺川永・吉永一行『民法総則（補訂版）』（2018），秋山靖浩・伊藤栄
　寿・大場浩之・水津太郎『物権法（第 2 版）』（2019），田高寛貴・白石大・鳥山
　泰志『担保物権法』（2019），石田剛・荻野奈緒・齋藤由起『債権総論』（2018），
　松井和彦・岡本裕樹・都筑満雄『契約法』（2018），本山敦・青竹美佳・羽生香
　織・水野貴浩『家族法（第 2 版）』日本評論社（2019）
◎新ハイブリッド民法シリーズ　法律文化社
　小野秀誠・良永和隆・山田創一・中川敏宏・中村肇『新ハイブリッド民法 1　民
　法総則』（2018），本田純一・堀田親臣・工藤祐巌・小山泰史・澤野和博『新ハ
　イブリッド民法 2　物権・担保物権法』（2019），松尾弘・松井和彦・古積健三
　郎・原田昌和『新ハイブリッド民法 3　債権総論』（2018），滝沢昌彦・武川幸
　嗣・花本広志・執行秀幸・岡林伸幸『新ハイブリッド民法 4　債権各論』法律文
　化社（2018）　※家族法は，半田吉信・鹿野菜穂子・佐藤啓子・青竹美佳『ハイ
　ブリッド民法 5　家族法（第 2 版補訂）』（2017）
◎新プリメール民法（αブックス）シリーズ　法律文化社
　中田邦博・後藤元伸・鹿野菜穂子『新プリメール民法 1　民法入門・総則（第 2
　版）』（2020），今村与一・張洋介・鄭芙蓉・中谷崇・高橋智也『新プリメール民
　法 2　物権・担保物権法』（2018），松岡久和・山田希・田中洋・福田健太郎・多
　治川卓朗『新プリメール民法 3　債権総論（第 2 版）』（2020），青野博之・谷本
　圭子・久保宏之・下村正明『新プリメール民法 4　債権各論（第 2 版）』（2020），
　床谷文雄・神谷遊・稲垣朋子・且井佑佳・幡野弘樹『新プリメール民法 5　家族
　法（第 2 版）』法律文化社（2020）
◎新・マルシェ民法シリーズ　嵯峨野書院
　宮本健蔵編著『新・マルシェ民法総則（新・マルシェ民法シリーズ I）』（2020），
　『新・マルシェ物権法・担保物権法（新・マルシェ民法シリーズ II）』（2020），
　『新・マルシェ債権総論（新・マルシェ民法シリーズ III）』嵯峨野書院（2019）

※『マルシェ債権各論』（2007）は現時点で改正法に未対応。
◎有斐閣Ｓシリーズ　有斐閣
　　　山田卓生・河内宏・安永正昭・松久三四彦『民法Ⅰ総則（第4版）』（2018），淡
　　　路剛久・鎌田薫・原田純孝・生熊長幸『民法Ⅱ物権（第4版補訂版)』（2019)，
　　　野村豊弘・栗田哲男・池田真朗・永田眞三郎・野澤正充『民法Ⅲ債権総論（第
　　　4版）』（2018)，藤岡康宏・磯村保・浦川道太郎・松本恒雄『民法Ⅳ債権各論（第
　　　4版）』有斐閣（2019）
※佐藤義彦・伊藤昌司・右近健男『民法Ⅴ親族・相続（第4版）』（2012）は改正法
　　に未対応。
◎ユーリカ民法シリーズ　法律文化社
　　　田井義信（監修）：大中有信編『ユーリカ民法1 民法入門・総則』（2019)，渡邊
　　　博己編『ユーリカ民法2 物権・担保物権』（2018)，上田誠一郎編『ユーリカ民
　　　法3 債権総論・契約総論』（2018)，手嶋豊編『ユーリカ民法4 債権各論』（2018)，
　　　小川富之編『ユーリカ民法5 親族・相続』法律文化社（2019）
◎LEGAL QUESTシリーズ　有斐閣
　　　佐久間毅・石田剛・山下純司・原田昌和『民法Ⅰ　総則（第2版補訂版)』（2020)，
　　　石田剛・武川幸嗣・占部洋之・田髙寛貴・秋山靖浩『民法Ⅱ　物権（第3版)』
　　　（2019)，橋本佳幸・大久保邦彦・小池泰『民法Ⅴ 事務管理・不当利得・不法行
　　　為（第2版）』（2020)，前田陽一・本山敦・浦野由紀子『民法Ⅵ　親族・相続（第
　　　5版）』有斐閣（2019）
※Ⅲ・Ⅳ未刊。

3．分野別の教科書
(1)　民法総則
◎石口修『民法要論Ⅰ　民法総則』成文堂（2019）
◎遠藤研一郎『基本テキスト民法総則（第2版）』中央経済社（2020）
◎小賀野晶一『基本講義　民法総則・民法概論』成文堂（2019）
◎奥田昌道・安永正昭編『法学講義民法 総則（第3版）』勁草書房（2018）
◎後藤巻則・滝沢昌彦・片山直也編『プロセス講義　民法Ⅰ　総則（プロセス講義シ
　　リーズ）』信山社（2020）
◎佐久間毅『民法の基礎1　総則（第5版）』有斐閣（2020）
◎四宮和夫・能見善久『民法総則（第9版）（法律学講座双書)』弘文堂（2018）
◎滝沢昌彦『民法がわかる民法総則（第4版）』弘文堂（2018）
◎永田眞三郎・松本恒雄・松岡久和・横山美夏『民法入門・総則　エッセンシャル
　　民法1（第5版）（有斐閣ブックス)』有斐閣（2018）
◎中舎寛樹『民法総則（第2版）（法セミLAW CLASSシリーズ）』日本評論社（2018）
◎藤井俊二『クルツ・レーアブーフ民法総則（第2版）』成文堂（2020）
◎山野目章夫『民法概論1　民法総則』有斐閣（2017）
・河上正二『民法総則講義』日本評論社（2007）
・潮見佳男『民法総則講義』有斐閣（2005）
・山本敬三『民法講義Ⅰ総則（第3版）』有斐閣（2011）
　［民法総則・物権］
◎角紀代恵『コンパクト民法Ⅰ　民法総則・物権法総論（第2版）（コンパクト法学
　　ライブラリ3)』新世社（2018）

◎山野目章夫『民法 総則・物権（第7版）（有斐閣アルマ Basic)』有斐閣（2020)

(2)　**物権**

［物権法］

◎石口修『民法要論Ⅱ　物権法』成文堂（2017)

◎後藤巻則・滝沢昌彦・片山直也編『プロセス講義　民法2 物権（プロセス講義シリーズ)』信山社（2019)

◎佐久間毅『民法の基礎2　物権（第2版)』有斐閣（2019)

◎千葉恵美子・藤原正則・七戸克彦『民法2 物権（第3版）（有斐閣アルマ Specialized)』有斐閣（2018)

◎松岡久和『物権法（法学叢書9)』成文堂（2017)

・河上正二『物権法講義（法セミ LAW CLASS シリーズ)』日本評論社（2012)

［担保物権法］

◎生熊長幸『担保物権法（第2版）（三省堂テミス)』三省堂（2018)

◎道垣内弘人『担保物権法（第4版)』有斐閣（2017)

◎松井宏興『民法講義3　担保物権法（第2版)』成文堂（2019)

◎松岡久和『担保物権法（法セミ LAW CLASS シリーズ)』日本評論社（2017)

・河上正二『担保物権法講義（法セミ LAW CLASS シリーズ)』日本評論社（2015)

［物権・担保物権法］

◎永田眞三郎・松本恒雄・松岡久和・中田邦博・横山美夏『物権　エッセンシャル民法2（第2版）（有斐閣ブックス)』有斐閣（2019)

◎安永正昭『講義物権・担保物権法（第3版)』有斐閣（2019)

(3)　**債権総則**

◎池田真朗『新標準講義 民法債権総論（全訂3版)』慶應義塾大学出版会（2019)

◎奥田昌道・佐々木茂美『新版債権総論 上巻』判例タイムズ社（2020)

◎後藤巻則・滝沢昌彦・片山直也編『プロセス講義　民法4 債権1（プロセス講義シリーズ)』信山社（2016)

◎潮見佳男『プラクティス民法　債権総論（第5版)』信山社（2018)

◎潮見佳男『（法律学の森）新債権総論Ⅰ』，『（法律学の森）新債権総論Ⅱ』信山社（2017)

◎野澤正充『債権総論（セカンドステージ債権法Ⅱ）（第3版）（法セミ LAW CLASS シリーズ)』日本評論社（2020 年)

◎松井宏興『民法講義4　債権総論（第2版)』成文堂（2020)

◎山本敬三監修：栗田昌裕・坂口甲・下村信江・吉永一行『民法4 債権総論（有斐閣ストゥディア)』有斐閣（2018)

・中田裕康『債権総論（第3版)』岩波書店（2013)

［債権総論・契約］

◎中舎寛樹『債権法 債権総論・契約（法セミ LAW CLASS シリーズ)』日本評論社（2018)

(4)　**契約法**

◎後藤巻則『契約法講義（第4版)』弘文堂（2017)

◎中田裕康『契約法』有斐閣（2017)

◎野澤正充『契約法（セカンドステージ債権法Ⅰ）（第3版）（法セミ LAW CLASS シリーズ)』日本評論社（2020)

◎山本豊・笠井修・北居功『民法5 契約（有斐閣アルマ Specialized)』有斐閣（2018)

・山本敬三『民法講義Ⅳ-1 契約』有斐閣（2005）
　　［契約・事務管理・不当利得］
◎潮見佳男『基本講義債権各論Ⅰ契約・事務管理・不当利得（第3版）』新世社（2017）
　　［契約・事務管理・不当利得・不法行為］
◎池田真朗『新標準講義 民法債権各論（第2版）』慶應義塾大学出版会（2019）
◎後藤巻則・滝沢昌彦・片山直也編『プロセス講義　民法5 債権2（プロセス講義
　　シリーズ）』信山社（2016）
◎山野目章『民法概論4　債権各論』有斐閣（2020）
　(5)　事務管理・不当利得・不法行為
　　［事務管理・不当利得・不法行為］
◎野澤正充『事務管理・不当利得・不法行為（セカンドステージ債権法Ⅲ）（第3版）
　　（法セミ LAW CLASS シリーズ）』日本評論社（2020）
　　［不当利得］
・藤原正則『（法律学の森）不当利得』信山社（2002）
　　［不法行為法］
◎窪田充見『不法行為法　民法を学ぶ（第2版）』有斐閣（2018）
◎潮見佳男『基本講義債権各論Ⅱ不法行為法（第3版）』新世社（2017）
◎吉村良一『不法行為法（第5版）』有斐閣（2017）
◎前田陽一『債権各論Ⅱ-不法行為法（弘文堂 NOMIKA シリーズ 4-2）』弘文堂
　　（2017）
・潮見佳男『(法律学の森) 不法行為法Ⅰ（第2版)』,『同Ⅱ（第2版）』信山社（2011）
　(6)　家族法
　　［親族・相続］
◎犬伏由子・石井美智子・常岡史子・松尾知子『親族・相続法（第3版）（弘文堂
　　NOMIKA シリーズ5）』弘文堂（2020）
◎窪田充見『家族法　民法を学ぶ（第4版）』有斐閣（2019）
◎高橋朋子・床屋文雄・棚村政行『民法7 親族・相続（第6版）（有斐閣アルマ
　　Specialized)』有斐閣（2020）
◎田山輝明『事例で学ぶ家族法』法学書院（2019）
◎中川淳・小川富之編著『家族法（第2版）』法律文化社（2019）
◎二宮周平『家族法（第5版）』新世社（2019）
◎松川正毅『民法 親族・相続（第6版）（有斐閣アルマ Basic)』有斐閣（2019）
◎吉田恒雄・岩志和一郎『親族法・相続法（第5版）』尚学社（2019）
◎我妻榮・有泉亨・遠藤浩・川井健・野村豊弘『民法3 親族法・相続法（第4版）』
　　勁草書房（2020）
　　［親族法］
・大村敦志『家族法（第3版）（有斐閣法律学叢書）』有斐閣（2010）
　　［相続法］
◎潮見佳男『詳解相続法』弘文堂（2018）

4．改正法の解説書
　(1)　債権法改正
◎大村敦志・道垣内弘人編『解説 民法（債権法）改正のポイント』有斐閣（2017）
◎潮見佳男『民法（債権関係）改正法の概要』きんざい（2017）

◎潮見佳男・千葉恵美子・片山直也・山野目章夫編『詳解 改正民法』商事法務（2018）
　潮見佳男・北居功・高須順一・赫高規・中込一洋・松岡久和編著『Before/After 民法改正』弘文堂（2017）
◎筒井健夫・村松秀樹編著『一問一答 民法（債権関係）改正（一問一答シリーズ）』商事法務（2018）
◎中田裕康・大村敦志・道垣内弘人・沖野眞已『講義 債権法改正』商事法務（2017）
◎平野裕之『新債権法の論点と解釈』慶應義塾大学出版会（2019）
◎松尾弘『債権法改正を読む　改正論から学ぶ新民法』慶應義塾大学出版会（2017）
◎山野目章夫『新しい債権法を読みとく』商事法務（2017）
◎山本敬三『民法の基礎から学ぶ 民法改正』岩波書店（2017）

(2)　相続法改正

◎大村敦志・窪田充見編『解説　民法（相続法）改正のポイント』有斐閣（2019）
◎潮見佳男編著『民法（相続関係）改正法の概要』きんざい（2019）
◎潮見佳男・窪田充見・中込一洋・増田勝久・水野紀子・山田攝子編著『Before/After 相続法改正』弘文堂（2019）
◎堂薗幹一郎・野口宣大編著『一問一答 新しい相続法――平成 30 年民法等（相続法）改正，遺言書保管法の解説（一問一答シリーズ）』商事法務（2019）
◎堂薗幹一郎・神吉康二編著『概説 改正相続法―平成 30 年民法等改正，遺言書保管法制定―』きんざい（2019）
◎松尾弘『家族法改正を読む　親族・相続法改正のトレンドとポイント』慶應義塾大学出版会（2019）

(3)　成年年齢引き下げの改正

◎笹井朋昭・木村太郎編著『一問一答 成年年齢引下げ（一問一答シリーズ）』商事法務（2019）

5．判例集ないし判例解説

［公式判例集］
　『大審院民事判決録（民録）』，『大審院民事判例集（民集）』，『最高裁判所民事判例集（民集）』
［調査官解説］
　各年度の『最高裁判所判例解説民事篇』法曹会
［学習用］
◎百選シリーズ（別冊ジュリスト）　有斐閣
　潮見佳男・道垣内弘人編「民法判例百選Ⅰ 総則・物権（第 8 版）」（2018），窪田充見・森田宏樹「民法判例百選Ⅱ 債権（第 8 版）」（2018），水野紀子・大村敦志編「民法判例百選Ⅲ 親族・相続（第 2 版）」有斐閣（2018）
◎判例 30！\START UP/シリーズ　有斐閣
　原田昌和・秋山靖浩・山口敬介『民法 1 総則 判例 30！』（2017），水津太郎・鳥山泰志・藤澤治奈『民法 2 物権 判例 30！』（2017），田髙寛貴・白石大・山城一真『民法 3 債権総論 判例 30！』（2017），中原太郎・幡野弘樹・丸山絵美子・吉永一行『民法 4 債権各論 判例 30！』（2017），青竹美佳・金子敬明・幡野弘樹『民法 5 親族・相続 判例 30！』有斐閣（2017）
◎潮見佳男・山野目章夫・山本敬三・窪田充見編著『新・判例ハンドブック債権法 1』（2018），『新・判例ハンドブック債権法 2』日本評論社（2018）

◎新美育文・長坂純・難波譲治・川地宏行・武川幸嗣・青木則幸編著『民法〔財産法〕基本判例』有斐閣（2018）
◎水野謙・古積健三郎・石田剛『〈判旨〉から読み解く民法（法学教室ライブラリィ）』有斐閣（2017）
◎瀬川信久・内田貴『民法判例集　債権各論（第4版）』有斐閣（2020）
※このシリーズには，その他，内田貴・山田誠一・大村敦志・森田宏樹『民法判例集　総則・物権（第2版）』(2014)，瀬川信久・森田宏樹・内田貴『民法判例集　担保物権・債権総論（第3版）』有斐閣（2014）がある。
・奥田昌道・安永正昭・池田真朗編『判例講義　民法Ⅰ総則・物権（第2版）』(2014)，同『判例講義　民法Ⅱ債権（第2版）』悠々社（2014）
・松本恒雄・潮見佳男編『判例プラクティス民法Ⅰ総則・物権』(2010)，『判例プラクティス民法Ⅱ債権』(2013)，『判例プラクティス民法Ⅲ親族・相続』信山社（2013）
※その他，最新の判例解説については，各年度の「ジュリスト臨時増刊・重要判例解説」有斐閣や「法律時報別冊・私法判例リマークス」日本評論社

6．注釈書
◎我妻榮・有泉亨・清水誠・田山輝明『我妻・有泉コンメンタール民法　総則・物権・債権（第6版）』日本評論社（2019）
◎新基本法コンメンタールシリーズ（別冊法学セミナー）　日本評論社
　　鎌田薫・松岡久和・松尾弘編「新基本法コンメンタール　物権（別冊法学セミナー no. 262）」(2020)，松川正毅・窪田充見編「新基本法コンメンタール　親族（第2版）（別冊法学セミナー no. 261）」日本評論社（2019）　※その他，順次刊行予定
※なお，実務家等も利用する本格的な注釈書として，大村敦志・道垣内弘人・山本敬三編集代表ほか『新注釈民法』(1巻〔2018〕，6巻〔2019〕，7巻〔2019〕，14巻〔2018〕，15巻〔2017〕，17巻〔2017〕，19巻〔2019〕）有斐閣がある〔全20巻（予定）・現在刊行途中〕。また，改正法に対応していないが，本格的な有斐閣のコンメンタールとして，谷口知平ほか編『新版注釈民法』がある（全28巻〔全29冊〕の予定であったが，5巻，8巻，11巻，12巻，19巻の5冊は刊行取りやめ）。

7．その他
◎池田真朗編著：石田剛・田高寛貴・北居功・曽野裕夫・笠井修・小池泰・本山敦『民法 Visual Materials（第2版）』有斐閣（2017）
◎沖野眞已・窪田充見・佐久間毅編『民法演習サブノート210問』弘文堂（2018）
◎平野裕之『新・考える民法Ⅰ　民法総則』(2018)，『新・考える民法Ⅱ　物権・担保物権』(2019)，『新・考える民法Ⅲ　債権総論』慶應義塾大学出版会（2020）
◎平野裕之『コア・ゼミナール　民法Ⅰ　民法総則（ライブラリ 民法コア・ゼミナール1)』(2019)，『コア・ゼミナール　民法Ⅱ　物権法・担保物権法（ライブラリ民法コア・ゼミナール2)』(2019)，『コア・ゼミナール　民法Ⅲ　債権法1債権総論・契約総論（ライブラリ民法コア・ゼミナール3)』(2020)，『コア・ゼミナール　民法Ⅳ　債権法2契約各論・事務管理・不当利得・不法行為（ライブラリ民法コア・ゼミナール4)』新世社（2020）

事項索引

判例索引

執筆者紹介（五十音順，＊印編者）

阿部　満（あべ みつる）
　　明治学院大学法学部教授（第10講）

＊今尾　真（いまお まこと）
　　明治学院大学法学部教授（第1講・第9講）

＊伊室亜希子（いむろ あきこ）
　　明治学院大学法学部教授（第3講・第5講）

＊大木　満（おおき みちる）
　　明治学院大学法学部教授（第6講）

大野　武（おおの たけし）
　　明治学院大学法学部教授（第2講・第7講）

倉重八千代（くらしげ やちよ）
　　明治学院大学法学部准教授（第8講）

＊黒田美亜紀（くろだ みあき）
　　明治学院大学法学部教授（第4講・第12講・第13講）

近藤隆司（こんどう たかし）
　　明治学院大学法学部教授（第11講）

畑　宏樹（はた ひろき）
　　明治学院大学法学部教授（第14講）

フレッシャーズのための民事法入門 ［第2版］

2014年4月20日　初　版第1刷発行
2020年11月20日　第2版第1刷発行
2023年3月20日　第2版第2刷発行

編　著　者　　今　尾　　　真
　　　　　　　大　木　　　満
　　　　　　　黒　田　美亜紀
　　　　　　　伊　室　亜希子

発　行　者　　阿　部　成　一

〒162-0041　東京都新宿区早稲田鶴巻町514番地

発　行　所　　株式会社　成文堂

電話 03(3203)9201　FAX 03(3203)9206
http://www.seibundoh.co.jp

製版・印刷・製本　三報社印刷　　　　　　検印省略
©2020　M. Imao　M. Ohki　M. Kuroda　A. Imuro
ISBN978-4-7923-2761-3　　C3032
定価（本体2,600円＋税）